数字孪生视域下
社会安全治理关键技术及体系研究

付丽秋　等编著

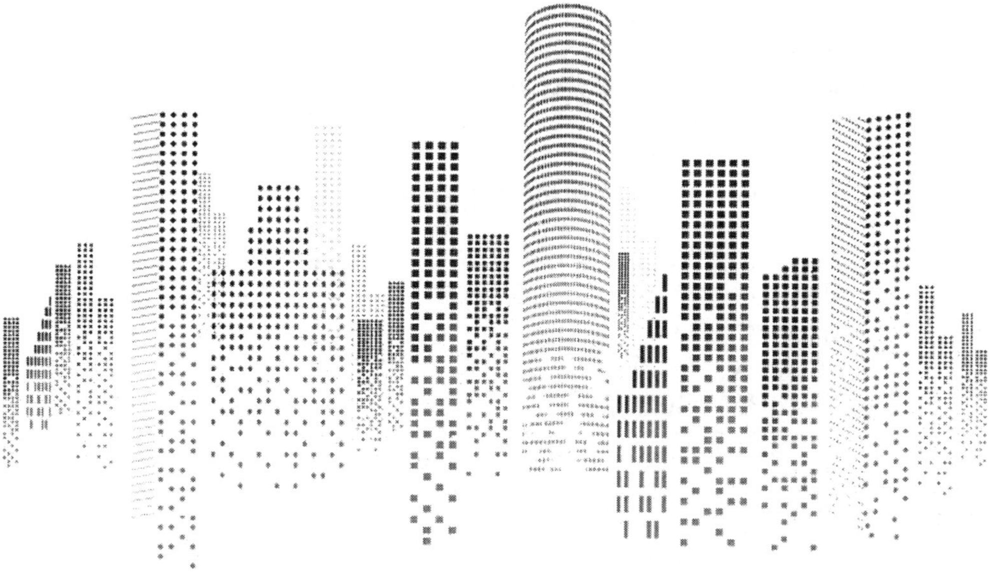

群众出版社

图书在版编目（CIP）数据

数字孪生视域下社会安全治理关键技术及体系研究 / 付丽秋等编著. -- 北京 ：群众出版社，2024. 12.

ISBN 978-7-5014-6348-0

Ⅰ. D631. 4-39

中国国家版本馆 CIP 数据核字第 20241M8P79 号

数字孪生视域下社会安全治理关键技术及体系研究

付丽秋　等编著

责任编辑：赵新奇
责任印制：李铁军

出版发行：群众出版社
地　　址：北京市丰台区方庄芳星园三区 15 号楼
邮政编码：100078
经　　销：新华书店
印　　刷：北京市泰锐印刷有限责任公司

版　　次：2024 年 12 月第 1 版
印　　次：2024 年 12 月第 1 次
印　　张：16
开　　本：787 毫米×1092 毫米　1/16
字　　数：310 千字

书　　号：ISBN 978-7-5014-6348-0
定　　价：70.00 元

网　　址：www. qzcbs. com
电子邮箱：qzcbs@ sohu. com

营销中心电话：010-83903991
读者服务部电话（门市）：010-83903257
警官读者俱乐部电话（网购、邮购）：010-83901775
教材分社电话：010-83903084

数字孪生视域下社会安全治理关键技术及体系研究
撰写人员

付丽秋　刘东海　卢立红　李智慧
靳学胜　张云明　史可贞

前　言

随着数字化和信息技术的快速发展，我们面临的安全威胁和挑战日益复杂，传统的安全治理模式已经无法满足当今社会的安全治理需求。数字孪生是一种将现实世界与虚拟世界相结合的技术，通过模拟和仿真现实世界的行为和特征，可以为社会安全治理提供更加准确、高效和可持续的解决方案。

本书主要介绍数字孪生在社会安全治理中的应用，并深入探讨其中涉及的关键技术和体系。首先在分析社会安全治理现状的基础上，阐明了我国社会安全治理的总体战略规划。其次阐述了数字孪生的内涵、特征、相关的技术标准及数字孪生技术与其他相关技术之间的联系与区别，包括数字模型构建、数据采集与处理、仿真与预测等方面。最后从社会安全治理的角度，重点介绍了数字孪生视域下的社会安全治理关键技术，包括人工智能、大数据分析、区块链、物联网等。它们与数字孪生相互融合，为社会安全治理提供了新的思路和方法。本书深入研究这些关键技术的原理、优势和挑战，系统分析如何将其应用于社会安全治理中，提升治理效能和防范能力，并探讨数字孪生创建应用对象的五维模型及其应用探索，提出构建智能社会治理的基础架构。在此基础上，试图呈现一个完整的数字孪生视域下社会安全治理体系。

本书由中国人民警察大学付丽秋副教授负责整体规划和统稿工作，具体撰写分工为：第 1 章由刘东海副教授撰写，第 2 章 2. 1 至 2. 4 由卢立红教授撰写，第 2 章 2. 5 由付丽秋副教授撰写，第 3 章由李智慧副教授撰写，第 4 章由靳学胜教授撰写，第 5 章由张云明副教授撰写，第 6 章由史可贞副教授撰写。

本书得到了公安部技术研究计划项目“重大活动安保视频数据智能联网与数字孪生融合技术研究及应用示范”（项目编号：2022JSYJD05）、“十四五”国家重点研发计划课题“科技兴警创新业务运行与战略技术体系研究”（课题编号：2020YFC0832604）的支持。

我们希望本书的出版，能够促进学术界和实践界的交流与合作，为社会安全治理提供更加科学、可行的解决方案。在此衷心感谢所有参与本书撰写和出版的人员和机构，以及一直关注和支持社会安全治理研究的读者。我们希望本书能够对您了解数字孪生视域下社会安全治理的关键技术及体系有所帮助，并激发更多的思考和创新。

著者

2024 年 6 月

目录

第1章　社会安全治理概述

1.1　我国社会安全治理总体战略

公共安全是社会安定、社会秩序良好的重要体现，是人民安居乐业的重要保障。公共安全问题处理得是否得当，直接关系到人民生命财产安全、社会和谐稳定以及国家安全。正如习近平总书记强调的："公共安全连着千家万户，确保公共安全事关人民群众生命财产安全，事关改革发展稳定大局。"①

党的十八大以来，以习近平同志为核心的党中央把维护公共安全摆在更加突出的位置，作出了一系列重要部署。党的十八大提出要加强公共安全体系建设；党的十八届三中全会围绕完善公共安全体系提出了加强食品药品安全、安全生产、防灾减灾救灾、社会治安防控等方面体制机制改革任务；党的十八届四中全会提出了加强公共安全立法、推进公共安全法治化的要求；十八届中央政治局第二十三次集体学习专门讨论了公共安全问题；党的十九大进一步重申"树立安全发展理念，弘扬生命至上、安全第一的思想，健全公共安全体系，完善安全生产责任制，坚决遏制重特大安全事故，提升防灾减灾救灾能力"。党的二十大报告将健全共建共治共享的社会治理制度作为贯彻总体国家安全观的内容，列入了新时代十年来取得的历史性成就。同时，党的二十大报告也对社会治理的战略定位进行了新的重要阐释，将社会治理作为推进国家安全体系和能力现代化的重要内容。可以说，我国公共安全治理的新格局正在逐步形成。

1.1.1　新时代安全稳定话语体系中社会安全的深刻内涵

马克思主义哲学认为，人的本质是一切社会关系的总和。在哲学意义上，社

---

① 牢固树立切实落实安全发展理念　确保广大人民群众生命财产安全［EB/OL］. 新华网，http：//www. xinhuanet. com/politics/2015-05/30/c_1115459659. htm.

会是人的存在形式，社会安全则构成社会生产生活中人的安全的根本保障。2014年4月15日，习近平在中央国家安全委员会第一次会议上创造性提出总体国家安全观，其中两次提及社会安全。一是在总体国家安全观的“五大要素”中指出“以军事、文化、社会安全为保障”；二是明确指出社会安全是构建政治安全、国土安全、军事安全、经济安全、文化安全、社会安全、科技安全、信息安全、生态安全、资源安全、核安全等于一体的国家安全体系之内容。这说明在总体国家安全观重大战略思想中，社会安全是国家安全体系的构成要素之一，同时还在维护国家安全中具有“保障”地位。2015年颁布的《中华人民共和国国家安全法》（以下简称《国家安全法》）也两次提到社会安全。第三条规定，国家安全工作应当“以军事、文化、社会安全为保障”，这是对总体国家安全观“五大要素”的再强调；第二十九条具体规定：“国家健全有效预防和化解社会矛盾的体制机制，健全公共安全体系，积极预防、减少和化解社会矛盾，妥善处置公共卫生、社会安全等影响国家安全和社会稳定的突发事件，促进社会和谐，维护公共安全和社会安定。”由于《国家安全法》是一部在国家安全法律制度体系中起统领作用的法律，这就从高位阶法律层面确立了社会安全在国家安全中的地位和作用。从上述条文表述中不难看出社会安全同社会稳定、公共安全、社会矛盾等概念之间的紧密联系。而梳理相关表达可进一步看到，社会安全深嵌于系统思维下的新时代安全稳定话语体系中，集中体现为“社会安全网”以及把社会安全和稳定联系起来的话语表达。

对于“社会安全网”，2014年，习近平总书记在金砖国家领导人第六次会晤上讲话提出：“我们应该坚持包容性增长理念，用社会政策托底宏观经济政策，织牢社会安全网，推动经济从量的增长转向质的提升。”2015年，习近平总书记主持召开党外人士座谈会指出：“要加强民生保障，完善社会保障体系和社会安全网。”上述表述内涵丰富、寓意深邃，其关乎经济、民生、社会保障等方面，蕴含着深刻的系统思维，亦是总体国家安全观中“总体”二字的必然要求。也正因如此，在相关话语表达中，常常将社会安全明确点出并同其他安全并列起来，以凸显其在国家安全体系中的重要性，如2020年7月，习近平总书记在中共中央政治局常委会会议上强调：“防汛救灾关系人民生命财产安全，关系粮食安全、经济安全、社会安全、国家安全。”同年11月，在中央全面依法治国工作会议上讲话指出：“网络犯罪已成为危害我国国家政治安全、网络安全、社会安全、经济安全等的重要风险之一。”

把社会安全和稳定相联系的表述有：2016年，习近平总书记在省部级主要领导干部学习贯彻党的十八届五中全会精神专题研讨班上讲话强调：“没有安全和稳定，一切都无从谈起。”2021年，中共中央政治局召开会议审议《国家安全战略（2021—2025 年）》时指出，“要积极维护社会安全稳定，从源头上预防和减少社会矛盾，防范遏制重特大安全生产事故，提高食品药品等关系人民健康产品和服务的安全保障水平”等。党的二十大报告国家安全专章的一个亮点即强调国家安全和社会稳定不可分割的内在联系，“国家安全是民族复兴的根基，社会稳定是国家强盛的前提”的战略定位，把对两者关系的认识提升到一个新高度、新境界。

总结以上论述，在新时代话语体系下把握社会安全的内涵有着两重“关系”维度：一是在社会安全同国家安全的关系上，社会安全是国家安全的有机组成部分，也是国家安全的保障；二是在社会安全同社会稳定的关系上，社会安全与人民群众切身利益关系密切，是社会稳定的重要基础，动荡不安的社会显然没有稳定可言。在全方位立体化公共安全体系中，社会安全是以发现、控制和消除各种威胁社会秩序和社会稳定的因素为主要内容，预防治安、刑事、暴力恐怖事件及大规模群体性事件等社会安全事件的发生，降低此类事件造成负面影响的一系列过程或维持社会秩序和社会稳定的一种状态。

党的二十大报告在总结新时代十年时，将贯彻总体国家安全观作为我国建设社会主义现代化国家所取得的十六个历史性成就之一，健全共建共治共享的社会治理制度正是其中的重要内容。同时，党的二十大报告对社会治理的战略定位和内在要求进行了创新性表述。

1.1.2　总体国家安全观下社会安全治理的战略定位

总体国家安全观是中国适应时代发展和挑战提出的中国特色的安全文明观，其发展是长期演变的结果。社会治理在国家安全体系中的定位，也经历了若干阶段的发展变化。党的十八届三中全会通过的《中共中央关于全面深化改革若干重大问题的决定》中，社会治理包含化解社会矛盾、健全公共安全体系、完善国家安全体制和国家安全战略等内容，此时的“国家安全”是作为“创新社会治理体制”的目标和重要内容提出的。2014 年，总体国家安全观提出后，统筹发展和安全成为我党治国理政的重大原则，安全治理的领域也更加全面。自 2015 年 7 月 1 日起施行的《国家安全法》把“健全有效预防和化解社会矛盾的体制机制，健全公共安全体系”等社会治理的内容作为公共安全和社会安全的维度，列入国家安全的范畴。在党的十九大报告中，把“有效维护国家安全”作为“提高保障和改善民生水平，加强和创新社会治理”的内容之一，置于社会治理的框架之下。党的二十大报告则首次将国家安全作为报告的一个独立部分进行了系统阐述，并从根本上调整了社会治理在国家安全中的战略定位，“推动国家安全体系和能力现代化建设”成为新征程中的十二项重点任务之一，而社会治理则成为实现国家安全和社会稳定的内容与手段。

这表明，在总体国家安全观下，社会治理的战略定位一直在不断调整和完善。维护国家安全从社会治理的目标和工作内容转变为开展社会治理的总体框架，社会治理也突破了矛盾调解、安全生产、食品药品安全、防灾减灾、社会治安等具体领域，融入更加宏大的国家安全体系与能力建设，其战略意义不仅在于确保人民安居乐业、社会安定有序，还在于维护国家安全，是实现社会安全和公共安全的重要抓手。

1.1.3 总体国家安全观对社会安全治理的内在要求

总体国家安全观是一种综合反映非传统国家安全问题和传统国家安全问题的高级非传统国家安全观，要兼顾外部安全与内部安全，对外追求合作共赢，对内追求发展稳定；兼顾国土安全与国民安全，坚持国家安全一切为了人民；兼顾传统安全与非传统安全，构建多维度安全于一体的国家安全体系；兼顾发展与安全，安全以发展为基础，发展以安全为条件；兼顾自身安全与共同安全，打造人类命运共同体，实现共同安全的目标。因此，新时代的社会治理实践要求重视社会安全这一传统安全的非传统领域，统筹兼顾国土安全与国民安全。

一方面，社会安全虽然属于传统安全，但却是非核心因素。新时代国家安全观是为适应我国社会主要矛盾的转变所做的应对，所强调的政治安全、经济安全、文化安全、社会安全、生态安全等安全要素的内向性比较明显，尤其重视经济发展不平衡、贫富分化等因素带来的社会安全威胁，以及信息安全、生态问题等民众日益增长的新安全需求。社会治理中的树立安全发展理念，健全公共安全体系，建设社会治安防控体系，打击违法犯罪和处理人民内部矛盾等内容，都是解决上述内向性矛盾和安全问题的重要抓手。

另一方面，传统国家安全观重点关注国土安全领域，而在总体国家安全观下，二者是辩证统一的关系。在新时代推进社会治理，要坚持以人民为主体，坚持人民利益至上，包含国家安全、社会治安、公共安全、社会矛盾化解、基层治理五大核心领域，其目标和策略体现了物的安全与人的安全的辩证统一，是统筹兼顾国土安全与国民安全的重要实践领域。

1.1.4 推动社会安全治理理论创新

党的二十大报告站在战略全局高度，对推进国家安全体系和能力现代化作出部署安排，强调“国家安全是民族复兴的根基，社会稳定是国家强盛的前提”，要坚持“以军事科技文化社会安全为保障”“夯实国家安全和社会稳定基层基础”。2023 年 5 月 30 日，习近平总书记在二十届中央国家安全委员会第一次会议上强调："要加快推进国家安全体系和能力现代化……更加注重……基层基础……"基层基础与社会安全紧密关联，一头连着社会稳定，一头连着国家安全。必须着眼战略全局把握新时代社会安全的深刻内涵，才能更好维护和塑造国家安全，保障中国式现代化行稳致远。总体国家安全观强调以系统性的方式推进国家安全体系和能力建设。党的二十大报告对社会治理的战略定位，从以下两个方向推动社会治理理论创新。

一方面，从安全要素和体系构成来说，社会安全治理推进了社会安全保障功能的实现。虽然社会安全是国家安全的保障要素，也属于传统国家安全领域，但在传统国家安全观下并没有受到充分重视，如何实现社会安全仍在不断探索中。而新时代下的社会安全治理正是推进社会稳定与安全的重要抓手。社会安全治理通过创新预防和化解社会矛盾体制，引导群众依法行使权利、表达诉求、解决纠纷，有助于解决经济发展不平衡、贫富分化等因素带来的社会安全威胁；通过健全公共安全体系，以信息化为支撑建设社会治安立体防控体系，防范风险和处置突发事件，加强网络空间治理和网络秩序维护，有助于应对生命财产安全、信息安全等民众日益增长的新老安全需求，保障社会安全。

另一方面，从建设内容来说，社会安全治理推动了国土安全与国民安全的统筹兼顾。中国特色国家安全道路要处理好"五对关系"，即外部安全和内部安全、国土安全和国民安全、传统安全和非传统安全、发展问题和安全问题、自身安全和共同安全。传统国家安全观较多关注国土安全领域，而在总体国家安全观下，国土安全和国民安全是辩证统一的关系：国土安全是国家安全的基本要素和前提条件，国民安全是国家安全的出发点和落脚点；国土安全与国民安全内容交织，分裂主权和领土的活动与暴力恐怖事件等既是国土安全的隐患，也是对国民安全的威胁。社会安全治理以人民为主体，坚持人民利益至上，增强民生福祉建设，推进基本公共服务均等化，解决影响民族团结的矛盾纠纷、推进扫黑除恶、打击各类违法犯罪活动，既维护了与人民生存发展环境、生产活动，以及人身、财产和其他权益相关的国民安全，也维护了与国家疆域和主权相关、反分裂和反恐怖的国土安全，其目标和策略体现了物的安全与人的安全的统一。因此，社会安全治理也是推动国土安全与国民安全统筹兼顾的重要实践领域。

1.1.5　聚焦社会安全治理的重点领域

在推进国家安全体系和能力现代化框架下开展社会治理，应重点加强以下方面的工作。

1.1.5.1　增进民生福祉，预防和减少社会矛盾

发展和安全犹如车之两轮、鸟之两翼，互为前提和基础，民生与治理也是一

体两翼、互为支撑的关系。增进民生福祉、提高人民生活品质，更好地满足人民对美好生活的向往，才能从根本上预防和减少社会矛盾，从源头上促进社会稳定。因此，始终将“民生工作和社会治理”紧紧挂钩，是以习近平同志为核心的党中央推动社会治理工作的基本方向。关于“坚持在发展中保障和改善民生”，党的二十大报告作了再次强调。

第一，以完善的分配制度处理好公平与效率的问题。分配制度是促进共同富裕的基础性制度，收入分配格局优化调整是促进经济社会高质量发展和加快构建现代化经济体系的内在要求和全面实现现代化的应有之义。党的二十大报告将完善分配制度放在增进民生福祉若干项工作中的首要位置，明确工作的重点在于构建初次分配、再分配、第三次分配协调配套的制度体系。在坚持按劳分配为主体、多种分配方式并存的原则下，初次分配要实现两个“提高”：提高居民收入在国民收入分配中的比重，提高劳动报酬在初次分配中的比重；再分配要通过税收、社会保障、转移支付等政策改善收入的动态平衡；第三次分配则要以公益慈善机构和志愿者组织为主导，改善收入和财富的分配格局，促进共同富裕的实现。通过建立机会公平的劳动力市场实现多劳多得、勤劳致富，促进居民多渠道增收、中等收入群体扩大。

第二，以高质量的充分就业解决好最基本的民生问题。就业是最基本的民生。虽然根据国际劳工组织的统计数据，我国失业率在100多个国家中排名中游，但考虑到我国人口基数大，降低失业率、创造更多就业机会仍然是我国目前经济社会发展的重要任务。我国高度重视就业工作，把就业摆在做好“六稳”工作、落实“六保”任务的首位。党的二十大报告强调，除了要继续实施就业优先政策外，还要在高质量充分就业方面下功夫，消除就业歧视、优化就业结构、发展就业新形态、保障劳动者权益。

第三，以健全的社会保障体系提供社会运行的“稳定器”。完善的社会保障体系能够发挥人民生活安全网和社会运行稳定器的积极作用，是全社会应对风险和危机冲击的坚实盾牌，更是凝聚民心、坚定信心的重要基础。在“十二五”和“十三五”期间全面建成覆盖全民、城乡统筹社会保障体系的基础上，党的二十大报告进一步提出构建“公平统一、安全规范、可持续的多层次社会保障体系”的新要求。公平统一是要让社会保障更好地发挥收入分配调节器的作用，完善基本养老保险的全国统筹制度，促进多层次医疗保障的衔接、建立长期护理保险制度、发展商业医疗保险；强调社会救助体系的分层分类，构建以基本生活救助、专项社会救助、急难社会救助为主体，社会力量参与为补充的多层次救助体系，推动巩固拓展脱贫攻坚成果同乡村振兴战略有效衔接。安全规范和可持续是要完善全国统一的社会保险公共服务平台，健全社会保险基金的保值增值和安全监管，确保社会保险基金的收支平衡、社保制度的长期稳定运行和高质量发展。

第四，以健康中国战略确保人民健康和人口均衡发展。人民健康是民族昌盛和国家强盛的重要标志。党的十九大报告提出健康中国战略，党的二十大报告要求继续推进健康中国建设，包含了更加丰富的内容。其一，将优化人口发展战略作为健康中国建设的首要内容。中国式现代化是人口规模巨大的现代化，丰富的人力资源有助于我国形成规模经济优势、促进竞争优势、创新驱动优势、产业配套优势等，但人口增长拐点的出现也要求相应的人口政策调整。因此，需要建立生育支持政策体系，实现人口与经济社会、资源环境等相协调，长期均衡发展。其二，明确实施人口老龄化的国家战略。人口老龄化是我国社会发展的重要趋势，也是未来较长时期内的基本国情。我国很早就提出要积极应对人口老龄化，党的十九届五中全会明确提出要实施积极应对人口老龄化国家战略，党的二十大报告再次强调了该战略，说明老年群体健康水平的提升是建设健康中国的基础性工作。其三，增加了重大疫情防控救治体系和应急能力建设的内容。

1.1.5.2　提高公共安全治理能力，保持社会大局稳定

社会安全稳定是国家强盛的前提和基础。党的二十大报告提出要坚持“安全第一、预防为主”的公共安全治理策略。

第一，从事后处置转向事前预防，建立大安全大应急框架。在安全监管和事后处置的基础上，公共安全治理进一步强调系统治理、源头治理。一是加强公共安全立法，完善公共安全突发事件的应急预案，做好人力、资源、技术和流程等方面的事前准备工作。二是提高企事业单位、社区、公共场所等公共安全事故发生第一现场的预防和应对能力，推动多元主体对公共安全的共建共治。三是增强顶层设计和基层响应能力，同时推动公共安全的事前预防建设，全面提升工作主动性、防范精准性、协同联动性和应对有效性。同时，由于各种公共安全的因素是相互交织、联动作用的，因此要以系统观、大局观开展公共安全治理，在大安全大应急框架下，实现全要素联动的协同共治。

第二，加强社会安全专项治理，提升关系人民健康与安全的产品和服务的安全保障水平。公共安全治理主要涉及自然灾害、事故灾难、公共卫生和社会安全等，涵盖食品药品安全、安全生产、防灾减灾救灾、社会治安防控等从生活到生产的各个领域。随着社会主要矛盾的转化，人民群众的需求包括公共安全需求也在升级转型，需求层次和类型更加多样化、多元化，需要予以及时回应，以保护人民群众的人身权、财产权、人格权和发展权。

第三，加强国家区域性应急力量建设，提升应对重大突发事件能力。应急管理是维护和实现国家安全与公共安全的压舱石。由于重大突发事件一般具有高度复杂性、复合性和跨界性的特点，因此，要加强国家区域性应急力量的建设，更

好统筹应急救援资源，强化应急处置能力和优化指挥调度。

第四，针对信息化社会特点，抓好社会治安综合治理信息化支撑，并注意加强个人信息保护。信息化社会使得公共安全相关数据获取的“量”与“质”都有极大提升，为公共安全治理绩效的改善创造了有利条件：既能够基于准确的数据分析作出更有效率的决策和更加精准的管理，协调整合公共安全治理不同部门间数据信息的收集、沟通和运用，开展协同治理；又能够基于数据的深度挖掘和量化分析对危机事件进行预测，提升事前治理能力。但同时，由于数据的广泛收集和应用，也可能造成个人隐私的暴露，威胁人们的自由与安全，因此信息化时代的技术治理需要格外注重对个人信息的保护。

1.1.5.3 加强基层安全治理，推动人民内部矛盾化解

基层安全治理是社会安全治理的重点。创新有效预防和化解社会矛盾体制机制，维护基层社会稳定是社会安全治理的重要内容之一。党的二十大报告强调将纠纷化解在基层、化解在萌芽。

第一，坚持和发展新时代“枫桥经验”，完善正确处理新形势下人民内部矛盾机制。“枫桥经验”诞生之初就是依靠发动群众就地解决矛盾，激发群众力量、破解治理难题，实现长治久安。新时代“枫桥经验”的内核也是继续走群众路线，坚持从群众中来、到群众中去，鼓励和支持基层大胆创新、激发民间智慧，抓源头、抓苗头、抓基础，把矛盾化解在基层、把问题解决在当地、把隐患消除在萌芽状态。

第二，深化扫黑除恶专项斗争，依法严惩群众反映强烈的各类违法犯罪活动。对于“黄赌毒”、食品药品安全、电信网络诈骗等人民群众反映强烈的违法犯罪活动，要保持高压态势和常态化整体防控，通过建设立体化、信息化的社会治安防控体系，切实有力保障人民群众的生命财产安全。

第三，发展壮大群防群治力量，建设社会治理共同体。建设人人有责、人人尽责、人人享有的社会治理共同体，既要构建适应人民群众安全需求的长效安全治理机制，也要充分调动公众参与的积极性。由于公共安全涉及面广，仅依靠基层政府和职能部门较难达到预期效果，要通过激发和动员人民群众参与社会治理，培育和支持社会组织参与基层治理，形成群防群治，党委、政府和社会力量良性互动的社会治理局面。

1.1.5.4 完善共建共治共享社会安全治理格局，提高社会安全治理效能

党的二十大报告强调，健全共建共治共享的社会治理制度，提升社会治理效能。建设人人有责、人人尽责、人人享有的社会治理共同体，能够预防和减少社会矛盾，确保人民安居乐业、社会安定有序，建设更高水平的平安中国。

第一，坚持党委领导、政府负责、民主协商、社会协同、公众参与、法治保障、科技支撑的社会治理体制。这二十八个字概括了中国特色社会主义社会治理体系的重要特征，是社会治理效能提升的重要保障。例如，在发展方向上，要坚持党的领导，确保社会治理保持正确政治方向；在治理格局上，要坚持政府负责、社会协同、公众参与的社会治理，实现政府治理、社会调节、居民自治的良性互动；在发展措施上，采取民主协商、法治保障、科技支撑的方式开展社会治理，为群众诉求表达和矛盾调解提供制度化渠道，用法律规范社会治理中的各种权利义务关系，用科技手段提升公共服务质量。

第二，向基层赋权，推动社会治理和服务重心下移，夯实基层治理。基层是社会治理和服务发生的主要场域，各种利益冲突和矛盾纠纷如果能在基层得以化解，就不会上升为不稳定因素，引发“蝴蝶效应”，影响社会稳定。而社会治理中的创新性经验和模式也是在基层探索和试点中形成的，譬如城市社区治理中的“上海模式”“江汉模式”，乡村社区治理中的“枫桥经验”“桐乡经验”等。推动社会治理体系的完善，推进基层治理有效，还需要继续重视基层治理。在推进公共产品和资源向基层倾斜的同时，赋予面对复杂任务治理的基层主体更多的能动空间。健全城乡社区治理体系，及时把矛盾纠纷化解在基层、解决在萌芽状态，坚持抓早抓小抓苗头的工作方式。

第三，提高市域治理能力，提升社会治理的统筹层次和治理水平。相比着重于基层事务的城乡社区治理，市域社会治理更加强调在一定行政单位内的统筹治理，发挥承上启下的作用。从城乡社区治理到市域社会治理，更大的行政层次意味着社会治理统筹范围、调动资源、联动层次的进一步扩大，体现了系统化的治理思维。从公共服务和产品供给的角度来说，城市作为治理单元，能够在更大范围统筹协调，推进基本公共服务均等化。从链接城市发展和乡村振兴的角度来看，市域社会治理有助于以城市繁荣带动乡村发展，推动先进治理技术和经验的制度性扩散。尤其对“互联网+”、大数据、人工智能等新技术在社会治理中的采用，需要在一定层级上建立共享性、综合性的数据库、服务平台和保障网络，这些“智治”工作也可能需要在市级平台才能获得更好的建设和联动。因此，推进市域社会治理现代化，有助于在更高层次上规划治理政策，回应社会需求，解决矛盾冲突，从而提升社会治理的系统性和综合性。

1.2　我国社会安全治理概况

1.2.1　社会安全的起源与发展

从社会性质的演变历史分析，社会先后经历了奴隶社会、封建社会、资本主义社会和社会主义社会四种社会形态；从人类文明的发展历程分析，社会的发展经历了农业文明时代、工业文明时代和全球化时代三种历史形态。

在农业文明时代，社会以领土及耕地的拓展和人口数量的增加为发展目的，对安全的要求主要表现在以国家为主体的领土安全、人口安全、政治安全、经济安全和军事安全等。社会的安全与发展简单地建立在国家的统治和管理上，社会安全并没有被明确地提出和研究。

进入工业文明时代后，由于科学技术的发展、社会生产力的提高，特别是工业革命，使人类征服和改造自然的能力极大增强，人类社会的生产能力得到极大的提高。社会的高速发展以经济发展为主导，除了领土安全、人口安全、政治安全、经济安全和军事安全以外，科技安全、社会安全、文化安全也被逐步纳入安全的范畴。人类生存环境的日益恶化和一些重大安全事件的发生，推动一些学者开始反思发展的代价问题。20 世纪 70 年代初，罗马俱乐部在《增长的极限》这一报告中描述了片面追求经济增长所带来的环境污染、资源贫乏、人口爆炸、社会邪恶上升和核武器威胁等各方面严重的负面问题，以及造成的人与自然、人与社会的危机，从而使人类社会的存在和发展陷入困境。这一报告轰动了整个世界，社会安全意识被唤醒。

随着全球化的推进，国际政治、经济以及文化等交流的进一步加深，社会的发展开始注重全面协调的可持续发展。全球化一方面为世界提供了高水准的安全，另一方面也使风险迅速波及世界各地，形成连锁反应。全球化给世界带来了空前的物质繁荣和社会进步，但同时也对危机具有扩大化的效应，为世界埋下了风险的种子。自 20 世纪 80 年代以来，切尔诺贝利核泄漏事故、疯牛病、重症急性呼吸综合征（SARS）、恐怖袭击事件、禽流感等，使人们变得越来越敏感与恐惧，社会也变得越来越脆弱。此时的社会已是全球社会，此时的社会安全也不再仅仅是国家安全系统中的一个子系统，从宏观角度而言，社会安全已经超越了国家范畴站到了人类社会的高度，尤其在德国著名学者乌尔里希·贝克提出“风险社会”论题以后，风险社会成了全球化时代的必然语境和社会安全与发展之间矛盾凸显的代名词，社会的安全与发展问题亟待分析和解决。

1.2.2 我国社会安全治理的理念

安全是社会发展的基石，在公共安全体系建设中，社会安全治理不仅是总体安全治理的重要组成部分，也是其他领域安全治理的重要基础和基本保障。

社会安全治理是以治理理念为引领，根据社会安全风险的演化规律，通过制度安排，化解社会矛盾，降低社会安全风险，保障社会公正，实现社会安全。

与防灾减灾救灾、生产安全和公共卫生安全相比，社会安全的威胁因素主要是人为因素，且大多具有主观故意性。受全球化和信息化的影响，自然灾害、事故灾难、公共卫生事件发生后如果处置不当也可能对社会安全造成威胁。社会安全的内容复杂性、威胁多元性、演变的不确定性和连带性，都大大增加了社会安全治理的难度。

当前我国正处于重要的战略机遇期，也是社会矛盾凸显期。社会矛盾是影响社会安全的因素。伴随着我国经济飞速发展，社会矛盾也渐渐显露出来。从实质上看，社会矛盾可分为两类：一是合法形式的社会矛盾，这类社会矛盾的冲突程度较轻，社会危害较小，一般可以通过合法途径解决；二是非法形式的社会矛盾，其社会危害严重，而且会对正常的社会秩序构成严重威胁。近年来，我国社会矛盾总量不断上升，其中非法矛盾比例增加，对社会秩序产生较大的负面影响。无论在社会发展的任何阶段，稳定的社会秩序都是社会生活正常进行的必要条件，是社会治理追求的理想状态，更是国家繁荣兴盛的根本前提。因此，为了构建社会主义和谐社会，社会治理要坚持以人为本，以关系群众切身利益的现实问题为切入点，化解社会矛盾，稳定社会秩序，使社会各部分在发展中达到动态平衡。

公正是和谐社会的本质和基石，是社会主义核心价值观的主要组成部分，反映社会成员对合理社会规范、社会秩序和分配格局的诉求，是党和政府的一贯主张和矢志不渝的奋斗目标。公正是具体的，在不同的领域有不同的内涵，如经济领域的公正主要是指商品买卖双方的等价交换，社会领域的公正则是指所有社会成员都能共享改革发展的成果。公正也是相对的，社会发展程度决定社会公正的现实程度。我国正处于并将长期处于社会主义初级阶段，经济社会发展水平决定了我国唯一公正的分配制度应该是以按劳分配为主，以多种分配方式为辅。在此制度下允许产生差距，但这种差距应该是在社会成员可接受范围之内的基于公平分配方式的收入分配差距。实现社会公正是社会治理的具体目标之一，更是社会治理现代化的重要衡量尺度。

1.2.3 我国社会安全治理发展的时代背景

1.2.3.1 新时期社会转型的“新拐点”与困境

我国在整体上实现了从计划经济体制向市场经济体制、从传统社会向现代社会以及从封闭性社会向开放性社会的转轨、转型和变迁。改革开放40多年来，我国稳定解决了十几亿人的温饱，总体上实现了小康。党的十四大报告指出，“十一亿人民的温饱问题基本解决”。党的十六大报告指出，“人民生活总体上达到小康水平”，并正式宣告，到2020年全面建设惠及十几亿人口的更高水平的小康社会。党的十八大提出，2020年实现全面建成小康社会的宏伟目标，在新中国成立100年时建成富强、民主、文明、和谐的社会主义现代化国家。在新中国成立特别是改革开放以来我国发展取得的重大成就基础上，以习近平同志为核心的党中央，解决了许多长期想解决而没有解决的难题，办成了许多过去想办而没有办成的大事，取得了改革开放和社会主义现代化建设的历史性成就，为决胜全面建成小康社会和实现中华民族伟大复兴的中国梦夯实了基础。2013—2016年，国内生产总值年平均增长7.2%，高于同期世界2.6%和发展中经济体4%的平均增长水平。[①] 2012—2016年，人均国民总收入由5940美元提高到8000美元以上，接近中等偏上收入国家的平均水平。[②] 虽然巨变后的经济、社会和文化等各个方面得到了迅速的发展和繁荣，创造了大量“社会成果”，社会整体格局在一个时期内呈现出“稳定性”的特征，但也使资源、环境以及大众日常生活付出了诸多“社会代价”。在经济新常态、新型城镇化大背景下，进一步深化改革，打破业已形成的“稳定性”依然困难重重，转型秩序面临更为复杂多变的新危机、新困境与新挑战，呈现出社会转型的“新拐点”层面。

从国际格局层面看，世界正经历大变革、大调整，合作与竞争同步上升。我国与世界的互动持续加深，国际因素的倒灌效应和国内因素的溢出效应相互交织。从经济发展层面看，世界经济复苏乏力，经济全球化出现波折。我国经济运行总体平稳，新常态特征明显，但新旧发展动能转换需要一个过程，经济下行压力依然较大。新产业、新业态快速发展，为经济发展创造了新的增长点，也给社会和谐稳定带来了潜在风险。从社会变革层面看，随着新型工业化、信息化、城镇化、农业现代化发展，社会日趋开放多样，人们生产生活方式、社会组织动员形式发生深刻变化，社会自组织日益活跃，原有的社会规范和管理手段逐渐弱化。从科技革命层面看，随着移动互联网、物联网及大数据、云计算、人工智能的发展，人类生活所经历的一切都在转变，为人们的生产生活带来诸多便利的同时，新技术在违法犯罪领域的应用也使社会安全陷入更为多元复杂的困境。

1.2.3.2 “经济新常态”背景下的社会安全挑战

“经济新常态”在推进缓和以往经济高速增长期累积的矛盾和问题的同时，也带来了新的矛盾和问题，如经济增速下降和实体企业盈利下滑等现实状况所导致的一些企业经营困难、失业人员增多和就业问题凸显，欠薪、裁员和改制等所引发的劳资纠纷，以及不良贷款、地方债务和非法集资等风险点增多等，都是造成民间纠纷频发的重要原因。党的十九大报告提出，中国特色社会主义进入新时

---

① 十八大以来 我国国内生产总值年均增长7.2%［EB/OL］. 人民网，http：//finance.people.com.cn/n1/2017/1011/c1004-29579581.html.

② 十九大关于我国社会主要矛盾新论断的依据和意义［EB/OL］. 人民网，http：//cpc.people.com.cn/n1/2017/t220/c389394-29718638.html.

代，我国社会主要矛盾已经转化为人民日益增长的美好生活需要和不平衡不充分的发展之间的矛盾。

国家统计局公布数据显示，2010—2016年，公安机关立案的涉及人身安全的杀人、伤害和抢劫等几大主要刑事案件类型的数量呈持续下降趋势。通过对比2016年与2010年的数据显示，杀人刑事案件由13410起下降到8634起，下降比率为35.62%；伤害刑事案件由174990起下降到123818起，下降比率为29.24%；抢劫刑事案件由237258起下降到61428起，下降比率高达74.11%。人身安全是基础性安全，相关数据的持续下降，表明我国社会治安防控体系在不断加强和完善，为维护社会大众人身安全作出了卓越贡献，并取得了巨大成就。

1.2.3.3　新型城镇化进程中的社会安全危机

“新型城镇化”是指坚持以人为本，以新型工业化为动力，以统筹兼顾为原则，推动城市现代化、城市集群化、城市生态化、农村城镇化，全面提升城镇化质量和水平，走科学发展、集约高效、功能完善、环境友好、社会和谐、个性鲜明、城乡一体、大中小城市和小城镇协调发展的城镇化建设路子。党的十八大提出“新型城镇化”概念，显著提升了城镇化的地位和作用，明确了新型城镇化的发展方略。2013—2017年，我国的城镇化率年均提高1.2个百分点，8000多万名农业人口转变成城镇居民。[①] 党的十九大报告提出要推动新型工业化、信息化、城镇化、农业现代化同步发展，主动参与和推动经济全球化进程，发展更高层次的开放型经济，不断壮大我国经济实力和综合国力。新型城镇化进程中城乡分割的二元户籍制度、生态环境危机、缺乏协调合理规划以及经济产业转型失序等问题严重威胁社会安全。以社区为基点，新型城镇化还存在着诸多发展的困境。

1.2.3.4　推进国家安全体系和能力现代化，坚决维护国家安全和社会稳定

国家安全是民族复兴的根基，社会稳定是国家强盛的前提。必须坚定不移贯彻总体国家安全观，把维护国家安全贯穿党和国家工作各方面全过程，确保国家安全和社会稳定。

一是健全国家安全体系。坚持党中央对国家安全工作的集中统一领导，完善高效权威的国家安全领导体制。强化国家安全工作协调机制，完善国家安全法治体系、战略体系、政策体系、风险监测预警体系、国家应急管理体系，完善重点领域安全保障体系和重要专项协调指挥体系，强化经济、重大基础设施、金融、

---

① 习近平．决胜全面建成小康社会　夺取新时代中国特色社会主义伟大胜利［EB/OL］．中央人民政府网，https：//www.gov.cn/zhuanti/2017-10/27/content_5234876.htm.

网络、数据、生物、资源、核、太空、海洋等安全保障体系建设。健全反制裁、反干涉、反“长臂管辖”机制。完善国家安全力量布局，构建全域联动、立体高效的国家安全防护体系。

二是增强维护国家安全能力。坚定维护国家政权安全、制度安全、意识形态安全，加强重点领域安全能力建设，确保粮食、能源资源、重要产业链供应链安全，加强海外安全保障能力建设，维护我国公民、法人在海外合法权益，维护海洋权益，坚定捍卫国家主权、安全、发展利益。提高防范化解重大风险能力，严密防范系统性安全风险，严厉打击敌对势力渗透、破坏、颠覆、分裂活动。全面加强国家安全教育，提高各级领导干部统筹发展和安全能力，增强全民国家安全意识和素养，筑牢国家安全人民防线。

三是提高公共安全治理水平。坚持安全第一、预防为主，建立大安全大应急框架，完善公共安全体系，推动公共安全治理模式向事前预防转型。推进安全生产风险专项整治，加强重点行业、重点领域安全监管。提高防灾减灾救灾和重大突发公共事件处置保障能力，加强国家区域应急力量建设。强化食品药品安全监管，健全生物安全监管预警防控体系。加强个人信息保护。

四是完善社会治理体系。健全共建共治共享的社会治理制度，提升社会治理效能。在社会基层坚持和发展新时代“枫桥经验”，完善正确处理新形势下人民内部矛盾机制，加强和改进人民信访工作，畅通和规范群众诉求表达、利益协调、权益保障通道，完善网格化管理、精细化服务、信息化支撑的基层治理平台，健全城乡社区治理体系，及时把矛盾纠纷化解在基层、化解在萌芽状态。加快推进市域社会治理现代化，提高市域社会治理能力。强化社会治安整体防控，推进扫黑除恶常态化，依法严惩群众反映强烈的各类违法犯罪活动。发展壮大群防群治力量，营造见义勇为的社会氛围，建设人人有责、人人尽责、人人享有的社会治理共同体。

1.2.4 我国社会安全治理主要成就

社会治理是在社会管理的基础上发展起来的。1998 年，《关于国务院机构改革方案的说明》提出社会管理和公共服务是政府的基本职能之一。此后，社会管理和全面建成小康社会、构建和谐社会联系在一起，逐渐形成了政府、社会和群众协同管理的格局。党的十八大报告将社会管理和民生作为社会建设的重要内容，党的十八届三中全会颁布了《中共中央关于全面深化改革若干重大问题的决定》，首次在党的正式文件中提出“社会治理”的概念，作为推进国家治理体系和治理能力现代化的重要举措。进入新时代以来，社会治理不断推进，主要取得了以下建设成就。

从治理理念来看，以人民为中心的理念得以确立并深化。在秉承全心全意为人民服务和以人为本的基础上，党的十八大以来，以习近平同志为核心的党中央提出“以人民为中心”的发展思想，强调一切为了人民、一切依靠人民。人民性是马克思主义最鲜明的品格特征，社会主义制度和党的领导决定了我国社会治理的人民性，以人民为中心的社会治理基本理念，既是对我党群众路线的坚持，也是社会治理现代化的必然要求。党的十八大以来的社会治理，一是为了人民，注重解决好人民群众“急难愁盼”问题，在“幼有所育、学有所教、劳有所得、病有所医、老有所养、住有所居、弱有所扶”等方面加强工作，全方位改善人民生活，提升了人民的获得感、幸福感、安全感；二是依靠人民，充分尊重人民的主体性和能动性，让人民群众通过多种形式和途径参与社会治理。预防和化解社会矛盾时，尊重人民情感、倾听群众呼声，正确处理人民内部矛盾，始终坚持群众路线，相信和依靠群众自我管理、自我教育和自我服务的力量，就地化解矛盾，实现社会稳定。坚持人民利益至上，最终实现社会治理效能最大化，发展成果由人民共享。因此，以人民为中心的发展思想是党的十八大以来推进社会治理现代化的基本理念和原则。

从治理格局来看，共建共治共享的治理格局不断发展完善。党的十八大报告在“四位一体”的社会管理格局基础上增加了“法治保障”；党的十九届四中全会指出，坚持和完善共建共治共享的社会治理制度，必须完善“党委领导、政府负责、民主协商、社会协同、公众参与、法治保障、科技支撑的社会治理体系”，进一步增加了“科技支撑”的内容。党的二十大报告提出完善社会治理体系，健全共建共治共享的社会治理制度，提升社会治理效能。共建共治共享既是社会治理的新型格局，同时也成为新时代社会治理体系和治理能力建设的目标方向。这体现了我国社会治理格局在主体上的创新。治理主体是多元的，在党委领导、政府负责下，由社会协同和公众参与，通过多元主体的合作共建实现了创新。在治理方式上，多元主体依靠民主协商的方式，沟通意见、调和矛盾、合作共治，并通过法治保障和科技支撑，为有序治理提供了更坚实的制度和手段支持。

从制度体系来看，社会治理基本制度体系初步形成。新时代的社会治理基本制度体系不断建立完善，人口基础信息库、统一社会信用代码制度和相关实名登记制度、社会信用体系等社会治理基础制度开始建立，城市居委会组织法和村委会组织法等相关法律法规的修订工作加速推进，法治建设体系、社会组织体系、公共服务体系、社会保障体系、公共安全体系、城乡基层治理体系、社会治安防控体系、应急管理体系、国家安全体系等相关体系陆续建立健全，逐步形成了中国特色的社会治理制度体系。进入新时代以来，经过不断实践探索，我国已经基本构筑起符合中国国情、具有中国特色的社会治理制度体系。

从方式手段来看，系统治理、依法治理、综合治理、源头治理日趋成熟。在党的十八届三中全会上，提出社会治理概念的同时，强调坚持系统治理、依法治理、综合治理、源头治理作为改进社会治理的四种方式。系统治理强调社会治理的动态性、关联性和协同性；依法治理重视法治思维和法治方法在社会治理中的运用；综合治理坚持法治和德治相统一，综合运用正式制度规则与公序良俗等非正式规范对社会行为的调节作用；源头治理则是抓住问题和矛盾的源头与根本，将问题解决在萌芽和基层，强调标本兼治、防微杜渐。同时，社会治理的社会化、法治化、智能化、专业化水平也在不断提升。法律制度体系的建立健全使得法治保障得到加强，大数据、云计算、人工智能等领域中科技工具和手段的运用彰显了科技支撑作用，在精准定位社会需求的基础上综合运用专业人士和方法解决问题、提供服务，同时引导舆论赢得理解、信任和支持，显著提升了社会治理的能力。可见，新时代我国社会治理形成了“四维治理”相结合的方法论创新，以及“四化策略”相配合的手段发展。党的二十大更是把完善网格化管理、精细化服务、信息化支撑的基层治理平台作为重要抓手。

1.2.5 我国社会安全治理面临的安全挑战

随着中国特色社会主义进入新时代，我国经济社会发展面临多重复杂因素叠加的深度转型，国内外安全形势日趋复杂严峻，社会矛盾和社会问题交织，社会安全治理的重点任务需要根据时代特征进行调整。尤其是在新的发展环境和安全格局下，安全治理面临多维挑战。

首先，风险社会的复杂性对社会治理的风险预警和应对能力提出更高要求。人类社会本质上是一个充满不确定性、脆弱性和风险性的复杂社会，随着全球化、现代化进程的加速，科技创新的推进，目前已经进入了高度不确定和复杂的“全球风险社会”时代。中国目前正在经历世界上发展速度最快、规模最大、程度最深的现代化进程，并处于工业化、城市化、市场化、信息化、全球化的多重现代转型中。发展面临的各方面风险不断积累、集中显露，因此“必须把防范风险摆在突出位置”。由于风险的来源多样、情况复杂，包括自然因素、人为因素、人与自然互动的结果，甚至是在风险治理过程中导致的意外后果，因此对于风险社会的治理也应当充分关注其系统性和不确定性，建立健全多层次、系统化的风险监测体系和预警机制。多元治理主体共同参与，对可能面临的风险问题进行识别、预警，采取适当的处置机制和应对办法，防止个别风险、局部风险演化为系统风险、整体风险，降低风险问题对社会安全稳定的冲击与危害。

其次，国内外安全形势的变化使得社会治理中的安全维度更加凸显。进入新时代以来，我国面临的发展环境和安全格局发生了历史性深刻变化：一方面，外部环境风险增大。国际局势日趋复杂，不稳定性、不确定性明显增加，经济全球化遭遇逆流，世界进入“动荡变革期”。另一方面，内部稳定任重道远。社会主要矛盾发生变化，经济社会发展不平衡不充分问题突出，城乡区域发展和收入分配差距较大，经济下行压力增大，人口老龄化加剧，社会矛盾更加复杂。安全问题的重要性、紧迫性、复杂性、联动性显著上升。要掌握我国发展和安全主动权，就需要把握“两个大局”，构建新的安全格局，有力保障新发展格局。自党的十八届三中全会提出“社会治理”以来，安全治理就是其中的重要内容，主要集中在矛盾化解和公共安全两个维度。2014 年，习近平总书记提出总体国家安全观，强调走出一条中国特色国家安全道路。社会安全治理被作为有效预防和化解社会矛盾、提升公共安全水平的国家治理体系重要内容，与更广泛的国家安全战略一起，共同构成“内外兼修”、兼顾宏观与微观的国家安全政策体系。因此，在新发展阶段的新安全格局中，社会治理中的安全维度作为国家安全体系和能力建设的重要战略内容，在维护社会稳定、保障社会安全方面的重要性更加凸显。

最后，人民群众日益增长的安全需求要求进一步健全公共安全体系。随着我国经济发展水平的提升和社会主要矛盾的转变，安全需求已经成为人民群众最基础最关切的需求之一。“平安是老百姓解决温饱后的第一需求，是极重要的民生，也是最基本的发展环境。”并且，随着人民权利意识和责任意识的提高，公众对有关个人切身利益的安全事项要求拥有更多的知情权、参与权和监督权。这就要求新时代的社会治理必须牢固树立安全发展的理念，加强公共安全体系建设，深化食品药品安全、安全生产、防灾减灾救灾、社会治安防控等方面的体制机制改革，加强公共安全立法和法治化要求，按照系统治理、依法治理、综合治理、源头治理的“四维治理”原则编织全方位、立体化的公共安全体系和网络，以增强人民群众的获得感、幸福感、安全感。同时，结合人民群众的安全需求和参与安全治理的意愿，加强安全意识教育和心理干预体系建设，充分调动多元主体力量参与安全治理工作的积极性、主动性和创造性。

1.3　国外社会安全治理做法

学习借鉴国际上好的社会安全治理理念和成熟做法，对于构建中国特色现代社会安全治理体系具有重要意义。社会安全治理包括的内容非常复杂，国外关于社会安全治理的成熟做法也多种多样。概括起来，主要有以下基本经验。

1.3.1　多元参与与合作共治

20 世纪 80 年代以来，伴随着西方社会日益严重的经济社会危机，特别是社会福利改革运动的兴起，“多元参与与合作共治”的理念逐渐形成并被广为接受。这一理念主要包括以下要点：第一，突破政府与市场的二元对立或单一主导，重视政府与市场之外的第三部门即社会领域的作用；第二，强调“参与式治理”，即国家力量与社会力量、公共部门与私人部门以及公民个人等多元主体共同参与社会治理；第三，强调“多中心治理”和“协作式治理”，政府、市场、社会三大主体不再是支配与被支配的关系，而是基于共同利益和目标的“伙伴式关系”，在地位平等的基础上通过协商、合作来解决问题。在实践中，“多元参与与合作共治”的理念主要体现在以下几个方面：

一是政府向市场和社会放权，构建“小政府—大社会”的治理体制。例如，从20世纪70年代末80年代初开始，在英国撒切尔政府和美国里根政府的推动下，欧美掀起了一场社会福利改革运动，一个普遍做法是将大量社会服务项目推向市场，或者在社会服务中引入市场运作理念。

二是政府与非营利性组织协作。据统计，目前美国有150多种类型、140多万个非营利性组织，几乎涵盖社会生活的方方面面。政府通过直接补助、减免税费、购买服务等多种方式对这些组织进行扶持，而这些组织则提供了大量政府做不到、做不好或不便做的社会服务。

三是注重发挥社区作用。例如，美国、加拿大等国形成了政府组织指导与监控、社区组织和民间团体主办、企业在社区内通过市场机构提供优质服务的社区治理体系，加拿大还规定中学生每年必须到志愿组织参加一定时间的义务劳动，否则不能毕业。

1.3.2 以人为本与标本兼治

注重改善民生。目前，尽管不同发达国家在保障水平上存在差异，但都将改善民生、增进国民社会福利作为政府的重要职责，并不断增加保障内容、扩大保障范围，逐渐从过去的补缺型社会福利模式向普惠型社会福利模式转变。

注重塑造合理的社会阶层结构。西方发达国家都比较重视从扩大中产阶级或中等收入群体比例入手调整社会阶层结构。例如，日本通过就业、税收、社会保障等方面的政策手段，成功塑造了庞大的中产阶级群体。

注重构建有效的利益协调机制。以劳资纠纷为例，在发达国家，工会会周期性地与雇主协会就一系列涉及双方利益的问题进行协商、谈判；当谈判陷入僵局时，由劳资双方或政府指定的第三方或政府直接出面调解、仲裁。

注重提供专业的社工服务。西方发达国家普遍建立了比较完善的社会工作制度，将社会工作作为一个正式职业，通过专业的社会工作者为服务对象提供专业化、人性化、高品质的社会服务。例如英国，社会工作涵盖了教育、司法、社区、养老等社会生活的多个领域，而且社工的职业化程度很高，所有从业者都持有社会工作职业资格证书。

1.3.3 依法治理与刚柔并济

法治是现代社会秩序的基本保障，也是现代社会治理的基本准则和手段。经过长时期的法治化进程，发达国家一般都有比较完备的法律体系，法律监督机制也比较健全。老百姓具有较强的法律意识，习惯于用法律思维和法律方式来解决纠纷。

注重非诉讼纠纷解决机制的运用。非诉讼纠纷解决机制又被称为替代性纠纷解决机制，是对司法诉讼之外的所有纠纷解决方式的统称。目前，非诉讼纠纷解决机制已在澳大利亚、英国、德国、日本等国家得到广泛推广。

注重意识形态、宗教、道德等软性约束力量的作用。发达国家很注重利用意识形态、宗教信仰、道德规范等塑造国民的共同价值观念，从而使社会治理达到事半功倍的效果。例如，新加坡很重视通过培育国民的共同价值观以提高社会凝聚力，在经全民讨论并由国会通过的《共同价值观白皮书》中，提出了“国家至上、社会为先；家庭为根、社会为本；社会关怀、尊重个人；协商共识、避免冲突；种族和谐、宗教宽容”五大共同价值观，得到了各大宗教团体和种族的认同。

1.3.4 预防为先与动态治理

较之传统社会，现代社会的复杂性、风险性大大增加，不稳定性、不确定性因素大量存在，这使得现代社会的治理难度进一步加大。面对这样一个高风险社会，许多国家形成了“预防为先与动态治理”的理念。在实践中，这一理念主要体现在以下两个方面：

建立健全重大决策社会风险评估机制。国外社会风险评估的内容非常多，包括环境风险评估、法律风险评估、社会稳定风险评估等。在作出重大决策之前进行系统风险评估，可以最大限度地规避风险。国外风险评估非常重视两个因素：一是建立一套科学、完整的指标体系；二是成立独立、专业、具有公信力的第三方评估机构。

建立健全社会监测体系与危机预警系统。注重运用云计算、物联网、互联网等信息化手段开展基础信息采集工作，尤其是在公共安全、公共卫生、食品监管、交通运输、人口流动等重点领域进行实时动态跟踪、舆情监控，为政府决策提供信息支撑。发达国家普遍建立了规范高效的社会危机预警系统，从制度上保证危机报警、危机处理、危机善后等环节的无缝衔接。

1.4 我国社会安全治理的着力点

随着社会的不断发展和进步，社会安全治理已经成为国家治理不可或缺的一部分。社会治理是一种通过各种手段和渠道来保障社会安全和稳定，促进社会发展的机制。不同的社会治理手段和渠道因时因地而异，但其基本原则却是相同的，即通过社会各方面的共同努力来实现社会的治理。

社会治理是国家治理的重要组成，我国社会治理实践活动和制度理念是中国共产党在长期的革命、建设和改革过程中，领导人民逐渐摸索形成的。改革开放以来，随着市场经济的发展，社会事务日益繁杂，管理社会事务成为政府的重要职能。从党的十四届三中全会首次使用“社会管理”概念，将其作为政府的主要职能之一，到党的十八届三中全会在党的正式文件中提出“社会治理”，并将创新社会治理体制作为推进国家治理体系和治理能力现代化的重要部署，社会建设理念不断创新发展。社会治理表达了在社会领域全面推进国家与社会、政府与非政府、公共机构与私人机构之间合作共治的理念，并且这种治理强调是在党委领导下、发挥政府主导作用的治理，显著区别于西方治理理论存在的政府作用和国家主权模糊的危险，是基于中国特色社会主义制度和基本国情的新的治理理念。

2022 年以来，我国发展的内部条件和外部环境正在发生深刻复杂变化。总体而言，社会大局保持稳定，政治安全防线更加牢固，反恐形势平稳可控，社会矛盾纠纷有效化解，刑事案件持续下降，公共安全持续巩固，网络犯罪得到遏止。同时，社会安全形势日趋复杂，政治安全风险因素明显增多，社会矛盾纠纷风险挑战有所增加，公共安全风险隐患显著增多，新型网络犯罪仍呈多发高发态势。有鉴于此，应超前预判，储备对策，健全政治安全风险防控体系，坚决防范化解社会矛盾风险，数智赋能新时代。

党的二十大在总结过去五年工作和新时代十年伟大变革的基础上，对社会治理体系和治理能力现代化作出新的重要阐述。其中，最重要的是将社会治理放在推进国家安全体系和能力现代化的框架下，从维护国家安全和社会稳定的角度来健全共建共治共享的社会治理制度，以实现新安全格局、保障新发展格局。

面对错综复杂的国际形势、艰巨繁重的国内改革发展稳定任务，我国国家安全和社会安定面临的问题挑战不断增多，且联动效应日趋明显。《中华人民共和国国民经济和社会发展第十四个五年规划和 2035 年远景目标纲要》强调，统筹发展和安全，建设更高水平的平安中国，并将社会安全作为加强国家安全体系和能力建设的重要保障。只有大力推进新时代社会安全治理能力建设，助力实现高质量发展和高水平安全良性互动，才能把“十四五”规划目标任务落到实处。

1.4.1　加强党对安全工作的领导

中国特色社会主义最本质的特征是中国共产党领导，中国特色社会主义制度的最大优势是中国共产党领导。坚持和加强党的全面领导，是提升社会安全治理现代化水平的根本保障。

改革开放以来，党中央聚焦改革、发展、稳定三者的关系问题，提出改革、发展和稳定分别是社会主义现代化建设的动力、目的和前提，强调要坚持把改革力度、发展速度和社会可承受的程度统一起来，在保持社会稳定中推进改革发展，通过改革发展促进社会稳定。党的十八大以来，我党将政治建设摆在首位，用习近平新时代中国特色社会主义思想武装全党、教育人民，并通过反腐败斗争维护党的先进性和肌体健康，不断提高党的执政能力和领导水平，党的政治领导力、思想引领力、群众组织力、社会号召力不断增强。与此同时，基层组织建设和高素质干部队伍建设不断推进，各级党组织和广大党员的积极性、主动性、创造性被充分调动，有效解决问题的能力不断增强。例如，新冠疫情作为重大突发公共卫生事件，给经济与社会发展带来巨大风险。在疫情防控中，中共中央专门印发《关于加强党的领导、为打赢疫情防控阻击战提供坚强政治保证的通知》，强调“做到哪里任务险重哪里就有党组织坚强有力的工作、哪里就有党员当先锋作表率”，要求“组织党员、干部做好群众工作，稳定情绪、增强信心，不信谣、不传谣，当好群众的贴心人和主心骨”。事实证明，加强党的领导为打赢疫情防控阻击战、防范化解重大风险提供了坚强政治保证。

1.4.2　提升人民群众的安全感

中国特色社会主义进入新时代，我国社会主要矛盾已经转化为人民日益增长的美好生活需要和不平衡、不充分的发展之间的矛盾，人民群众在社会安全等方面的要求日益增长。我党坚定贯彻新发展理念、转变经济发展方式，发展质量和效益不断提升，全面深化改革取得重大突破，为妥善调整利益关系，增强人民群众获得感、幸福感、安全感创造了重要前提。

社会的和谐稳定，从根本上要求人与自然、人与社会、人与人之间的和睦共生。在人与自然的关系方面，关键在于坚持尊重自然、顺应自然、保护自然的原则，解决好短期与长期之间的利益调节问题，既要积极预防主要由自然因素带来的灾害影响，也要全面考虑经济社会发展可能对生态环境带来的各种影响。在人与社会的关系方面，关键在于解决好效率与公平之间的平衡问题，解决好收入分配不公、社会保障体系不健全等问题。在人与人之间的关系方面，关键在于解决好社会分层与社会流动带来的社会稳定风险问题，如完善改革发展成果的分享政策、构建社会互信机制，以及发挥文化的价值引导、素质培育等功能。总之，实现社会安全与稳定，说到底就是要把实现好、维护好、发展好最广大人民的根本利益作为一切工作的出发点和落脚点，坚持以人民为中心的发展思想，不断改善人民生活品质，提高社会建设水平。

1.4.3 实现高质量发展

坚持以经济建设为中心、大力发展社会生产力，是维护社会稳定与安全的重要基础。改革开放以来，从“社会主义的本质是解放生产力，发展生产力，消灭剥削，消除两极分化，最终达到共同富裕”“发展才是硬道理”，到“兼顾效率与公平”，到“实现发展成果由人民共享”，再到“把安全发展贯穿国家发展各领域和全过程”，特别是党的十八大以来，习近平总书记带领全国人民坚持贯彻新发展理念，着力推动经济发展质量变革、效率变革、动力变革，主动应对世界百年未有之大变局叠加世纪疫情带来的新风险挑战，解决了长期未解的发展难题，办成了许多事关长远的大事要事，国家经济实力、科技实力、综合国力和国际影响力都跃上一个大台阶。习近平总书记在党的二十大报告中强调，“高质量发展是全面建设社会主义现代化国家的首要任务。发展是党执政兴国的第一要务。没有坚实的物质基础，就不可能全面建成社会主义现代化强国”。党的二十届三中全会进一步提出，必须以新发展理念引领改革，立足新发展阶级，深化供给侧结构性改革，完善推动高质量发展激励约束机制，塑造发展新动能新优势。要健全因地制宜发展新质生产力体制机制，健全促进实体经济和数字经济深度融合制度，完善发展服务业体制机制，健全现代化基础设施建设体制机制，健全提升产业链供应链韧性和安全水平制度。①

1.4.4 健全风险防控机制

党的十九届五中全会明确指出，当前和今后一个时期，我国发展仍然处于重要战略机遇期，但机遇和挑战都有新的发展变化。增强驾驭风险本领，健全各方面风险防控机制，是处理各种复杂矛盾和战胜各种艰难险阻的前提，是加强国家安全体系和能力建设的必然要求。

党的二十大提出，提高防范化解重大风险能力，严密防范系统性安全风险，严厉打击敌对势力渗透、破坏、颠覆、分裂活动。全面加强国家安全教育，提高

---

① 何立峰．健全因地制宜发展新质生产力体制机制［EB/OL］．政府网，https：//www.gov.cn/yaowen/liebiao/202407/content_6965136.htm.

各级领导干部统筹发展和安全能力，增强全民国家安全意识和素养，筑牢国家安全人民防线。

健全完整意义上的社会风险防控机制，应当针对经济运行与社会发展过程中可能影响安全与稳定的各类风险进行全面、系统和科学的评价，为政府决策提供可靠依据。同时，基于社会稳定状况的动态性和复杂性，社会风险评估机制应侧重于宏观识别和战略判断，即集中对宏观背景和社会稳定状况的动态演化进行定量诊断和超前判别。当前，我国重大决策社会稳定风险评估机制已初步形成，但在指标设定、评估内容、评估技术等方面仍存在不足，亟待健全与完善。具体包括：在评估主体上，可以通过细化重大决策类型和完善程序规定来分类合理确定；在评估内容上，应由具体的风险因素和事件，向风险的程度与可控范围逐步深化拓展；在评估方法与流程上，应在保证科学规范的基础上不断进行创新。要不断健全风险防控机制，为有效抵御社会风险、提升社会安全治理能力提供制度支撑。

参考文献

［1］魏礼群．中国社会治理现代化之路［M］．社会科学文献出版社，2019.

［2］魏礼群．社会安全治理新格局［M］．国家行政学院出版社，2018.

［3］吴莹．贯彻总体国家安全观完善社会治理体系［N］．中国社会科学报，2023-03-01.

［4］吴莹．总体国家安全观视域中的社会治理［J］．求索，2023（02）.

［5］黄家亮，郑杭生．国外社会治理的基本经验［N］．人民日报，2014-05-04.

第2章 数字孪生概述

数字孪生作为近些年新兴的前沿热点技术，因其可通过在信息空间建立物理世界的镜像，实现信息世界与物理世界的虚实交互、模拟仿真、态势预测、方案推演等，能够有效解决现实空间因各种复杂情况无法进行实验、预测、推演、重现等各类难点问题，而广泛应用于多种行业领域。关于数字孪生，不同的学者、研究机构和创新企业等，都有着不同的理解，因此，为深入推进数字孪生技术在社会安全治理领域的广泛应用，本章对数字孪生的内涵、特征、相关标准、研究与应用现状作以阐述，力求为后续应用奠定基础。

2.1 数字孪生的内涵

2.1.1 数字孪生的概念

数字孪生，英文名为 Digital Twin，也称为数字镜像、数字映射、数字双胞胎、数字双生、数字孪生体等。由于数字孪生概念的多样性和发展性，不同学者可能会有不同的理解和定义。因此，具体的定义可能会因研究领域、学科背景和应用场景而有所不同。

（1）标准化组织中的定义："具有数据连接的特定物理实体或过程的数字化表达"，该数据连接可以保证物理状态和虚拟状态之间的同速率收敛，并提供物理实体或流程过程的整个生命周期的集成视图，有助于优化整体性能。

（2）学术界的定义：数字孪生是以数字化方式创建物理实体的虚拟实体，借助历史数据、实时数据以及算法模型等，模拟、验证、预测、控制物理实体全生命周期过程的技术手段。Michael Grieves 教授认为，数字孪生是一组虚拟信息结构，可以从微观原子级别到宏观几何级别全面描述潜在的物理制成品。在最佳状态下，可以通过数字孪生获得任何物理制成品的信息。李培根院士认为，数字孪生是“物理生命体”的数字化描述。“物理生命体”是指“孕、育”过程（即实体的设计开发过程）和服役过程（运行、使用）中的物理实体（如产品或装备），数字孪生体是“物理生命体”在其孕育和服役过程中的数字化模型。数字孪生不能说只是物理实体的镜像，而是与物理实体共生。数字孪生支撑从产品创新概念开始到得到真正产品的整个过程。北京航空航天大学陶飞教授等人认为，数字孪生是以数字化方式创建物理实体的虚拟模型，借助数据模拟物理实体在现实环境中的行为，通过虚实交互反馈、数据融合分析、决策迭代优化等手段，为物理实体增加或扩展新的能力。作为一种充分利用模型、数据、智能并集成多学科的技术，数字孪生面向产品全生命周期过程，发挥连接物理世界和信息世界的桥梁和纽带作用，提供更加实时、高效、智能的服务。NASA（美国航空航天局）认为，数字孪生是充分利用物理模型、传感器更新、运行历史等数据，集成多学科、多尺度、多物理量、多概率的仿真过程，从而在虚拟空间反映相对应的飞行实体的全生命周期过程。

（3）企业的定义：2017年至2019年，Gartner公司（全球著名IT研究机构）连续三年将数字孪生列为十大新兴技术之一。Gartner公司认为，数字孪生是现实世界实物或系统的数字化表达，是现实生活中物体、流程或系统的数字镜像。通过数字化技术和数据模型，可以将实际对象或系统与其数字表示相连接，以实现实时监测、仿真和优化。GE Digital公司认为，数字孪生是资产和流程的软件表示，用于理解、预测和优化绩效以改善业务成果。数字孪生由三部分组成：数据模型、一组分析工具或算法以及知识。西门子公司认为，数字孪生是物理产品或流程的虚拟表示，用于理解和预测物理对象或产品的性能特征。数字孪生用于产品的整个生命周期，在物理原型和资产投资之前模拟、预测和优化产品和生产系统。SP公司认为，数字孪生是物理对象或系统的虚拟表示，但其远不止是一个高科技的外观。数字孪生使用数据、机器学习和物联网来帮助企业优化、创新和提供新服务。PTC公司认为，数字孪生（PTC公司翻译为数字映射）正在成为企业从数字化转型举措中获益的最佳途径。对于工业企业，数字孪生主要应用于产品的工程设计、运营和服务，能够带来重要的商业价值，并为整个企业的数字化转型奠定基础。

总的来说，数字孪生的概念经历了三个主要阶段：

第一个阶段，数字样机概念阶段。数字样机是数字孪生的最初形态。数字样机概念是对机械产品整机或者具有独立功能的子系统的数字化描述。通过这种描述反映产品对象的几何属性，以及产品的功能和性能特性。在产业实践中，数字样机首先在设计阶段被定义为数字化产品定义（Digital Product Definition，DPD），通过DPD来表达产品的设计信息，构建表征物理客体的数字化模型，此时的

DPD 因限定于产品定义阶段，所以对物理客体的全生命周期信息表达不全面，尤其是制造阶段和服务阶段的定义表达与应用管理问题日益突出。

第二个阶段，狭义数字孪生概念阶段。因 DPD 存在对产品全生命周期信息表述不全面的问题，Grieves 教授于 2003 年提出数字孪生的概念。此时的数字孪生统称为狭义数字孪生，其定义对象就是产品及产品全生命周期的数字化表征。Grieves 将数字孪生定位为一套从微观原子级到宏观几何级全面描述潜在生产或者实际制造产品的虚拟信息结构。由此可以看出数字孪生的概念首次在定义对象中明确为产品，在定义内容方面，从产品的设计阶段扩展到产品全生命周期。通过数字样机的概念延伸和扩展，实现对物理产品全生命周期信息的数字化描述，并有效管控产品全生命周期的数据信息。数字孪生是对实体对象或过程的数字化复制，能够实现贯通复杂产品设计、制造、维护等全生命周期业务过程的数字空间和物理空间信息的双向共享交互和全面追溯。

第三个阶段，广义数字孪生概念阶段。广义数字孪生在定义对象方面进行了较大延伸，从产品扩展到产品之外的更广泛领域。例如，陶飞教授等人将数字孪生定义为一种充分利用模型、数据、智能并集成多学科的技术；Gartner 公司将数字孪生描述为现实世界实体或系统的数字化表现。由此可见，数字孪生成为任何信息系统或数字化系统的总称。

因此，数字孪生可以概括为：以模型和数据为基础，通过多学科耦合仿真等方法，完成现实世界中的物理实体到虚拟世界中的镜像数字化模型的精准映射，并充分利用两者的双向交互反馈、迭代运行，以达到物理实体状态在数字空间的同步呈现，通过镜像数字化模型的诊断、分析和预测，进而优化实体对象在其全生命周期中的决策、控制行为，最终实现实体与数字模型的共享智慧与协同发展。

数字孪生强调的是虚实两侧的实时互联互通与反馈、双向映射、双向驱动的迭代优化过程，强调的是虚实两侧的动态关联以及通过建立高保真度虚拟模型来完成以虚控实的思想，还有其适用于不同的领域、应用场景、需求/服务的通用实践框架。

2.1.2 数字孪生生态系统

数字孪生生态系统（如图 2.1 所示）由基础支撑层、数据互动层、建模与仿真分析层、共性应用层和行业应用层组成。其中，基础支撑层由具体的前端采集设备或具有数据传输功能的设备组成，包括工业设备、城市建筑设备、交通工具、医疗设备等。数据互动层包括数据采集、数据传输、数据处理和数据反馈驱动等内容。建模与仿真分析层包括设备及数据建模、数据仿真和控制。共性应用层包括描述、诊断、预测、决策等方面。行业应用层则包括智能制造、智慧公安、智慧城市等在内的多方面应用。

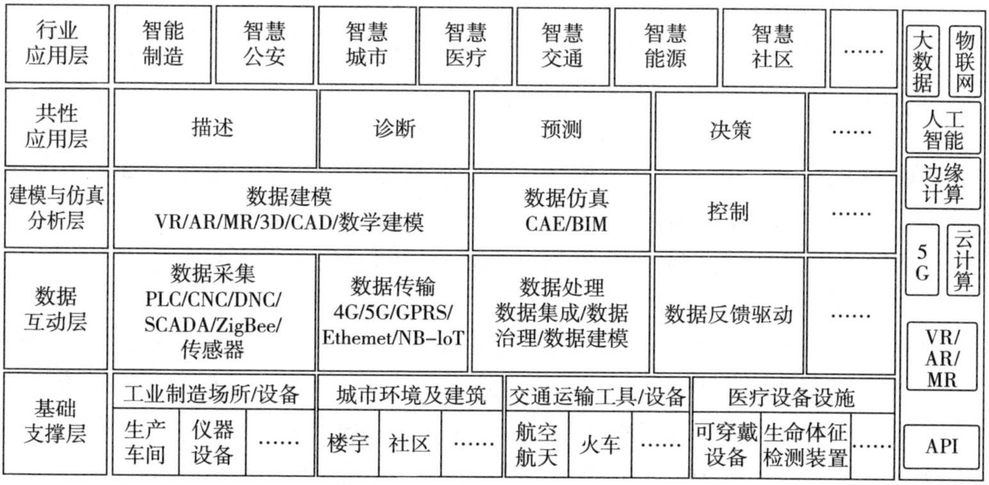

图2.1 数字孪生生态系统

2.1.3 数字孪生生命周期

数字孪生系统是某个产品、某个系统在其生命周期中的一个具象表达，是一个包括物理实体、虚拟实体以及虚实之间的交互迭代关系，并最终形成以实体对象或行为“以实到虚”全要素层级映射、“以虚控实”为目标的体系，所以称之为 Digital Twins，区别于数字孪生体。而数字孪生体的分形描述与时间延续特征其实就是分别从面向对象和面向过程两个角度描述物理对象，因此分析物理对象全生命周期的数字孪生体，需要将面向对象和面向过程的数字孪生体相结合。从面向过程的角度出发，每一个阶段的数字孪生体都与物理实体交互，且不同阶段的数字孪生体彼此交互。从面向对象的角度出发，物理对象不断地迭代更新，其数字孪生体在生命周期中的每一个阶段都承载着上一阶段传递的信息。数字孪生体作为物理对象在其生命周期中的另外一个虚拟的“生命体”，在与物理对象相对应全生命周期的每个阶段会被赋予特定的功能。

根据数字孪生体的特征和功能将其生命周期分为三个阶段:

第一个阶段为数字孪生体前期阶段，即数字胚胎阶段。数字孪生体是物理对象的另一个“生命体”，而生命体的最初状态是胚胎，数字胚胎是在物理实体对象设计阶段产生的，数字胚胎先于物理实体对象出现，所以用数字胚胎去表达尚未实现的物理对象的设计意图是对物理实体进行理想化和经验化的定义。这个数字胚胎可以看作人类大脑或者智能对物理实体对象的物理属性和功能属性进行理性及经验性认知后的一种虚拟表达，其功能为以虚拟实。

第二个阶段为数字孪生体中期阶段，即数字化映射体阶段，其功能为以虚映实。通过对物理对象的多层级数字化映射，建立面向物理实体与行为逻辑的数据驱动模型，孪生数据是数据驱动的基础，可以实现物理实体对象和数字化映射对象之间的映射，包括模型行为逻辑和运行流程，并且这个映射模拟会根据实际反馈，随着物理实体的变化而自动作出相应的变化。

第三个阶段为数字孪生体全生命周期后期阶段，也是数字孪生体具备智能化的阶段，即孪生体智能阶段。该阶段数字孪生体继承了前面两个阶段的数据和模型，同时借助大数据挖掘和智能算法，按照“知识模型智慧决策精准执行”的方式精准控制物理实体对象，以达到“以虚控实”的功能目标。

数字孪生中虚拟实体和物理实体的生命周期，不是一个完全重叠的映射，虚拟实体的生命周期包括起始、设计与开发、验证与确认、部署、操作与监控、重新评估和退役；物理实体的生命周期包括验证与确认、部署、操作与监控、重新评估和回收利用。值得指出的是，一方面，虚拟实体在全生命周期过程中与物理实体的相互作用是持续的，在虚拟实体与物理实体共存的阶段，两者应保持相互关联并相互作用；另一方面，在虚拟实体区别于物理实体的全生命周期过程中，存在迭代的过程，虚拟实体在验证与确认、部署、操作与监控、重新评估等环节发生的变化，可以迭代反馈至设计与开发环节。数字孪生生命周期如图 2.2 所示。

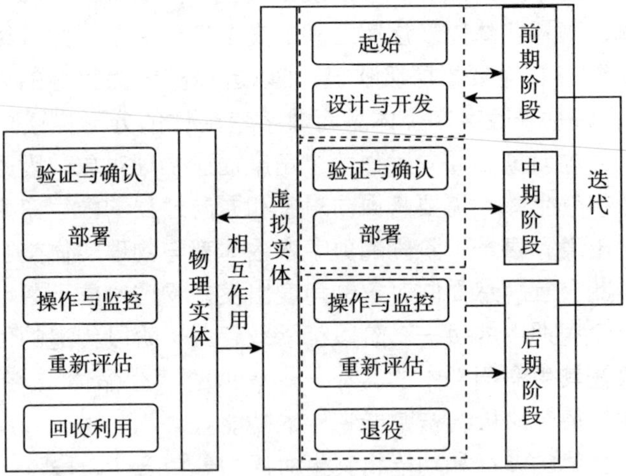

图 2.2　数字孪生生命周期示意

2.1.4　数字孪生的发展历程

数字孪生经历了从概念提出到应用拓展的过程，随着计算能力、数据处理能力和相关技术的不断进步，数字孪生在各个领域的应用也越来越广泛和深入。总体来看，可将数字孪生的发展历程划归为雏形期、发展期、领先应用期和大规模应用期。

2.1.4.1　雏形期（20 世纪六七十年代至 2002 年前后）

这一阶段主要是 CAD（计算机辅助设计）、CAE（工程设计中的计算机辅助工程）建模和仿真、传统系统工程等基础技术的准备期。

数字孪生概念最早可以追溯到 20 世纪六七十年代 NASA 的阿波罗计划。

1970 年 4 月的一天，距离地球约 33 万公里的阿波罗 13 号登月飞船在前往月球的航程中，其服务舱氧气罐发生爆炸。巨响之后，舱内的宇航员察觉到船体受损，但由于视角限制，他们看不到飞船外面，因此不知道具体发生了什么以及船体受损的严重程度。舱内警示灯闪烁不止，刺耳的警报声持续作响。

NASA 地面站拥有多个模拟器，用于训练宇航员和指挥控制人员。在过去的训练任务中包括了任务失败时的多种情景模拟，其中一些模拟训练的成果被用在了阿波罗 13 号的救援任务中，在看似不可挽回的灾难中，挽救了三位宇航员的生命。

这些模拟器是整个阿波罗登月计划中最复杂的技术组合。训练中，除了机组人员、驾驶舱和指挥控制台之外，其他的一切都是通过一个当时的超级计算机群组加上大量算法，由技术人员创造、“虚构”出来的。

阿波罗 13 号救援任务被视为世界上第一例数字孪生应用的原因在于，NASA 使用了当时最先进的通信技术与阿波罗 13 号航天器中的各种设备以及宇航员们持续保持实时联系，而这些通信数据则被地面控制人员用于迅速地调整模拟器环境参数，来模拟现实中受损航天器的实际情况。NASA 以此为基础和宇航员共同探讨、筛选并完善方案，把宇航员们成功带回了地球。因此，在阿波罗计划中，这些高保真度的模拟器及其相关的计算机系统，再加上与航空器持续保持通畅联系的通信系统和获取到的通信数据流，构成了一套完整的阿波罗 13 号数字孪生系统。

1992 年，著名的计算机和人工智能专家、耶鲁大学的哥伦特（David Gelernter）教授出版了《镜像世界》（Mirror Worlds）一书，虽然没有明确提出数字孪生这一名词，但在书中描述了一个由计算机软件定义的虚拟现实世界。书中写道：“什么是镜像世界（Mirror Worlds）？它们是从计算机屏幕上显示的代表真实世界的软件模型，海量的信息通过软件接口源源不断地涌入模型，如此多的信息使模型可以模拟现实世界每时每刻的状态。”镜像世界可以被认为是数字孪生概念的最早雏形。

2002 年，美国密歇根大学的格里夫斯（Michael Grieves）教授在产品全生命周期管理课程上提出了“与物理产品等价的虚拟数字化表达”的概念，即一个或一组特定设备的数字复制品，能够抽象表达真实设备并能以此为基础进行真实条件或模拟条件下的测试。同年 12 月，Michael Grieves 教授在 PLM 中心启动会上，首次明确提出数字孪生这一概念，他称之为“PLM 的一个理想化概念”。他认为，通过物理设备的数据，可以在虚拟（信息）空间构建一个表征该物理设备的虚拟实体和子系统，并且这种联系不是单向和静态的，而是在整个产品的生命周期中都联系在一起。Michael Grieves 教授论述数字孪生的书名为 Virtually Perfect，已有中文版《智能制造之虚拟完美模型》。

2.1.4.2 发展期（2002 年至 2010 年）

这一阶段主要是数字孪生概念的产生期，数字孪生模型被提出，英文术语名称得以确定。在这期间，建模和仿真等基础技术持续发展并趋于成熟，出现了仿真驱动的设计、基于模型的系统工程（MBSE）等先进设计范式。

继 2002 年 Michael Grieves 教授提出数字孪生这一概念和模型之后，2005 年，Michael Grieves 教授在发表的两篇文章中再次引用了产品生命周期管理的概念。

美国国家科学基金会（National Science Foundation，NSF）的 Helen Gill 在 2006 年创造了信息物理系统（Cyber-Physical Systems，CPS）的概念。

2009 年，数字孪生概念出现在美国空军实验室提出的“机身数字孪生体”（Airframe Digital Twin）中。NASA 在《建模、仿真、信息技术和处理路线图》（Modeling，Simulation，Information Technology & Processing Roadmap）以及《材料、结构、机械系统和制造路线图》（Materials，Structures，Mechanical Systems，and Manufacturing Roadmap）两份技术报告中直接使用了“数字孪生”这一术语。

2.1.4.3 领先应用期（2010 年至 2020 年）

在这一阶段，该技术主要被美国国家航空航天局、美国军方和通用电气等率先应用。这个阶段也是物联网、大数据、人工智能、区块链、云计算、5G 通信等与数字孪生紧密相关的新一代信息技术的快速发展期。

2011 年，德国利用该概念提出了工业 4.0（Industrie 4.0）。

2012 年，在夏威夷举办的第 53 届美洲航空航天协会（AIAA）学术会议上，NASA 的 Glaessgen 和美国空军的 Stargel 发表了一篇文章 The Digital TwinParadigm for future NASA and U. S. Air Force Vehicles，完整深入地论述了未来航空航天器数字孪生的理想模型，该文章对数字孪生进行了严格的学术定义：“数字孪生是飞行器或系统集成的多物理、多尺度的概率性仿真，它使用最好的可用物理模型、更新的传感器数据和历史飞行数据等来反映与该模型对应的飞行实体全生命周期的真实特性。”

2014 年 Michael Grieves 教授撰写了《数字孪生白皮书》。根据该白皮书，数字孪生的基本概念模型包括三个主要部分：实体空间中的物理产品、虚拟空间中的虚拟产品、将虚拟产品和物理产品联系在一起的数据和信息的连接。

2015 年前后，我国也开始进入数字孪生领域。当时包括工业 4.0 研究院在内的多家国内研究机构和企业纷纷启动了与数字孪生相关的研究课题。自此以后，数字孪生这个概念就开始风靡互联网界和产业界。

西门子工业软件在2016年开始尝试利用数字孪生体来完善工业4.0应用，到2017年年底，西门子工业软件正式发布了完整的数字孪生体应用模型，成为第一个数字孪生的倡导者和实践者。

从2017年到2019年，数字孪生连续三年入选全球顶级分析机构Gartner公司发布的《十大战略技术趋势分析报告》。Gartner公司的《十大战略技术趋势分析报告》主要收录具有重大颠覆性潜力的技术趋势，这些战略性技术正在从新兴状态中快速发展壮大，有望产生广泛而深远的影响，或者正在以巨大的波动性呈现迅速增长的状态。在2017年的报告中，Gartner公司将数字孪生列在十大战略技术趋势的第五位，在2018年和2019年的报告中，数字孪生列在Gartner公司十大战略技术趋势的第四位。Gartner公司认为，随着业界和媒体的关注，无论是业内人士还是大众，对数字孪生技术的期望值已经变得越来越高。虽然在这一阶段，用户的需求和产品状态并不成熟，但会有大量的资本进入，从而促使数字孪生进入快速发展的阶段。2017年数字孪生出现在新兴技术成熟度曲线的上升段，2018年到达曲线顶点，2019年数字孪生从新兴技术成熟度曲线中消失，标志着它已不再被定义为新兴技术，而是被认为进入了主流技术行列。

2019年9月，美国召开首次智慧城市和数字孪生融合研讨会。种种迹象表明，数字孪生已经逐步在各个领域进入深度开发和大规模扩展应用的阶段。

2019年起，我国工信部下属中国电子信息产业发展研究院、中国电子技术标准化研究院和工业互联网产业联盟分别发布了《数字孪生白皮书（2019）》《数字孪生应用白皮书（2020版）》《工业数字孪生白皮书（2021）》，为凝聚和深化数字孪生技术共识，加速数字孪生技术创新和实践应用提供了强有力的支撑。

2.1.4.4　大规模应用期（2020年至2030年）

这一阶段，数字孪生的研发将与人工智能、大数据、物联网、区块链等多种新兴技术融合，其应用领域也将从航空航天、智能制造等领域向数字孪生城市、数字孪生政府、数字孪生智慧医疗等城市化、民生化、全球化的领域和市场拓展。

德勤发布的《德勤2020技术趋势》中，认定了五大可引发颠覆性变革的关键新兴技术，数字孪生罗列其中。国内研究学者也针对数字孪生开展了大量研究，上海图书馆（上海科学技术情报研究所）发布的《2020全球前沿科技热点研究》报告中，将数字孪生列入7个领域20项前沿科技热点之一。目前数字孪生正在各领域进行深度而广泛的应用。

数字孪生的发展历程如图2.3所示。

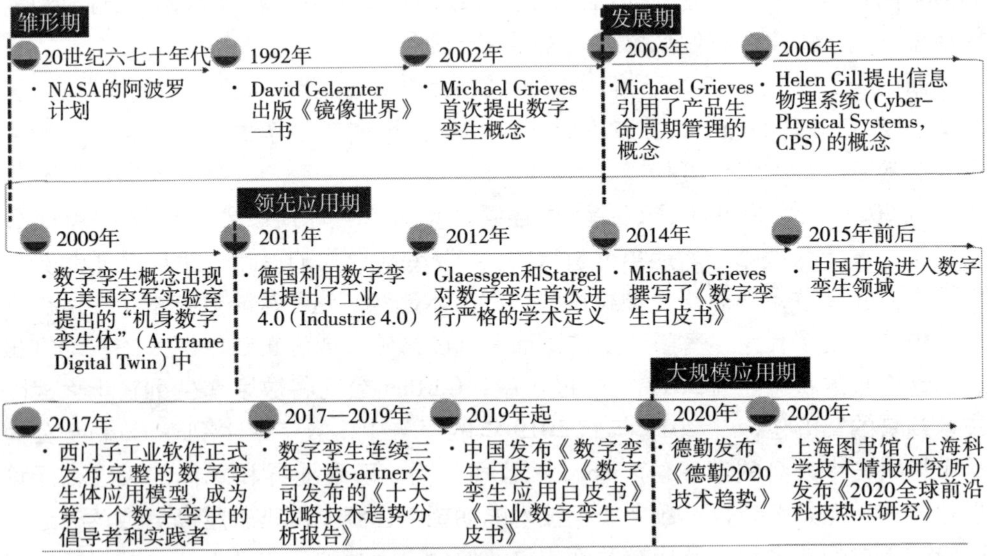

图 2.3　数字孪生的发展历程

2.2　数字孪生的特征

2.2.1　技术层面

数字孪生作为多种先进技术的融合体，具有多学科性、虚拟性、连通性、多尺度性、多物理属性、多层次结构、多源异构数据、数据驱动、保真性、动态性、实时性、集成性、互操作性、可扩展性、可计算性、可预测性等多种特征（如图 2.4 所示）。

图 2.4　数字孪生的特征

2.2.1.1 多学科性

数字孪生最显著的特征之一就是，其涉及不同的自然科学和工程技术，包括但不限于数学、物理学、化学、计算科学、信息科学、机械工程、电子工程等，具有明显的多学科交叉、多技术融合应用的特征。

2.2.1.2 虚拟性

数字孪生的虚拟性，是指数字孪生体是物理孪生体在数字世界中的载体，数字孪生体是虚拟体，存在于信息空间（或比特空间、虚拟空间），不属于物理空间。

2.2.1.3 连通性

数字孪生的另一个主要特征是它具有连通性。在数字孪生应用中，通过数字技术手段实现物理组件（物理实体）和数字组件（虚拟模型）之间的连接，这种连接是由物理孪生体上的传感器及其他数据与数字孪生体的数据通道共同创建的。物理孪生体上的传感器通过各种技术获取数据并进行有效集成，再通过数据通道将实时数据反映在数字孪生体中。

连通性不仅体现在技术层面，在应用层面，数字孪生增强了组织、产品、系统、服务等与使用者之间的连通性。例如，一个为用户制造复杂机械设备的企业可以通过检查其销售的设备的数字孪生体的状态来判断设备工作状态是否正常，并在必要时为客户提供预测警告和维护服务。

2.2.1.4 多尺度性

数字孪生具有明显的多尺度性。根据实际不同场景的应用需求，数字孪生体可以包含和呈现不同尺度的信息，如物理孪生体的空间坐标、几何尺寸、边界等宏观特征信息和微观结构特征。

2.2.1.5 多物理属性

数字孪生体可以是多物理属性的，其物理属性的多少取决于数字孪生的应用场景。在复杂的应用场景中，数字孪生体不仅要描述物理孪生体的几何特征、空间位置特征等，还要对物理孪生体的构件、材料力学、动力学等特征进行细致的描述。

2.2.1.6 多层次结构

数字孪生体可以是多层次结构的，正如其镜像（物理孪生体）一样。例如，汽车的数字孪生体包括车身数字孪生体、动力系统数字孪生体、控制系统数字孪生体、机械系统数字孪生体等；而机械系统数字孪生体又可以由不同的更小系统的数字孪生体构成。数字孪生体的层次结构有利于数字孪生功能和数据的模块化架构管理。

2.2.1.7 多源异构数据

如果把数字孪生看作一个有机生命体，那么静态数据就是它的“细胞”，而动态数据更像是其“血液”。伴随着数字孪生系统的多学科性、多尺度性、多物理属性等显著特征，其数据结构也相应地呈现出多源异构的特征。数据来源包括物理实体描述性数据、物联网传感器数据、各软件系统数据、互联网数据、运营商数据等，涵盖结构化和非结构化数据类型。数字孪生体作为多源异构数据汇聚、展示、分析、交互的载体，必须具备高维数据处理能力，需要将多维数据进行有效融合和应用，以提高数字化、智慧化服务能力。

2.2.1.8 数据驱动

在上述多源异构数据特征的基础上，数字孪生表现出明显的数据驱动特征。通过适当计算资源、存储资源、收集资源、分析算法等技术的支撑，运用数据驱动着数字孪生体的运行、演化、优化等，以保证对物理孪生体真实状态的实时、全面、精准的描述。

2.2.1.9 保真性

数字孪生具有保真性的特征，其保真性通过多维数据的精准呈现来保障，并且要考虑时间维度，即实时性。在不同的应用场景中，数字孪生体可能呈现出不同程度的保真。以数字孪生城市场景为例，针对政府的城市统筹管理的应用场景，建筑外表面几何和位置数据及区域级相关统计数据即可满足应用需求。但如遇特定建筑空间的管理需求，则该空间的保真性可能要提升至其内部结构甚至相关联的软件系统数据层面。

2.2.1.10 动态性

数字孪生的动态性是其与仿真计算等技术的重要区别之一。在产品或系统全生命周期的各个阶段，数字孪生体会基于来自物理孪生体的动态数据持续更新自身的状态，并根据最近的数据对物理孪生体进行实时分析，甚至提出辅助决策。

2.2.1.11 实时性

数字孪生具有显著的实时性特征，即物理孪生体当前的状态数据需要在极短的时间段内反映在数字孪生体上；同理，数字孪生体发出的指令需要在极短的时间内反映在物理孪生体上，也就是实现数据和指令的实时双向流动。

2.2.1.12 集成性

多学科性、多尺度性以及多物理属性等特点使数字孪生带有明显的集成性，数据主要是由不同尺度、来自不同学科的不同物理属性的模型集成而来。

2.2.1.13 互操作性

数字孪生体和物理孪生体之间存在虚拟空间和现实空间的双向映射和实时连

接，因此孪生体之间应具备互操作性，即对物理孪生体进行操作而引起的变化应实时反映在数字孪生体当中。同样，对数字孪生体的操作可以反向控制物理孪生体。数字孪生体通过传感数据了解物理孪生体状态的变化，对变化进行分析、预测和优化。物理孪生体应根据从数字孪生体接收到的优化方案对变化作出响应。

2.2.1.14 可扩展性

数字孪生体以模块化形式构建，具备集成、添加和替换数字孪生体模块的能力，能够面向多尺度、多物理、多层级、多场景的物理孪生体进行灵活扩展。

2.2.1.15 可计算性

数字孪生体基于来自其物理孪生体的大量多源异构数据（包括静态数据和动态数据），通过使用数值分析、数值仿真计算、概率统计计算、大数据分析等手段，可模拟和反映物理孪生体实时状态。通过基于人工智能模型的计算，可面向物理孪生体提出辅助决策建议。

2.2.1.16 可预测性

基于数字孪生体从物理孪生体中获取的海量历史数据，通过迭代仿真、大数据分析以及人工智能技术的应用，可对物理孪生体在不同条件下的状态和行为进行有效预测。数字孪生需包含不断改进的人工智能（监督、无监督学习算法），当它们处理从物理环境和周围环境连续接收到的传感数据时，其预测能力得到改进。这个虚拟的（认知的）大脑应用了描述性的、预测性的和规定性的算法，因此可以作为一个智能体来执行一系列的任务。在人工智能算法中，特征选择和特征提取任务降低了数据的维度，同时保留了信息量最大的数据，允许仅提取和存储有用的信息（即“正确的数据”），从而降低存储成本和计算处理成本。

此外，数字孪生还具有复用性（可重复使用）、可共享使用等特征。

2.2.2 系统层面

数字孪生的概念处于不断发展过程中，国内外有很多文献分析总结了数字孪生的内涵和特征，但是不同的应用场景下的数字孪生系统、数字孪生系统所在生命周期中的不同阶段都呈现出不同的特征，因此，很难通过一个标准的特征来说某个应用系统“是”或者“不是”数字孪生系统。但总体来讲，数字孪生系统应具有以下四类特征：

2.2.2.1 数字孪生系统是一种多领域综合的数字化模型

（1）数字孪生作为仿真应用的发展和升级，与传统的仿真方式有着巨大的区别。数字孪生的模型贯穿物理系统的整个生命周期，以产品数字孪生为例，针对新产品的设计，传统的产品仿真主要涉及产品本身的建模与仿真工作，不包括其工艺优化、制造过程规划、服务运维、回收处置等阶段的模型与仿真，而数字孪生不仅具备传统产品仿真的特点，从概念模型和设计阶段着手，先于现实世界的物理实体构建数字模型，而且数字模型与物理实体共生，贯穿实体对象的整个生命周期，建立数字化、单一来源的全生命周期档案，实现产品全过程追溯，完成物理实体的细致、精准、忠实的表达。因此，其模型的构建需要考虑产品全生命周期的数据和行为表述。

（2）现实产品往往包括机械、电子、电气、液压等多个物理系统，一个智能系统往往是数学、物理、化学、电子电气、计算机、机械、控制理论、管理学等多学科、多领域的知识集成的系统。多个物理系统融合，多学科、多领域融合是现实系统的运行特点。物理系统在数字空间的数字模型，需要体现这个融合，实现数字融合模型。这个融合包括了全要素、全业务、多维度、多尺度、多领域、多学科，并且能支持全生命周期的运行仿真。不同的智能系统关注的重点领域不一，多学科耦合程度存在差异，因而其数字模型需要根据不同的应用场景对其组成部分进行融合，全方面地刻画物理实体。

（3）数字孪生体和物理实体应该“形神兼似”。“形似”就是几何形状三维模型上要一致，“神似”就是运行机理上要一致。数字孪生体的模型不但包括三维几何模型，还包括前述的多领域、多学科物理、管理模型。可以根据构建的数字化模型中的几何、物理、行为、规则等划分为多维度空间，还可视为三维空间维、时间维、成本维、质量维、生命周期管理维等多维度交叉作用的融合结果，并形成对应的空间属性、时间属性、成本属性、质量属性、生命周期管理属性；数字孪生模型的构建应按层级逐级展开，形成单元级、区域级、系统级、跨系统级等多尺度层级，各层级逐渐扩大，实现不同的系统功能。

以产品数字孪生应用为例，数字化建模不仅指对产品几何结构和外形的三维建模，对产品内部各零部件的运动约束、接触形式、电气系统、软件与控制算法等信息进行全数字化的建模技术同样是建设产品数字孪生所用模型的基础技术。一般来说，多维度、多物理量、高拟实性的虚拟模型应该包含几何模型、物理模型、行为模型和规则模型四部分。几何模型包括尺寸、形状、装配关系等；物理模型综合考虑力学、热学、材料等要素；行为模型则根据环境等外界输入及系统不确定因素做出精准响应；规则模型依赖于系统的运行规律，实现系统的评估和优化功能。

（4）数据驱动的建模方法有助于处理仅利用机理/传统数学模型无法处理的复杂系统，通过保证几何模型、物理模型、行为模型、规则模型与刻画的实体对象保持高度的一致性来让所建立模型尽可能逼近实体。数字孪生技术解决问题的出发点在于建立高保真度的虚拟模型，在虚拟模型中完成仿真、分析、优化、控制，并以此虚拟模型完成物理实体的智能调控与精准执行，即系统构建于模型之上，模型是数字孪生体的主体组成。

2.2.2.2　数字孪生系统是一种以模型为核心的数据采集与组织

（1）数据是数字孪生的基础要素，其来源包括两部分：一部分是物理实体对象及其环境采集而得；另一部分是各类模型仿真后产生。多种类、全方位、海量动态数据推动实体虚拟模型的更新、优化与发展。高度集成与融合的数据不仅能反映物理实体与虚拟模型的实际运行情况，还能影响和驱动数字孪生系统的运转。

（2）物理系统的智能感知与全面互联互通是物理实体数据的重要来源，是实现模型、数据、服务等融合的前提，感知与互联主要指通过传感器技术、物联网、工业万联网等，将系统中人、机、物、环境等全要素异构信息以数字化描述的形式接入信息系统，实现各要素在数字空间的实时量现，驱动数字模型的运作。

（3）数据的组织以模型为核心。信息模型是对物理实体的一个抽象，而多学科、多领域的仿真模型又需要不同的数据驱动，并且也会产生不同的数据。这些数据通过信息模型、物理模型、管理模型等不同领域模型进行组织，并且通过基于模型的单一数据源管理来实现统一存储与分发，保证数据的有效性和正确性。

2.2.2.3　数字孪生系统应当与物理系统双向映射、动态交互、实时连接和迭代优化

（1）物理系统、数字模型通过实时连接，进行动态交互、实现双向映射。物理系统的变化能及时反映到数字模型中，数字模型所计算、仿真的结果也能及时发送给物理系统，控制物理实体的执行过程，这样就形成了数字孪生系统的虚实融合。孪生数据链接成一个统一的整体后，系统各项业务也得到了有效集成与管控，各项业务不再以孤立形式展现，业务数据共享，业务功能趋于完善。

（2）适合应用场景的实时连接。“实时连接”在不同的应用场景下，其物理含义是不同的。对于控制类应用（设备的在线监控），实时可能指小于1s甚至达到ms级，而对于生产系统级应用，可能小于10s甚至1min都是允许的，对于城市等大系统，部分数据可以分钟甚至小时为单位进行更新，也算满足“实时连接”的定义。

（3）如今的智能产品和智能系统呈现出复杂度日益提高、不确定因素众多、功能趋于多样化、针对不同行业的需求差异较大等趋势，而数字孪生为复杂系统的感知、建模、描述、仿真、分析、诊断、预测、调控等提供了可行的解决方案，数字孪生系统必须能不断地迭代优化，即适应内外部的快速变化并做出针对

性的调整，能根据行业、服务需求、场景、性能指标等不同要求完成系统的拓展、裁剪、重构与多层次调整。这个优化首先在数字空间发生，同时也同步在物理系统中发生。

2.2.2.4 数字孪生系统应当具有推演预测与分析等智能化功能

（1）数字孪生将真实运行物体的实际情况结合数字模型在软件界面中进行直观呈现，这个是数字孪生的监控功能。数字孪生的监控一般构建于三维可视化模型之上，各类数据按模型的空间、运行流程、管理层级等不同维度进行展示，能让用户直观感受系统运行状态，便于做出决策。

展示的数据不但包括采集得到的实时数据，也包括基于这些数据结合相关分析模型之后的数据挖掘结果，可以进一步提取数据背后富有价值的信息。分析结果也叠加到展示模型中，可以更好地展示实体对象的内部状态，为预测和优化提供基础。

（2）数字孪生系统具备模拟、监控、诊断、推演预测与分析、自主决策、自主管控与执行等智能化功能。对于信息空间建立的数字模型本身来说即是对物理实体的模拟和仿真，用于全方位、全要素、深层次地呈现实体的状态，完成软件层面的可视化监控过程。而数字孪生不局限于以上基础功能的实现，还应该充分利用全周期、全领域仿真技术对物理世界进行动态的预测，预测是数字孪生的核心价值所在。动态预测的基础正是系统中全面互联互通的数据流、信息流以及所建立的高拟实性数字化模型。动态预测的方式大体可以分为两类：

第一类，根据物理学规律和明确的机理计算、分析实体的未来状态。

第二类，依赖系统大数据分析、机器学习等方法所挖掘的模型和规律预测未来。

第二类更适合于现如今功能愈加多样化、充满不确定性、难以用传统数学模型准确勾画的复杂控制系统。在虚拟空间完成推演预测后，根据预测结果特定的应用场景和不同的功能要求，采用合理的优化算法实时分析被控对象行为，完成自主决策优化和管理，并控制实体对象精准执行。

（3）数字孪生可被看作一种技术、方法、过程、思路、框架和途径，本质上是以服务为导向，对特定领域中的系统进行优化，满足系统某一方面的功能要求，如成本、效率、故障预测与监控、可靠运维等。而将服务展开来说，可分为面向不同领域、用户/人员（专业技术人员、决策人员、终端执行人员等）、业务需求、场景的业务性服务和针对智能系统物理实体、虚拟模型、孪生数据以及各组成部分之间的连接相关的功能性服务等。

2.3　数字孪生相关标准

从 2015 年开始，ISO（国际标准化组织）、IEC（国际电工委员会）和 IEEE（电气与电子工程师协会）等国际标准化组织着手推动成立数字孪生技术委员会和工作组，力求从各自的领域和各个层面出发，探索数字孪生标准化工作。

数字孪生标准化工作起步较晚，整体仍处于初级阶段，最早制定数字孪生标准的领域主要为智能制造和智慧城市领域，其他领域的标准化研究工作相对缺乏。2020 年 12 月 26 日，数字孪生体联盟发布了《数字孪生体概念和术语体系（实施稿）》（Digital Twin-Concept System and Terminology System）。随着全国信息技术标准化技术委员会、国家智能制造标准化总体组等国内标准化组织或机构对数字孪生标准化工作的关注与推动，由中国电子技术标准化研究院牵头起草的《智能制造虚拟工厂参考架构》（GB/T 40648-2021）和《智能制造虚拟工厂信息模型》（GB/T 40654-2021）两项国家标准已于 2021 年 10 月发布。未来，国内数字孪生领域基础共性及关键技术标准将不断涌现，通过聚焦新标准化需求，逐步建立基本的数字孪生标准体系并孵化典型行业中的数字孪生应用标准，形成国际标准、国家标准、行业标准和团体标准良性互动的局面。

2.3.1　数字孪生相关的标准化工作

2.3.1.1　ISO/IEC JTC 1 标准化工作

2019 年 5 月，ISO/IEC JTC 1（国际标准化组织/国际电工委员会的第一联合技术委员会）第 34 届全会采纳中国、韩国、美国等成员代表建议，成立 AG11 数字孪生咨询组，并发布《数字孪生技术趋势报告》。2019 年 11 月起，ISO/IEC JTC 1 AG11 数字孪生咨询组开始工作，各国代表围绕数字孪生关键技术、参考模型、典型案例模板等进行了交流。

截至目前，AG11 数字孪生咨询组已完成工作报告。AG11 在报告中制定了如下的数字孪生的标准体系框架，为数字孪生标准研究与制定人员提供参考，同时为数字孪生落地应用提供指导，具体包括以下内容：

基础标准：定义术语和概念、参考架构和框架。

数字孪生技术实现：定义功能、生命周期、数字线程和互操作性。

集成与协作：定义资源、数据、信息模型和接口。

测试与评估：定义性能评估、成熟度和合格测试。

应用场景：不同行业的数字孪生应用，如智能制造、智慧城市、智能建筑、智慧农业、智慧医疗等。

在 AG11 数字孪生咨询组推动下，2023 年 10 月 31 日，《数字孪生应用案例》国际技术报告正式发布；2013 年 11 月 15 日，《数字孪生概念和术语》国际标准正式发布。

2.3.1.2 ISO 标准化工作

2018 年起，ISO/TC 184/SC 4 的 WG15（数字化制造）工作组推动了《面向制造的数字孪生系统框架》系列标准（ISO 23247）的研制和验证工作。该标准的四个部分范围如下：

概述和一般原则：包括制造业中开发数字孪生的一般原则和要求。

参考架构：具有功能视图的参考体系架构。

制造元素的数字表示：可观察制造元素的基本信息属性列表。

信息交换：参考体系结构中实体之间信息交换的技术需求。

该标准发布的数字孪生制造框架，从用户域、运维管控域、服务提供域、资源交互域、感知控制域和目标对象域六个方面描述了数字孪生制造框架，中国电子技术标准化研究院涵盖了数字孪生创建人员、设备、材料、制造过程、设施、环境、产品和支持文件等要素。另外，本系列标准附加的技术报告包含了符合框架的数字孪生用例，标准第四部分的附件中也包含了用例的初步纲要。

2.3.1.3 IEC 标准化工作

IEC/TC 65/SC 65 推动了 IEC 62264《企业控制系统集成》标准的制定。在该标准中，资源被定义为“提供执行企业活动和/或业务流程所需的部分或全部功能的企业的实体”，包括人员、设备、物理财产和材料。

2.3.1.4 德国工业 4.0 标准化工作

德国力求推动其工业 4.0 的国际化，使其在未来的国际制造版图中占据主动。为此，德国工业 4.0 平台（Industrie 4.0 Platform）寻求与中国和美国等国家展开合作。

2018 年，德国与美国工业互联网联盟联合组成任务组，探讨数字孪生体和资产管理壳在技术和应用场景方面的异同，以及资产管理壳和数字孪生体相互支持的适用性和可行性。在中德智能制造/工业 4.0 标准化工作组的研究中，数字孪生/管理壳也是研究主题。2022 年 11 月 18 日，第十三次中德智能制造/工业 4.0 标准化工作组全会召开，会上发布了《数字孪生与资产管理壳联合报告》。

2.3.1.5 智能制造领域数字孪生标准化工作情况

智能制造领域数字孪生标准化工作情况主要表现在如下五个方面：

（1）智能装配标准化。

（2）虚拟工厂标准化。

（3）汽车行业标准化。

（4）大型起重机械行业标准化。

（5）物流标准化。

2.3.1.6　智慧城市领域数字孪生标准化工作情况

2015 年，国家标准化管理委员会提出智慧城市标准体系框架，包括总体、支撑技术与平台、基础设施、建设与宜居、管理与服务、产业与经济、安全与保障。

2016 年，国家发展和改革委员会、国家标准化管理委员会等提出智慧城市评价指标体系，包括惠民服务、精准治理、生态宜居、智能设施、信息资源、网络安全、改革创新、市民体验八个一级指标，下设三十七个二级指标评价要素。

国内其他主要标准化组织还包括全国信息技术标准化技术委员会（SAC/TC28）、全国智能建筑及居住区数字化标准化技术委员会（SAC/TC426）、全国通信标准化技术委员会（SAC/TC485）、全国信息安全标准化技术委员会（SAC/TC260）等。

重点强调一下，基于数字孪生建立的城市信息模型（CM），是智慧城市的重要基础，其核心包括数据采集、数据接入、数据整合、数据共享、业务协同、轻量化、可视化等。数字孪生城市的标准化制定是智慧城市标准化需求的重要途径。

2.3.1.7　智慧健康领域数字孪生标准化工作情况

国外部分发达国家在健康建筑设计和营造方面制定了相关标准和指南，关注室内空气、净化系统、水、建筑材料、噪声、光照、视觉、温度、湿度、老人及残疾人设施、病虫害、健身激励、精神等方面，旨在提升建筑的健康性能。健康建筑、健康养老、个人健康状态远程监测等方面的标准相继出台，数字健康建筑和数字健康家庭通用标准体系也在建设之中，目前已有的标准包括《绿色建筑评价标准》（GB/T 50378-2019）、《健康社区评价标准》（T/CECS 650-2020）、《健康建筑评价标准》（T/ASC02-2021）、《传感器网络个人健康状态远程监测》（GB/T 37733.1-2019）等。

2.3.1.8　智慧交通领域数字孪生标准化工作情况

智慧交通领域数字孪生标准化工作主要包括：在空间维度，对功能、接口、集成、互操作性等建立了标准规范；在时间维度，对动态更新、全生命周期、数据集成等建立了指导性标准规范；在价值维度，基于优化目标、增值服务等核心需求对关键对象的数字孪生建立了相关指导性标准规范。

《数字孪生体技术白皮书（2019）》在初步总结了数字孪生体标准化工作基础上，梳理了数字孪生体标准化工作的历程，如表 2.1 所示。

表 2.1 近年来数字孪生体标准化工作历程

时间	相关组织	工作职责或相关活动及成果
2015.9	美国工业互联网联盟	启动由 infa5ys 和 GE 主导的工业数字线程测试床项目
2016.10	ISO/TC 184/SC 4	波音和 STEPToob 等公司展示面向数控加工的数字线程和数字孪生体案例
2017.11	韩国电子通信研究院	提出《面向制造的数字孪生系统框架》标准立项申请
2018.1	ISO/TC 184/SC 4	《面向制造的数字孪生系统框架》标准批准立项，并于 2018 年 5 月获得编号 ISO 23247，进入工作草案阶段
2018	美国工业互联网联盟	成立“数字孪生体互操作性”任务组，探讨数字孪生体互操作性的需求及解决方案，重构与德国工业 4.0 的合作任务组，探讨数字孪生体与资产管理壳在技术和应用场景方面的异同，以及资产管理壳在支持数字孪生体方面的适用性和可行性
2018.11	ISO/TC 184/SC 4	收集面向制造的数字孪生体实施案例，确定 ISO 23247 验证项目
2019 年初	ISO/TC 184	成立数字孪生体数据架构特别工作组（AHG2），负责定义数字孪生体术语体系和制定数字孪生体数据架构标准
2019.3	IEEE SA	IEEE P2806《智能工厂物理实体的数字化表征　系统架构》标准获批立项
2019.5	NIST	开发基于 HLA 的通用 CPS 联邦环境和 IEEE 1451 智能传感器数字孪生体联邦，支持从数个到数百个智能传感器的协同仿真和故障影响分析及决策
2019.5	ISO/IEC JTC 1	发布《数字孪生技术趋势报告》，成立数字孪生咨询组（AG11），负责梳理数字孪生的术语、定义以及标准化需求；研究数字孪生相关技术、参考模型；评估开展数字孪生领域标准化的可行性并向 JTC 1 提出相关建议等
2019.7	ISO/TC 184/SC 4	ISO 23247 进入委员会草案阶段
2019.7	ISO/IEC/JWG21	智能制造参考模型工作组第八次会议，正式确定“智能制造统一参考模型”这一新国际标准提案名称。成立“TF8 数字孪生资产管理壳”任务组，梳理数字孪生与智能制造参考模型之间的潜在关系；后续 TF8 可能会成为新的 ISO 和 IEC 联合工作组

续表

时间	相关组织	工作职责或相关活动及成果
2019.8	IEEE/C/SAB/DR_WG	IEEE 数字孪生标准工作组成立，IEEE P2806《智能工厂物理实体的数字化表征　系统架构》标准启动会
2019.9	ISO/TC 184/SC 4	ISO 23247 进入国际标准草案阶段。ISO/TR 24464《数字孪生体的可视化组件》进入委员会草案阶段
2019.10	IEEE/C/SAB/OR_WG	IEEE P2806《智能工厂物理实体的数字化表征　系统架构》标准第二次会议
2019.10	GOLEM & ASIDEES	联合国工业发展组织（UNDO）的合作伙伴奥地利GOLEM 集成微电子解决方案有限公司和奥地利经济、环境与社会可持续创新发展协会（ASIDEES）为咨询顾问和审计师开发了 ISO 37120《可持续城市和社区：城市服务和生活品质指标》标准培训和认证服务解决方案，基于 ISO 37120 实施数字孪生城市
2019.11	ISO/IEC JTC 1 AG11	数字孪生咨询组第一次面对面会议，交流数字孪生关键技术、典型案例模板等，讨论数字孪生咨询组中期研究报告
2019.11	ISO/IEC/JWG21	智能制造参考模型工作组第九次会议，讨论《智能制造统一参考模型》主要内容和工作计划
2019.11	北凯、电子四院、仪综所等国内 12 家单位	联合发表《数字孪生标准体系探究》，提出数字孪生标准体系框架和结构
2019.12	ISO/TC 184/SC 4	ISO/TR 24464 进入国际标准草案阶段
2019.12	数字孪生体实验室、安世亚太科技股份有限公司	发布《数字孪生体技术白皮书（2019）》，给出数字孪生体的定义，提出数字孪生体的概念模型、数字孪生系统参考架构、数字孪生体的应用框架和成熟度模型
2020.4	ISO/IEC/JWG21	智能制造参考模型工作组第十次会议，讨论《智能制造统一参考模型》第一稿国际标准草案

2.3.2　数字孪生标准现状

2.3.2.1　数字孪生国内标准现状

截止到 2024 年 4 月，国内各个标准化组织积极开展了数字孪生相关标准研究工作，如表 2.2 所示。

表 2.2　数字孪生相关国内标准国家地方团体企业

标准名称	归口单位	类别	进行阶段
GB/T 41723-2022 自动化系统与集成复杂产品 数字孪生体系架构	全国自动化系统 与集成标准化技术委员会	国家标准	公布
20221218-Z-604 自动化系统与集成 工业数据数字产生的可视化元素	全国自动化系统 与集成标准化技术委员会	国家标准	正在批准
20221808-T-469 智慧城市　城市数字孪生 第 1 部分：技术参考框架	全国信息技术标准化 技术委员会、全国城市 可持续发展 标准化技术委员会	国家标准	正在审查
20230066-T-604 自动化系统与集成 面向制造的数字孪生框架 第 4 部分：信息互换	全国自动化系统 与集成标准化技术委员会	国家标准	正在审查
20230710-T-469 信息技术　装备数字孪生　通用要求	全国信息技术标准化 技术委员会	国家标准	正在审查
20230976-T-469 信息技术　数字孪生能力成熟度模型	全国信息技术标准化 技术委员会	国家标准	征求意见
GB/T 43441.1-2023 信息技术　数字孪生 第 1 部分：通用要求	全国信息技术标准化 技术委员会	国家标准	公布
数字孪生公共信息模型（CIM） 平台总体框架	中关村现代信息消费应用 产业技术联盟	团体标准	已立项
T/CAEE 006-2020 数字孪生仿真数据管理 系统（SDM）数据模型规范	中国电子装备 技术开发协会	团体标准	公布
T/CAEE 008-2020 数字孪生智能制造系统平台 组织结构及权限管理规范	中国电子装备 技术开发协会	团体标准	公布

续表

标准名称	归口单位	类别	进行阶段
T/CAEE 010-2020 数字孪生定制移动 APP 通用安全技术规范	中国电子装备 技术开发协会	团体标准	公布
T/CAEE 011-2020 数字孪生移动应用程序通用测试规范	中国电子装备 技术开发协会	团体标准	公布
T/GDMES 0018. 1-2020 数字孪生生产线第 1 部分： 术语和定义	广东省机械工程学会	团体标准	公布
T/GDMES 0018. 2-2020 数字孪生生产线第 2 部分： 离散制造结构模型	广东省机械工程学会	团体标准	公布
T/GDMES 0018. 3-2020 数字孪生生产线第 3 部分： 离散制造设计平台	广东省机械工程学会	团体标准	公布
T/TMAC 025-2020 智能建造数字孪生车间技术要求	中国技术市场协会	团体标准	公布
T/ZGCSC 002-2022 数字孪生城市软件人 机交互技术总体要求	51WORLD	团体标准	公布
Q/110108JHWT 001-2020 基于模型系统工程的数字孪生 在线协同设计平台标准	精航伟泰测控仪器（北京） 有限公司	企业标准	公布
Q/300000CSY001-2020 面向 5G+数字创意的数字孪生 可视化远程协同设计系统标准	磁石云（天津） 数字科技有限公司	企业标准	公布
Q/JEE 030-2020 面向新能源汽车动力系统 智能生产线的机器人数字孪生体模型	安徽巨一科技股份 有限公司	企业标准	公布
Q/JEE 029-2020 面向新能源汽车动力系统 智能生产线的机器人数字孪生联调测试	安徽巨一科技股份 有限公司	企业标准	公布

全国自动化系统与集成标准化技术委员会发布了自动化系统与集成复杂产品数字孪生体系架构国家标准，另有多部国家标准正在批准、审查、征求意见中。中关村现代信息消费应用产业技术联盟围绕数字孪生公共信息模型（CIM）平台开展标准研究；中国电子装备技术开发协会发布了《数字孪生仿真数据管理系统（SDM）数据模型规范》《数字孪生智能制造系统平台组织结构及权限管理规范》《数字孪生定制移动APP通用安全技术规范》《数字孪生移动应用程序通用测试规范》四项团体标准；广东省机械工程学会围绕数字孪生生产线展开了相关的团体标准研究；中国技术市场协会发布了《智能建造数字孪生车间技术要求》一项团体标准。部分企业也开展了企业标准的相关研究，如精航伟泰测控仪器（北京）有限公司发布了《基于模型系统工程的数字孪生在线协同设计平台标准》；磁石云（天津）数字科技有限公司发布了《面向5G+数字创意的数字孪生可视化远程协同设计系统标准》；安徽巨一科技股份有限公司发布了《面向新能源汽车动力系统智能生产线的机器人数字孪生体模型》和《面向新能源汽车动力系统智能生产线的机器人数字孪生联调测试》两项企业标准。此外，还有一些地方标准，如安徽省市场监督管理局发布了《数字孪生灌区建设技术导则》，江苏省市场监督管理局发布了《数字孪生水网建设总体技术指南》。

2.3.2.2 数字孪生国际标准现状

近几年，国际标准化组织相继开展了数字孪生相关标准的研究工作，具体标准研究进展如表2.3所示。国际标准化组织ISO/TC 184/SC 4 Industrial data标准工作组目前推进两个数字孪生相关标准研究，分别围绕数字孪生体的可视化组件和数字孪生系统框架方面开展。国际电信联盟ITU-T S G17标准工作组的工作主要围绕智慧城市领域，分别在数字孪生系统安全机制和智慧社区安全机制方面展开相关工作。IEEE标准化协会成立数字孪生标准工作组P2806和P2806.1，分别负责研究智能工厂物理实体的数字化表征和连接性要求。ISO/IEC JTC 1围绕数字孪生概念术语和应用案例展开研究。其中，IEEE P2806标准组和ISO/IEC JTC 1标准组是由中国电子技术标准化研究院牵头。ISO/IEC/JWG21拟围绕制造领域中数字孪生参考模型架构等方面展开相关标准研究工作。

表2.3 数字孪生相关国际标准

标准名称	组织	领域	进行阶段
ISO/PRF TR 24464： Automation systems and integration-Industrial data-Visualization elements of digital twins	ISO/TC 184/SC 4 Industrial data	制造	公布

续表

标准名称	组织	领域	进行阶段
ISO/DIS 23247： Automation systems and integration–Digital Twin framework for manufacturing	ISO/TC 184/SC 4 Industrial data	制造	公布
Security measure for digital twin system of smart cities	国际电信联盟 ITU-T S G17	智慧城市	已立项
Security measure for smart residential community	国际电信联盟 ITU-T S G17	智慧城市	已立项
System architecture of digital representation for physical objects in factory environments	IEEE P2806	制造	已立项
Standard for connectivity requirements of digital representation for physical objects in factory environments	IEEE P2806. 1	制造	已立项
Digital twin—Concepts and terminology	ISO/IEC JTC 1	制造	已立项
Digital twin—Use cases	ISO/IEC JTC 1	制造	已立项
Unified reference model for smart manufacturing	ISO/IEC/JWG21	制造	已立项

2.4　国内外数字孪生研究与应用现状

2.4.1　研究现状

在学术界，数字孪生也成为国内外学者、研究机构和企业的研究热点，研究成果为凝聚和深化数字孪生技术共识，加速数字孪生技术创新和实践应用提供了强有力的支撑。

2.4.1.1　数字孪生白皮书

自 2014 年 Michael Grieves 教授撰写了《数字孪生白皮书》，已陆续有多家单位发布了数字孪生相关的白皮书。数字孪生相关白皮书信息如表 2.4 所示。2019 年 12 月 19 日，在 2019 通信产业大会暨第十四届通信技术年会上，中国电子信息产业发展研究院（赛迪集团）推出了《数字孪生白皮书（2019）》，该白皮书从发展态势、定义内涵、应用场景和未来展望四个部分详细介绍了数字孪生。2019 年 12 月 27 日，数字孪生体实验室与安世亚太科技股份有限公司联合发布了

《数字孪生体技术白皮书（2019）》，该白皮书分为两个部分，第一部分关注对数字孪生体的抽象和总结，第二部分则分别在工业、产业、民生和军事四个领域选择了相关场景做了实例化概述。

表 2.4　数字孪生相关白皮书

序号	主要编写单位	白皮书名称	年份
1	中国电子信息产业发展研究院（赛迪集团）	《数字孪生白皮书（2019）》	2019
2	数字孪生体实验室、安世亚太科技股份有限公司	《数字孪生体技术白皮书（2019）》	2019
3	美国工业互联网联盟（IIC）	《工业应用中的数字孪生》白皮书	2020
4	中国电子技术标准化研究院	《数字孪生应用白皮书（2020 版）》	2020
5	中国信息通信研究院	《数字孪生城市白皮书（2020）》	2020
6	京东物流与中国物流与采购联合会	《数字孪生供应链白皮书》	2020
7	亚信科技、咪咕文化科技有限公司、数字孪生体联盟	《中国 5G 城市数字孪生白皮书》	2020
8	中国信息通信研究院和工业互联网产业联盟	《工业数字孪生白皮书（2021）》	2021

2020 年 2 月 18 日，美国工业互联网联盟（Industrial Internet Consortium，IIC）发布了《工业应用中的数字孪生》白皮书，从工业互联网的视角阐述了数字孪生的定义、行业价值、体系架构、标准及工业数字孪生的部署实施路径，并通过不同行业实际应用案例描述了工业互联网与数字孪生的关系。

2020 年 11 月 11 日，由工信部中国电子技术标准化研究院牵头编写的《数字孪生应用白皮书（2020 版）》在 2020 年新一代信息技术产业标准化论坛上正式发布，该白皮书对数字孪生相关定义、特征进行了阐述，针对当前数字孪生技术热点、应用领域、产业情况和标准化现状进行了梳理分析。2020 年 12 月 15 日，中国信息通信研究院（以下简称信通院）发布了《数字孪生城市白皮书（2020）》，在此之前信通院分别在 2018 年和 2019 年发布了两次数字孪生城市研究报告，即《数字孪生城市研究报告（2018）》（聚焦在数字孪生城市概念和架构）和《数字孪生城市研究报告（2019）》（聚焦在关键技术和核心平台），2020 年发布的白皮书从政、产、学、研、用多视角系统分析数字孪生城市发展十大态势及九大核心能力，针对当前数字孪生城市发展中面临的共性问题，提出策略与建议。此外，2020 年 11 月 20 日，在中国移动全球合作伙伴大会上，亚信科技携手咪咕文化科技有限公司、数字孪生体联盟联合发布了《中国 5G 城市数字孪生白皮书》。2020 年 8 月 15 日，京东物流与中国物流与采购联合会在 2020 全球物流技术大会共同发布了业内首个《数字孪生供应链白皮书》，介绍了数字孪生在供应链中的应用及实践建议。2021 年，中国信通院和工业互联网产业联盟共同组织编写了《工业数字孪生白皮书（2021）》，系统梳理了工业数字孪生技术、产业、应用的发展现状，并在一定程度上对未来发展趋势进行了研判。

2.4.1.2　数字孪生专利

专利文献作为技术信息最有效的载体，囊括了全球 90%以上的最新技术情报，相比一般技术刊物所提供的信息早 5~6 年，而且 70%~80%的发明创造只通过专利文献公开，并不见诸其他科技文献，相对于其他文献形式，专利更具有新颖、实用的特征。对专利的统计分析能够帮助数字孪生的研究和应用者了解数字孪生的全球竞争态势。截止到 2020 年 12 月 31 日，在世界知识产权组织（WIPO）官方开发与管理的 PATENTSCOPE 数据库中共检索到与数字孪生紧密相关的专利 673 项。如图 2.5 所示，根据检索到数字孪生相关专利的数量年度分布可知，从 2015 年到 2020 年数字孪生相关的专利数量呈现明显增长趋势，说明数字孪生研究与创新已经进入快速发展阶段。

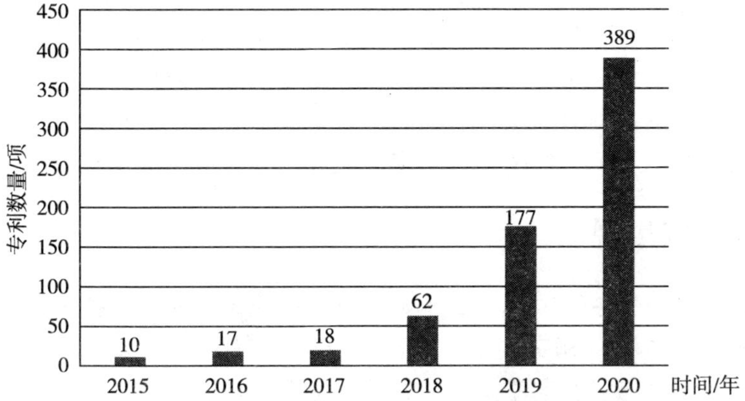

图 2.5　数字孪生专利 2015—2020 年度统计情况

统计结果显示，已申请了数字孪生相关专利的国家和地区有中国、美国、欧盟、韩国、日本、英国、加拿大、德国等，如图 2.6 所示。其中 2020 年中国受理 238 项，美国受理 92 项，欧盟受理 33 项，日本受理 11 项，说明中、美、欧依然是数字孪生应用的大国或地区。这些国家和地区都发表了一定数量的数字孪生相关论文，具备了一定的理论研究基础。这些理论研究为数字孪生应用创新和专利申请提供了支撑。

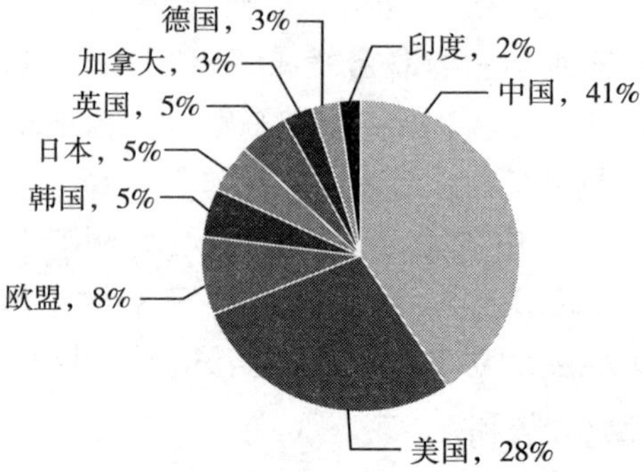

图 2.6　数字孪生相关专利国家分布统计

企业在论文发表方面相比高校略占弱势，但是在技术创新与申请专利等方面具有较大优势。统计的专利申请数量排名前十的机构包括了 9 家企业，高校仅有 1 所。专利申请数量排名前十的 9 家企业包括西门子、通用电气、霍尼韦尔国际、IBM 等国际企业。其中，西门子申请专利高达 60 项，通用电气申请专利高达 28 项，ASSIA 申请专利 16 项，CATENA NETWORKS 申请专利 14 项，霍尼韦尔国际、LG 电子以及 IBM 均申请了 7 项专利。专利申请数量跻身排名前十的高校是北京航空航天大学，截止到 2020 年 12 月 31 日已授权了 12 项数字孪生专利，受理了 8 项数字孪生专利，涉及数字孪生模型构建、组装、融合、一致性判定，数据高效处理与融合，虚实交互，数字孪生车间任务调度、设备管控等各个方面。综上，企业和高校十分重视专利的申请与相应知识产权的保护，一些国家通过数字孪生相关专利的申请，为更好地占据数字孪生市场、提高企业的竞争力奠定了基础，这也从侧面体现出数字孪生巨大的工程应用前景与价值。

2.4.2　应用现状

近年来，数字孪生在很多行业开始进行推广应用。陶飞教授等人的《数字孪生十问：分析与思考》和中国电子技术标准化研究院的《数字孪生应用白皮书（2020 版）》都给出了数字孪生应用领域，主要包括航空航天、汽车、运输、建筑等十大行业。

2.4.2.1　数字孪生应用对象

从应用对象划分，数字孪生主要应用于产品和系统数字孪生。

（1）产品数字孪生。产品是生产活动的结果，是满足特定需求的物品或服务，因此可将产品划分为物理产品和服务产品两大类。工业产品一般是有形的物理产品，服务产品一般是无形的满足用户需求的一系列活动及其结果。

产品数字孪生，就是在信息空间构建了产品的数字孪生体，对于物理产品，一般包括产品的三维几何模型及其相关的机理模型和数据模型；对于服务产品，一般包括活动过程模型及其相关的机理和数据模型。

（2）系统数字孪生。系统是由相互作用、相互依赖的若干组成部分结合而成的，具有特定功能和一定结构的有机整体。一个系统可能是更大系统的组成部分。一个柔性加工单元、一条流水线、一个车间、一个工厂、一个城市都是一个系统，但是系统的复杂程度不一。

产品数字孪生和系统数字孪生有时候没有严格的划分边界，但是其应用过程的着重点不同。一般来说，产品数字孪生着重把一个产品看作一个整体，从产品满足、维持、延长其设计性能的角度来考虑；系统数字孪生则更多地从系统组成部分的协同运行、满足系统多个目标优化的角度来考虑。产品从其出厂之后，一般其组成相对固定，其内部各部件之间的约束和通信关系较为稳定，而系统可以通过对其组成部分的结构或逻辑关系进行调整以实现更优的运行目标。

对于制造行业来说，产品数字孪生和生产系统数字孪生是有区别又密切相关的两类数字孪生系统。产品是生产系统的生产对象和生产结果，生产系统的优化运行可以影响到产品的质量和成本；同时，产品的设计需求又会对生产系统提出新的要求，促进生产系统的不断演化。

2.4.2.2 数字孪生应用功能

从数字孪生功能视角，可以看到数字孪生应用需要在基础设施的支撑下实现。物理世界中产品、服务或过程数据也会同步至虚拟世界中，虚拟世界中的模型和数据会与过程应用进行交互。向过程应用输入机理和物理世界信息，可以得到包括仿真与映射、监控与操纵、诊断与分析、预测与优化等功能的输出，如图2.7所示。

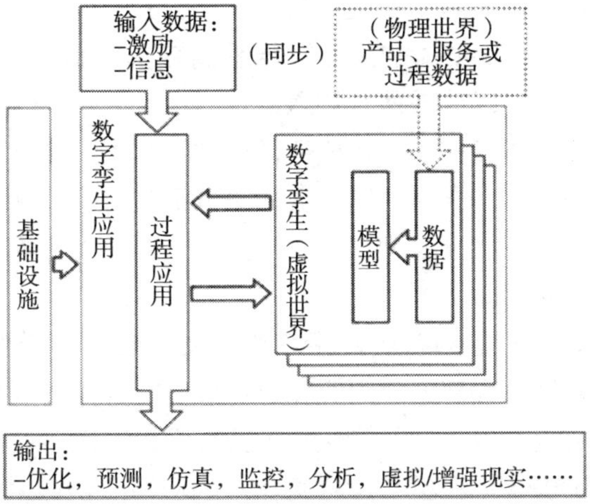

图2.7 数字孪生功能视角图

数字孪生应用的这四个功能可以看作是依次递进的，但也不是绝对的，需要根据不同的应用场景以及应用对象的复杂程度来确定具体的实现功能。

（1）仿真与映射。这个功能可以看作数字孪生的基本功能。通过产品或系统的模型对其实物运行过程进行仿真分析，得到虚拟产品或系统的运行性能评价，验证设计方案是否满足要求。与传统的仿真不同，数字孪生的仿真包括物理实体实际运行的映射功能。一般而言，数字模型是先于物理实体而存在的，如产品在制造前，会有数字模型设计方案，一个生产系统在投产前，也有数字化工厂模型进行分析。但是数字孪生会利用相似产品或系统的实际运行数据来对仿真模型进行修正，同时构建一个虚拟环境进行更加拟实的仿真，让仿真的结果更可信。

（2）监控与操纵。数字孪生系统中实体物理对象连接虚拟模型，利用虚拟模型来反映物理实体的实际变化。例如，可利用虚拟空间中的虚拟模型达到实时监控的目的，将物理实体的隐藏信息以可视化的方式实时展示给用户，实时观察到实体外在表象下的各种内部状态。

（3）诊断与分析。就是利用数字孪生技术对产品或系统进行分析，一般是寻找潜在故障或影响性能发挥的缺陷，以便进行维护调整。利用数字孪生体所包含的各种模型，结合实时数据，可以进行异常分析与推断，从而得出诊断结果。

（4）预测与优化。这个功能是数字孪生的高级目标，也是体现数字孪生价值所在。通过建立的数字孪生体，在虚拟空间中进行产品或系统的预测仿真，如预测可能的故障情形，提前做好维护保养。另外，利用数字模型对决策变量进行预运行，根据仿真结果来选择最优的决策变量，在物理系统中实施，可以避免实际操作过程的失误。

这四个功能在实现上是从“由虚拟实”“由虚映实”，到“虚实互映”，最后是“由虚控实”，与数字孪生体的演化过程相对应。但是这个过程不是绝对的，对于数字孪生的应用，可以分成两大切入点：

①由虚切入。在实体存在之前，构建虚拟数字模型，通过虚拟数字模型的仿真来明确实体的实现方案，再结合实体数据采集形成数字孪生系统。例如，产品数字孪生，先构建其产品机理模型进行仿真分析，再制造出实体产品，进行后续的监控、诊断和预测应用。

②由实切入。对于大量的系统数字孪生，由于在构建系统之前没有虚拟模型，而系统的一部分甚至大部分物理实体已经存在，这个时候需要通过构建虚拟数字模型，实现“监控与操纵”，再根据分析需要，构建不同的仿真模型，进行“仿真映射”、“诊断分析”以及“预测优化”的应用。例如，数字孪生城市，可以在实现城市监控的基础上，针对应急疏散、灾害预防等领域，构建仿真分析模

型，进行预测优化应用。

2.4.2.3　数字孪生典型应用场景

数字孪生的应用场景非常多，目前应用最为典型的有四类场景，即数字孪生制造、数字孪生建造、数字孪生城市、数字孪生医疗。在公共安全领域，数字孪生的应用也在逐步深入。

（1）数字孪生制造。制造业是国民经济的主体产业，也是实体经济发展的核心。随着智能制造的推广应用，数字孪生在制造行业的应用越来越广泛。制造行业的数字孪生应用可以分成产品数字孪生和生产系统数字孪生。

①产品数字孪生。数字孪生的概念就是从“航天器”的数字孪生应用而来的，所以产品数字孪生是数字孪生最开始的应用。随着数字孪生技术的推广，航空发动机、轨道交通列车、汽车等行业也开始推广产品数字孪生。

产品数字孪生的应用是覆盖产品全生命周期的，表现在以下几个方面：

仿真映射。随着基于模型的定义（MBD）技术不断深入应用，复杂产品的 MBD 已经越来越普及，给基于模型的仿真提供了基础。除了多学科产品仿真外，利用生产系统的数字模型，可以对产品的可制造性进行分析，提高了产品制造工艺的有效性，缩短了产品上市时间。

监控操纵。通过数字孪生的虚实映射，可以实现产品的有效监控和远程操纵。例如，针对地铁自动驾驶的支持，利用仿真模型构建各种交通场景，对自动驾驶控制策略进行训练，在实际运行过程中运用；针对航天器的状态分析，模拟航天员对航天器的操作，评估最佳操作过程，发送给航天员执行。

诊断分析。基于产品运行过程的实时数据，结合计算模型，对产品状态进行诊断。例如，美国针对 F-15C 战斗机的维护数字化，实物飞机和其对应的数字模型一起交付，利用机载健康监测系统采集的数据，进行相同飞行剖面的虚拟飞行。对虚拟飞行的模拟结果和实际传感器数据进行比较，不断校正模型。这样，数字模型可以分析飞机的结构是否正常，何时需要维护。

预测优化。利用产品数字孪生体进行维护预测和优化方案分析。上述的 F-15C 飞机模型就可以用于预测性维护。又如，针对地铁车辆的维护需求，通过基于多属性数据映射的精细化高拟实的多维度多环境建模，推动多领域协同优化以及建模仿真与真实环境的融合交互，实现地铁车辆在复杂运行系统和运行环境下的性能分析和行为预测；结合实时监测数据构建“车地网”虚拟运行系统，更精准地预测列车在复杂多样化环境下的运行趋势，优化控制策略；实现基于数字孪生的状态修正、预测维护，包括事故主动预防、故障快速诊断及维护策略优化，满足地铁车辆 30 年生命周期内的高安全高可靠运行。产品数字孪生覆盖了从产品设计、制造、交付、运行维护乃至报废的全生命周期，其目的是最大限度地满足用户的需求，保证在整个生命周期内产品的稳定和优化运行。

②生产系统数字孪生。生产系统的数字孪生应用，是为了更好、更快地生产出高附加值产品而构建数字孪生系统。生产系统的数字孪生应用包括：

仿真映射。随着生产系统复杂程度越来越高，以及智能制造技术的应用，需要利用数字化工厂的方法以提高生产系统规划设计的质量，包括布局设计、工艺设计以及生产过程的仿真分析。生产系统的数字孪生设计模型包含所有细节信息，包括机械、自动化、资源及人员等，并且和产品设计模型无缝连接。例如，利用专用模型库实现车间的快速规划设计；支持各类虚拟试验仿真，与实际车间同步更新，更好地支持车间的迭代更新。

监控操纵。传统的工厂或车间主要通过现场看板、手持设备、触摸屏等二维的可视化平台完成系统监测，无法完整展示系统的全方位信息与运行过程，可视化程度较低。基于机理模型和数据驱动方式建立的数字孪生工厂或车间具有高拟实性的特点，结合 3R（VR、AR、MR）技术能将可视化模型从传统的二维平面过渡到高保真度的三维模型，工厂中产品设计、生产制造、工艺优化、过程规划、服务运维、回收处置等阶段均能以较为直观、完整的方式呈现给用户。例如，赵浩然等针对目前数字孪生车间中的实时可视化监控难题，分析了数字孪生车间与三维可视化监控之间的关系，提出了一种多层次的三维可视化监控模式和实时数据驱动的虚拟车间运行模式，对虚拟车间几何建模、车间实时数据管理、车间多层次三维可视化监控和车间状态看板构建方法等四个关键技术进行了详细阐述，并将该设计原型应用在北京卫星制造厂的制造车间中，以实现车间中物流、设备、人员、环境、产品、物料、库存、订单、进度、异常等全流程、全要素的动态三维可视化监控。

诊断分析。传统生产过程中难以对生产计划执行过程中的实时状态信息数据进行深入有效的分析，无法实时获取即时生产状态，导致对生产的管理和控制缺乏实际数据的支撑，无法制定合理的资源调度和生产规划策略，从而导致生产效率的下降。生产系统数字孪生可以提供对生产过程全方位的分析，找出潜在的瓶颈点，提前发出生产预警。以调度为例，数字孪生驱动下的生产调度基于全要素的精准虚实映射，从生产计划的制订到仿真、实时优化调整等均基于实际车间数据，使得生产调整具有更高的准确性与可执行性。数字孪生驱动下的生产调度主要分为：首先结合车间的实际生产资源情况及生产调度相关模型，制订初步的生产计划，并将生产计划传送给虚拟车间进行仿真验证；虚拟车间对制订的初步生产计划进行仿真，在仿真过程中加入一些通过诊断分析得到的可能干扰因素，保证仿真的拟实性。根据仿真结果，结合相关生产调度模型、数据及算法对生产计划进行调整，多次仿真迭代后，确定最终的生产计划并下发给车间投入生产；在实际生产过程中，将实时生产状态数据与仿真过程数据进行对比，如果存在较大的不一致性，那么基于历史数据、实时数据及相关算法模型进行分析预测、诊断，确定干扰因素，在线调整生产计划，实现生产过程的实时优化。

预测优化。生产系统是一个开放的、受到多种因素影响的复杂系统，生产系统在运行过程中，会受到内部和外部的各项干扰。例如，内部干扰包括设备故障、残次品的发生等；外部干扰包括原材料供应不及时、物流导致的出货延期等。为了保证生产系统运行优化，需要及时应对各类干扰，提前做好应对措施。利用数字孪生模型，通过历史数据结合预测模型，可以对一些突发事件进行预测，从而降低生产过程的不确定性。例如，针对设备的预防性维护，可降低因为设备故障带来的干扰；针对物流、供应链的预测，可以减少因为原料采购、成品交付等环节可能带来的不确定性。通过预测来提前应对一些扰动风险，优化系统运行。

（2）数字孪生建造。建筑可以看作一种特殊的产品，和一般的工业品不同，建筑更加注重个性化，而且其建造周期长，涉及工艺比一般的工业产品多。建筑信息模型（BIM）是对建筑进行定义以及维护的模型基础。建筑行业的数字孪生应用，可以看作一种特殊的“产品数字孪生”，典型应用场景包括：

仿真映射。基于 BIM 技术，构建建筑物的数字模型，可以对其建筑设计元素、结构参数进行分析和验证，同时，也可以对施工方法进行设计和验证。例如，对于建筑物的安防设计，目前安防系统多是只关注安防系统本身采集的安防信息，不能与三维建筑物布局融合。利用物联网采集室内安防状态数据，通过人员定位系统采集人员位置信息，并把这些信息与 BIM 进行结合，得到面向室内安防的数字孪生模型。利用机器学习算法、逻辑推理方法等对数字孪生模型中的室内人员、安防状态、交通布局等信息进行分析，通过智能设备和报警设备把安防决策信息传达给安防管理人员和室内受困人员，实现可视化安防数据综合管理、安防危险分析及预警、安防处理辅助决策等服务功能。对于装配式建筑，其构件的运输与存放的优化、吊装过程安全风险控制、构件安装质量问题是关键。通过采集构件和安装过程的信息，包括构件出场时间、位置、尺寸型号、材料、力学性能、吊装设备型号、功率、设备实时运行参数、温湿度、风速、光照等，结合整个建筑的 BIM，形成面向装配式施工的数字孪生模型。在信息空间对数字孪生体虚拟模型进行分析和仿真，得到安装构件的位置、路径、施工设备参数等信息，发送给施工人员，可以实现构件运输存放优化、施工过程安全风险管理、安装过程质量控制等服务功能。

监控操纵。建造活动在施工现场进行，受环境影响大，而且施工过程的质量管理也不如车间内的工业生产那么严格。利用数字孪生模型，可以指导、跟踪建筑施工过程，保证安全和质量。例如，超高层建筑由于自身结构的特殊性，造成测点数量多、监测周期长、监测系统复杂等问题。目前的超高层结构监测还是单纯地通过传感器采集数据，利用二维监测界面查看数据，不能实现监测数据三维可视化，监测过程不能与三维建筑物BIM信息很好地融合。巨大的监测数据导致数据管理分散、综合数据处理能力低，根据现场实时情况进行监测仪器安装和采取紧急预警的能力差。基于数字孪生的超高层建筑结构监测方法应用数字孪生理念，通过物联网采集结构施工状态数据，实时数据结合结构模型进行有限元分析以获得结构安全状态信息。这些信息与BIM进行结合，得到面向超高层施工过程监测的数字孪生模型。利用超高层建筑智能监测平台，将结构有限元信息、BIM信息、结构监测信息等通过智能设备传达给监测人员和施工人员，实现三维可视化结构监测数据、结构实时预警准确定位、监测过程智能指导等数字孪生服务功能。

诊断分析和预测优化。大型建筑通常有很高的运营维护成本，然而目前主流的运行和维护管理方式信息化程度低，对隐患的预防和突发事故的应对能力较差。数字孪生能够利用各种技术实现实时的虚实交互和预测反馈，可以提高建筑运维管理的信息化程度和自动化程度。针对大型建筑运维阶段的结构和设备健康管理问题，基于数字孪生的大型建筑运维管理方法，应用数字孪生理念，由包括BIM数据和设备参数数据在内的各种数据库进行支撑，融合建筑结构和设备在运行和维护过程中产生的数据，形成建筑结构和设备的数字孪生体。建筑结构和设备实体与虚拟建筑结构和设备模型之间进行同步反馈和实时交互，以达到准确的建筑结构和设备故障预测与健康管理服务的目的，能够快速感知到故障现象并准确定位。开展预防性维护研究，结合传感器采集的数据，通过“虚拟巡检”来发现建筑物内的安全隐患，及时进行维护。数字孪生模型对于建筑物隐蔽工程的检查和维护最有帮助。

(3）数字孪生城市。城市作为一个复杂巨系统，优化城市规划、及时掌握城市运行状态、有效应对突发事件是城市管理的关键。城市数字孪生系统可以为城市管理提供分析和优化模型，实现科学决策。城市数字孪生是一种“系统数字孪生”应用，典型应用场景包括：

仿真映射。对于城市规划而言，通过在城市信息模型CIM上模拟仿真“假设”分析和虚拟规划，推动城市规划有的放矢提前布局。在规划前期和建设早期了解城市特性、评估规划影响，避免在不切实际的规划设计上浪费时间，防止在验证阶段重新进行设计，以更少的成本和更快的速度推动创新技术支撑的各种规划方案落地。通过CIM以及可视化系统，以定量与定性方式，进行专题分析、模拟仿真，动态评估规划方案以及对城市带来的影响，保证规划楼宇、绿地公路、桥梁、公共设施时，综合效益实现最优化。整合所有基础空间数据（城市现状三维实景、地形地貌、地质等）、现状数据（人口、土地、房屋、交通、产业等）、规划成果（总规控规、专项、城市设计、限建要素等）、地下空间数据（地下空间、管廊等）等城市规划相关信息资源，在数字孪生空间实现合并叠加，消除潜在冲突差异，统一空间边界控制，形成规划管控的“一张蓝图”，以此为基础进行规划评估、多方协同、动态优化与实施监督。在充分保证“一张蓝图”实时性和有效性的前提下，通过对各种规划方案及结果进行模拟仿真及可视化展示，实现方案的优化。利用数字孪生系统，可以对城市运行的各个系统进行有效的监控和管理。例如，针对城市交通，将物理世界中复杂的交通系统，使用云计算、物联网、人工智能、大数据、实景三维、语义化等技术构建数字模型，形成数字孪生交通系统，融合多源/异构/多模态交通实时数据，构建交通信息知识图谱，对交通时空大数据进行展示、挖掘、分析，从而实现对交通的监测预警、应急处理、拥堵治理、联程联运等功能，以保障交通安全，优化城市交通。

诊断分析。数字孪生城市立足城市运行监测、管理、处理、决策等要求，将各行业数据进行有机整合，实时展示城市运行全貌，形成精准监测、主动发现、智能处置的城市“一盘棋”治理体系、城市运行“一张图”管理。利用CIM和叠加在模型上的多元数据集合，打造精准、动态、可视化的数字孪生城市大脑，通过智能分析、模拟仿真，洞悉人类不易发现的城市复杂运行规律、城市问题内在关联、自组织隐性秩序和影响机理，制定全局最优策略，解决城市各类顽疾，形成全局统一调度与协同治理模式。借助智能大屏、城市仪表盘、领导驾驶舱、数字沙盘、立体投影等形式，可“一张图”全方位展示城市各领域综合运行态势，并根据不同主题分级分类呈现，帮助城市决策者、管理者、普通用户从不同角度观察和体验城市发展现状、分析趋势规律。

预测优化。利用数字孪生模型，对城市事件进行预测，提前做好应对方案。一些突发事件的发生往往令人措手不及，且事件的演变具有极大的不确定性，人类无法完全预测和消除事件的潜在威胁和现实的破坏，只能在力所能及的范围内尽可能减少突发事件带来的危害。基于城市数字孪生体的数字模型，可以对一些偶发事件进行预测；结合仿真模拟以及虚拟现实技术，可以给用户模拟一个真实发生的突发事件的场景，如火灾或暴雪等事件，让用户犹如身临其境，更加生动地体验在紧急事件发生时每个行动所带来的后果。通过应急现场环境快速还原、应急资源可视化管理、应急预案模拟演练等功能，为城市应急管理提供预案。

（4）数字孪生医疗。医疗行业关系到每个人的健康和疾病治疗，是新技术、新方法应用的一个重点行业。数字孪生在医疗行业的应用，可以包括对人的“数字孪生”应用，以及医疗系统的数字孪生应用。

人作为一个特殊的“物理实体”，和一般的工业产品不同，每个人都有其特殊性，其身体素质、生活习惯、生活环境、心理等都会影响到身体健康，身体的各项检查指标能大致反映人的健康状况。利用个人医疗检查数据，构建个人健康评估数字模型，再结合个人社会大数据采集系统，可以全面地获取个人的行为状况，做出个人健康预测和预警。例如，可以从个人订餐数据获取其饮食偏好，从个人出行数据获取其运动偏好等，这些数据都可以归总到个人健康评估数字模型中。对个人的健康状态进行分析和预估，及时提出健康预警医疗系统的数字孪生应用。

数字空间通过信息交互平台获取物理空间的状态（包括患者的生理病理参数、设备的运行状态等），实现虚实映射。数字空间的决策结果通过信息交互平台反馈给医疗设备或者直接反馈给医护人员形成治疗方案，同时，物理空间中的患者和医疗设备接收来自医护人员的医嘱并精确执行。

2.4.3 数字孪生市场运营典型公司

2.4.3.1 General Electric Company（美国通用电气公司）

GE Digital（GE 数字集团）成立于 2015 年，总部位于美国加利福尼亚州，是美国通用电气公司非常有前途的子公司之一，是全球领先的提供数字孪生解决方案和咨询服务的公司之一。围绕运营技术和基础设施，该公司通过对几个行业的垂直经营，如航空、医疗、制造业、采矿、石油和天然气、发电和运输等，实现了其从资产绩效管理、运营绩效管理到数字能源和制造系统的管理。

2.4.3.2 International Business Machines Corporation（国际商业机器公司，以下简称 IBM）

IBM 成立于 1911 年，总部设在美国纽约州阿蒙克市。IBM 通过认知解决方案、技术服务和云平台、全球业务等关键部门运作服务、系统，全球融资。该公司生产和提供硬件和软件解决方案，并提供主机处理器托管和咨询等服务。该公司拥有多样化的、庞大的产品和服务组合，包括人工智能、物联网、云计算、安全技术等。IBM 为包括金融服务机构、制造业和零售业等在内的各个行业各种规模的企业和领导者提供服务。

2.4.3.3 PTC（美国参数技术公司）

PTC 成立于 1985 年，总部位于美国波士顿，是一家软件公司。该公司是数字转型的先驱之一，它提供了包括物联网和 AR 技术等在内的数字孪生解决方案。该公司为各种行业提供数字解决方案，包括航空航天汽车、电子、生命科学、石油和天然气工业。公司拥有子公司，在北美、欧洲、亚太、中东、非洲以及澳洲等地设有办事处。

2.4.3.4　Microsoft Corporation（微软公司）

微软公司成立于 1975 年，总部设在美国华盛顿的雷德蒙德。微软以包括 Internet Explorer（IE 浏览器）、Microsoft Office（基于 Windows 大操作系统的办公软件套装）和 Microsoft Edge（ME 浏览器）在内的软件产品而闻名。此外，公司专业从事云计算、量子计算、商业软件、IT 专业、开发工具、教育软件、搜索、广告、Windows 操作系统、Windows 应用和平台、智能手机、生产力解决方案、人工智能解决方案、机器学习解决方案和虚拟现实解决方案等领域，这些领域相互交叉又相互独立。微软拥有众多子公司和强大的分销网络，包括 GitHub（面向开源及私有软件项目的托管平台）、Mojang（电子游戏开发商）、Skype（即时通信软件）、LinkedIn（领英）等。

2.4.3.5　Ansys Inc.（安斯科技公司）

Ansys Inc. 成立于 1970 年，总部位于美国，是一家软件公司，为不同行业的客户设计和开发工程模拟和测试软件。该公司提供基于物理模型和分析的数字孪生解决方案，为汽车、航空等众多行业提供企业解决方案。公司拥有子公司和强大的分销网络，在北美、欧洲、亚太、中东、非洲以及澳洲等地设有办事处。

2.4.3.6　Siemens Industry Software Inc.（西门子工业软件公司）

西门子工业软件公司是西门子公司的子公司，成立于 1963 年，总部设在美国得克萨斯州的布莱诺市。服务范围涉及消费品和零售、交通、能源、公用事业、石油、天然气、保险和金融等。公司提供仿真和数字化工业软件，包括 SiemensNX（产品工程解决方案）、Teamcenter（工业软件）、Simcenter（仿真和测试解决方案套件）、PLM（产品生命周期管理）组件和 Mendix（低代码平台）。凭借其子公司和强大的分销网络，该公司业务涉及北美、欧洲、亚太、中东、非洲等地区。

2.4.3.7　SAP SE（系统分析程序开发软件公司）

SAP SE 成立于 1972 年，总部位于德国沃尔多夫市，是企业应用软件解决方案、分析和商业智能解决方案行业的领先者。公司向企业提供有效管理不同业务和客户关系的企业软件。该公司使用机器学习、物联网和先进的 SAP Analytics Cloud（分析云）技术帮助客户将企业转化为智能企业。该公司提供的广泛应用和服务使客户能够以盈利的方式运作，以适应竞争激烈的商业环境。凭借其子公司和强大的分销网络，该公司业务涉及北美、欧洲、亚太、拉丁美洲、中东和非洲等地区。

2.4.3.8　Oracle（甲骨文公司）

甲骨文公司成立于 1977 年，总部设在美国加利福尼亚州。甲骨文公司为不同行业提供众多软件解决方案和产品，如汽车、通信、建筑和工程、金融服务、食品和饮料、保健、高科技、工业制造、生命科学和公用事业。该公司提供各种解决方案，包括自主数据库解决方案、业务分析、开发工具、工程系统、T 基础设施、Java（计算机编程语言）、中间件应用概述解决方案、客户体验管理、企业绩效管理解决方案、企业资源规划、人力资本管理、供应链管理解决方案。凭借其子公司和强大的分销网络，该公司在北美、欧洲、亚太和拉丁美洲等地设有办事处。公司的一些关键子公司包括 NetSuite（为企业提供定制企业管理软件的应用程序制造商）、Taleo（云计算人才管理解决方案提供商）、BlueKai（数据管理平台）、Responsys（企业广告软件商）、Textura（为建筑行业提供合同与支付云服务的公司）、Endeca（企业搜索和数据管理公司）、Opower（为电力公司提供数据软件服务的公司）等。

2.4.3.9 SWIM. A1（边缘计算生态系统提供商）

SWIM. A1 成立于 2015 年，总部设在美国。SWIM. A1 提供边缘智能解决方案，结合边缘计算、机器学习和数字孪生，通过各种数据驱动应用程序，如数据交换、数据应用驱动智能城市、工厂和物流。公司提供产品，以流数据输入，并以图表、分析模型、预测模型和数字孪生的形式提供实时洞察力。该公司专业从事智能物流、工业物联网、智能电网边缘学习、机器学习、物联网应用、边缘分析和边缘计算。

2.4.3.10 Robert Bosch GmbH（罗伯特·博世公司）

Robert Bosch GmbH 成立于 1964 年，总部设在德国格尔林根。公司从事汽车与智能交通技术、工业技术、消费品和能源及建筑技术产业。该公司通过物联网技术和平台为连接智慧城市和连接制造业提供各种创新的解决方案。

在汽车行业，该公司提供不同类别的产品，包括连接解决方案、驾驶员辅助系统、自动驾驶解决方案、内部和车身系统、转向系统和驾驶安全系统。凭借其子公司和强大的分销网络，该公司业务涉及欧洲、亚太和美洲等地。

2.5 数字孪生与相关技术的联系与区别

数字孪生自出现以来受到广泛的关注并且处于快速演进的阶段，但由于缺少统一的定义，所以经常误认为是与之相关的其他技术。本节主要将最容易与之混淆的 3D（Three-dimensional）建模、仿真模型、传真技术、信息物理系统（Cyber-Physical Systems，CPS）、数字线程（Digital Thread）、虚拟现实（Virtual Reality）、人工智能（Artificial Intelligence）、区块链（Blockchain）、物联网（Internet of Things）以及元宇宙（Metaverse）等技术的技术原理以及数字孪生与这些技术之间的区别与联系进行阐述。

2.5.1　数字孪生与3D建模

2.5.1.1　从概念及内涵的角度阐述

3D建模是利用三维制作软件将物体或场景的形状、纹理和光照等特征表达为具有三维数据的数学或几何模型，并通过虚拟三维空间呈现。根据人眼成像的近大远小的特性，物体的呈现有立体感，同时又由于计算机显示器色彩灰度不同，人眼视觉上产生的错觉，使得计算机显示的三维图形看起来如同真实的物理世界。常见的3D建模软件包括Blender、Maya、3ds Max等，它们提供了丰富的工具和功能，为用户创建各种复杂的三维模型提供技术支持。

2.5.1.2　从技术原理和应用场景角度阐述

数字孪生和3D建模都是当前各领域广泛应用的技术。数字孪生是一项将物理系统转化为数字形式的技术。3D建模是一项用于创建三维模型的技术。数字孪生可以通过将物理对象或系统建模成一个或多个数字模型，把真实世界中的各种物理过程，在模型上进行模拟和预测，可以使人更深入地了解这些物理过程，更好地进行建模、仿真、控制和决策。3D建模则是将物理系统的外形、几何特征等信息通过计算机技术转化为三维模型，方便对系统进行可视化展示和分析。它涉及使用计算机软件或硬件工具来构建、编辑和渲染具有空间结构的虚拟对象。通过3D建模，可以创建各种物体、场景和环境，从而实现可视化的效果。

（1）从技术原理的角度阐述。

①数字孪生的主要技术原理。数字孪生是一种将物理实体与其数字化的虚拟模型相结合的技术，以实现实时监测、仿真和分析的方法。通过实时数据的获取并基于深度学习可以解决传统机理模型无法解决的非线性、不确定性问题。它的主要技术原理包括以下几个方面：

一是数据采集与传感器。数字孪生的第一步是通过传感器和数据采集设备收集可以反映物理实体的状态和行为的数据。传感器可以是温度传感器、压力传感器、加速度计等各种类型。

二是数据整合与模型建立。采集到的物理实体数据需要进行整合和处理，包括对数据进行清洗、校准和融合，确保数据的准确性和一致性，进而构建数字孪生模型。然后，利用数学建模、机器学习等技术，将整合后的数据用于模拟模型、分析模型和优化模型。

三是模型仿真与分析。基于建立的数字孪生模型，通过对模型参数的调整，模拟出不同条件下物理实体的行为和响应，完成各种仿真和分析操作，实现用户可以在虚拟环境中进行反复实验和测试，评估不同决策和方案的效果。

四是实时监测与优化。数字孪生还可以实现对物理实体的实时监测和优化。通过将传感器数据与数字孪生模型进行实时对比，可以及时发现和诊断潜在的问题，并提供相应的优化措施。这种实时监测和优化能够提高物理实体的运行效率和可靠性。

五是反馈与更新。数字孪生是一个不断迭代和改进的过程。通过将物理实体和数字孪生模型之间的反馈机制相结合，可以不断更新和改进模型，以更好地反映物理实体的真实情况，进而提高数字孪生模型的准确性和可信度。

数字孪生通过数据采集、模型建立、仿真分析、实时监测和优化等步骤，将物理实体与其数字化的虚拟模型相结合，实现对物理实体的全生命周期管理和优化。

②3D 建模的主要技术原理。3D 建模的技术原理主要包括以下几个方面：

一是坐标系。3D 建模通常使用笛卡尔坐标系（其中 X 轴表示水平、Y 轴表示垂直、Z 轴表示高度）来描述物体的位置和形状。

二是几何建模。几何建模是 3D 建模的核心，是通过使用点、线、面等基本几何元素创建物体的几何形状以及各种形状操作，如旋转、缩放、拉伸等工具，结合各种建模技术和工具，构建出具有复杂形状和结构的三维模型。常见的几何建模方法包括多边形建模、NURBS（非均匀有理 B 样条）建模和体素（Voxel）建模等。

三是纹理映射（Texture Mapping）。纹理映射是计算机图形学中的一种技术，用于将二维图像或纹理映射到三维物体表面上，模拟出物体的表面特征，如木纹、石纹、皮肤等，使模型更加真实和具有细节。常见的纹理映射方法包括贴图映射、法线贴图、位移贴图等。

四是光照和渲染。光照和渲染是指在 3D 场景中模拟光线在物体表面的反射、折射和阴影等物理现象，使三维模型呈现出逼真的光影效果，从而产生真实感。光照和渲染技术包括光源设置、材质属性、阴影计算、反射和折射等。

五是动画和变形。动画和变形技术可以实现物体的旋转、平移、缩放等基本变换，使得三维模型可以在时间上产生变化和运动。它也可以通过关键帧动画、骨骼动画、蒙皮等方法实现更复杂的动画效果，使得模型能够呈现出生动的动态效果，增强了模型的表现力和交互性。

六是物理模拟。物理模拟是模拟真实物理环境中物体的运动和行为。它可以模拟重力、碰撞、流体、布料等物理效应，使得三维模型在交互和仿真方面更加真实和可信。

3D 建模利用计算机软件和硬件实现对三维物体的描述、创建和渲染，通过几何建模、纹理映射、光照渲染以及动画模拟等技术，使得模型更加真实和具有动态效果。

（2）从应用场景的角度阐述。

①数字孪生的应用场景。数字孪生的应用场景非常广泛，包括但不限于以下几个方面：

一是制造业。数字孪生可以在产品设计、工艺规划、生产过程优化等环节中发挥重要作用，实现产品虚拟仿真、工艺流程模拟和优化，提高生产效率和质量。

二是城市规划与建设。数字孪生可以用于城市规划、土地利用规划、交通规划等领域。通过对城市进行数字建模，可以实现模拟不同规划方案的影响，提供科学决策依据。

三是能源与环境管理。数字孪生可以帮助能源企业进行能源系统的优化管理，通过模拟分析，提供节能减排的方案。同时，在环境管理方面，数字孪生可以模拟环境变化，预测污染扩散等，为环境保护提供支持。

四是物流与供应链管理。数字孪生可以实现物流网络的优化规划，提高物流效率和准确性。同时，通过数字孪生技术，可以对供应链进行模拟分析，提供供应链的可视化管理。

五是健康医疗。数字孪生可以用于医疗设备的设计和优化，还可以实现通过建立个体化的人体模型，进行疾病预测、手术模拟等。

总的来说，数字孪生可以在各个领域中实现虚拟仿真、优化决策等功能，为企业和组织提供更高效、更智能的解决方案。

②3D 建模的应用场景。3D 建模在多个领域都有广泛的应用：

一是游戏开发。通过 3D 建模创建游戏中的角色、场景、道具等，并赋予其逼真的外观和动画效果，是游戏开发中不可或缺的一环。

二是影视制作。在电影、动画片和电视剧的制作过程中，3D 建模被广泛应用于特效的创作。通过 3D 建模可以创建出逼真的虚拟场景、怪物、机械等特效元素。

三是建筑与室内设计。通过 3D 建模创建建筑物和室内空间的模型，可以进行布局规划和材质选择，达到更好的可视化设计效果。

四是工业设计。在工业设计领域，3D 建模可以帮助设计师创建产品原型，并进行形状、尺寸和功能的验证，有助于提前发现问题，降低制造成本和节省制造时间。

五是虚拟现实与增强现实。3D 建模为虚拟现实（VR）和增强现实（AR）提供了基础。通过 3D 建模创建虚拟的现实世界或将虚拟元素与现实场景相结合，提供沉浸式的体验。

六是教育与培训。在教育领域，3D 建模可以用于创建交互式的教学资源，帮助学生更好地理解抽象的概念。同时，它也被应用于医学模拟、飞行模拟等专业培训中。

七是艺术创作。使用3D建模来创作雕塑、立体绘画和数字艺术作品，为艺术创作提供更多的创作可能性和表现手段。

除了以上提到的应用场景，3D建模还广泛应用于产品展示、虚拟旅游、科学研究、医学诊断等领域。随着技术的不断发展，3D建模在各个领域的应用前景仍然十分广阔。

2.5.1.3 从数字孪生和3D建模之间的联系与区别阐述

（1）数字孪生和3D建模之间的联系。数字孪生和3D建模之间存在密切的联系。3D建模利用计算机软件将物体或场景以三维形式进行建模和呈现。而数字孪生是将物理系统或实体的数字化副本与实际系统进行连接和同步的技术，通过采集、传输和处理大量的实时数据，实现对实际系统的模拟、预测和优化。数字孪生可以基于3D建模创建物理系统的数字化副本，并通过实时数据更新和反馈，使得数字孪生与实际系统保持同步。具体来说，3D建模为数字孪生提供所需的物体或场景的几何形状、外观和结构等信息，为数字孪生体构建提供基础。数字孪生通过与实际系统的连接和数据交互，实现对3D建模进行实时更新和调整，以保持数字孪生与实际系统的一致性。因此，数字孪生和3D建模相互依赖，共同构建了一个能够模拟、预测和优化实际系统的数字化副本。

（2）数字孪生和3D建模之间的不同。

一是技术实现目的。3D建模旨在还原真实世界的物体或场景，主要用于可视化和呈现；而数字孪生主要应用于工业制造、物流运营、城市规划、医疗健康等领域，旨在通过模拟、预测和优化实际系统来提高效率和性能，用于系统优化和决策支持。

二是数据源。3D建模通常依赖于人工创建几何模型、纹理贴图和光照效果等，随着技术的发展和进步，扫描建模、AI建模也应运而生，数据源主要是人工输入；而数字孪生则通过采集、传输和处理大量的实时数据，实现对实际系统的模拟和反馈，数据源主要是实际系统的传感器和监测设备。

三是实时性和交互性。3D建模可以创建静态的三维模型，用于可视化和设计分析等目的，交互性较弱；而数字孪生是基于实时数据的模拟和预测，具有实时性和交互性，可以进行实时的系统监测、分析和优化。

综上所述，虽然数字孪生和3D建模都涉及物体或场景的数字化表示，但数字孪生更加强调与实际系统的连接和数据交互，以实现对实际系统的模拟、预测和优化，而3D建模则更加注重物体或场景的可视化和呈现。数字孪生与3D建模之间的关系如图2.8所示。

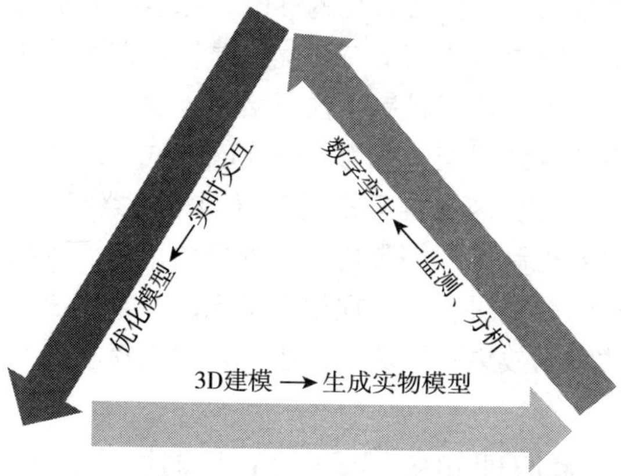

图 2.8　数字孪生与 3D 建模之间的关系

2.5.2　数字孪生与仿真模型

2.5.2.1　从概念及内涵的角度阐述

仿真模型，是指通过建立抽象的数学模型或计算机模型，对实际系统、过程或现象进行模拟和分析的一种方法，可以用来研究和理解复杂的系统行为、评估不同策略的效果、预测未来的趋势，并支持决策制定。它可以模拟系统的各个方面，包括结构、功能、过程和交互，以便进行系统优化、决策支持和风险评估。它能够提供对实际系统的虚拟实验环境，使用户能够在模型中进行实验、观察和分析，从而帮助理解系统的行为规律、发现问题和改进设计。通过不断迭代和验证，仿真模型可以为实际系统的开发、运行和维护提供重要的参考和指导，提高系统的效率、可靠性和安全性。在抽象化方面，仿真模型是一种抽象化的表示，对实际系统进行抽象化，将其关键特征和行为转化为数学公式、逻辑规则或计算机代码。通过对实际系统进行建模和模拟，将系统的复杂性简化为可处理的形式。通过简化和忽略次要因素，模型能够集中于关注主要的系统特征，提高模拟的效率和可行性。在真实性方面，仿真模型能够在一定程度上保持与实际系统的真实性。通过对模型的参数设定、初始条件、输入数据等与实际情况相匹配，并经过验证和校准，准确地描述系统的结构、功能和行为来模拟实际情况，真实地反映实际系统的行为和特征。在动态性方面，仿真模型具有动态性，可以反映系统的动态特性，包括系统的响应、变化和调整。它能够模拟系统随时间推移而发生的变化，捕捉系统的动态行为、相互作用和演化过程，从而实现对系统在不同时间点上的状态和性能进行预测和分析。在实验性方面，仿真模型可以提供一个虚拟的实验环境，让用户在模型中进行各种实验和测试。通过改变模型的参数、条件或策略进行实验性研究，评估系统的性能，探索不同的方案和决策对系统行为的影响，使得模型能够提供决策支持和优化建议。在可视化方面，仿真模型通常可以通过图形界面或可视化工具展示模拟结果，以便用户直观地理解和分析系统的行为和性能，将抽象的模型转化为可视化的形式，以图形、图表或动画的方式展现系统的状态和行为。这使得用户能够直观地观察和分析系统的运行情况，更好地理解系统的内部机制和外部影响，可以帮助用户识别模式、趋势和异常情况，支持决策制定和问题解决。仿真模型在工程、科学、决策等领域用于研究复杂系统的行为、评估策略效果、预测未来趋势，并支持决策制定，具有广泛的应用价值。

2.5.2.2 从技术原理和应用场景角度阐述

仿真模型是基于一系列规则和假设，通过对系统的输入、处理和输出进行建模和模拟，以预测系统的行为和性能。

（1）仿真模型的技术原理。仿真模型的技术原理主要包括以下几个方面：

一是建模。仿真模型首先需要对待模拟的系统进行建模。建模过程中需要确定系统的组成部分、各个部分之间的关系和相互作用，以及系统的输入和输出。建模可以采用不同的方法，如物理模型、统计模型、概率模型等，根据具体的需求选择合适的建模方法。

二是参数设定。在建立模型时，需要对系统的参数进行设定。参数可以是系统的物理特性、运行参数或其他影响系统行为的变量。参数设定的准确性和合理性对于模型的准确性和可靠性至关重要。

三是模拟运行。建立好模型后，仿真模型通过对系统的输入进行设定，模拟系统的运行过程。在模拟运行过程中，模型会根据设定的规则和假设，对系统的状态进行计算和更新。模拟运行可以使用离散事件仿真、连续仿真等不同的方法。

四是结果分析。模拟运行完成后，仿真模型会生成一系列输出结果。这些结果可以是系统的状态变化、性能指标、风险评估等。通过对结果进行分析和比较，可以评估系统的行为和性能，优化系统设计，并做出决策。仿真模型可以帮助人们更好地理解和优化复杂系统，降低试错成本，并提供决策支持。

（2）仿真模型的应用场景。仿真模型在各个领域都有广泛的应用，以下是一些常见的应用场景：

一是工业制造。在工业制造领域，仿真模型可以用于优化生产线布局、调度和资源分配，预测生产能力和效率，评估不同方案对生产线性能的影响，以及进行故障诊断和维修策略优化。

二是城市规划。在城市规划中，仿真模型可以模拟城市的人口流动、土地利用、交通网络、环境影响等因素，帮助评估城市发展方案的可行性，优化城市布局和交通规划，提供决策支持。

三是医疗卫生。仿真模型可以用于医院流程优化和资源管理，模拟疾病传播和流行病控制策略，预测医疗服务需求和资源分配情况，支持医疗决策和应急响应。

四是金融风险管理。在金融领域，仿真模型可以用于模拟金融市场的波动和风险，评估投资组合的风险和回报，优化风险管理策略，进行金融风险评估和压力测试。

五是军事战术。在军事领域，仿真模型可以用于模拟战场环境、武器系统性能和作战行为，评估不同战术方案的效果，进行军事训练和决策支持。

六是自动驾驶。在自动驾驶领域，仿真模型可以用于模拟车辆行驶环境和交通情况，测试自动驾驶算法和系统的性能，评估安全性和可靠性。

总的来说，仿真模型的应用场景非常广泛，涵盖了工业制造、交通运输、城市规划、医疗卫生、金融风险管理、军事战术、自动驾驶等多个领域。它可以帮助人们理解和优化复杂系统，提供决策支持，降低试错成本，并推动科技和社会的发展。

2.5.2.3　从数字孪生和仿真模型之间的联系与区别阐述

（1）数字孪生和仿真模型之间的联系。数字孪生和仿真模型是两个密切相关的概念，它们在实现虚拟化和模拟现实世界的目标上具有相似性。数字孪生是一个更加广泛的概念，包括了仿真模型在内。数字孪生可以通过建立仿真模型来实现对实体、系统或过程的模拟和分析，从而帮助我们理解和优化现实世界中的各种情况和问题。仿真模型是数字孪生的一种具体表现形式，它是通过计算机程序对实体、系统或过程进行模拟，以获取其行为和性能的信息。仿真模型可以基于物理规律、统计规律或经验规律等建立，通过对输入数据进行处理和计算，输出模拟结果。总之，数字孪生和仿真模型是相互关联的，数字孪生可以通过建立仿真模型来实现对实体、系统或过程的模拟和分析。数字孪生与仿真模型之间的关系如图 2.9 所示。

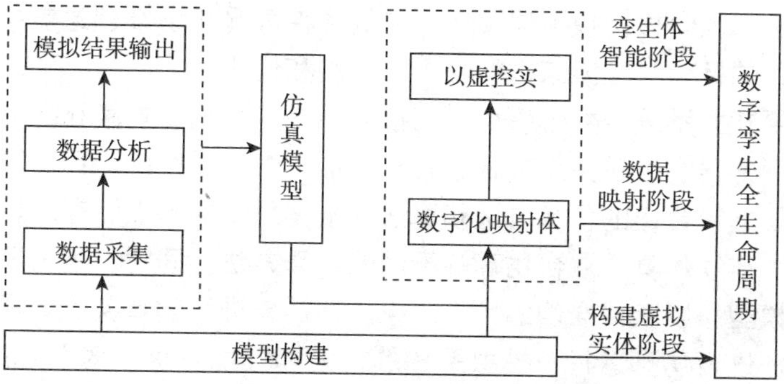

图 2.9　数字孪生与仿真模型之间的关系

（2）数字孪生和仿真模型之间的不同。数字孪生和仿真模型之间存在一些区别，主要体现在以下几个方面：

一是定义和范围的区别。数字孪生是将现实世界中的实体、系统或过程进行数字化建模，并与实际对象保持同步更新的技术，它包括了建立仿真模型的过程，同时还包括了数据模型和物理模型等方面；而仿真模型是使用计算机模拟的方式来描述和模拟真实世界中的对象、过程或系统。

二是关注点不同。仿真模型是静态的，数字孪生是动态的，随着物理实体实时演化。数字孪生技术的目的是通过对真实物理实体或系统的虚拟复制，实现对其性能、行为和运行状态的监测、分析、优化和预测；而仿真模型的主要应用是通过模拟和计算，旨在通过数学、物理或计算机模型来描述和预测实际系统的行为和性能，对真实系统进行评估、优化和预测，提高效率和决策的准确性。

三是数据来源和建模过程不同。数字孪生技术和仿真模型都需要依赖大量的数据来构建和训练模型，但数字孪生更加注重对真实系统的实时数据采集和更新，以保持与真实系统的一致性；而仿真模型更加注重对系统行为和性能的建模和仿真过程，包括收集数据、建立数学模型、参数校准等步骤。

四是精度和复杂性不同。数字孪生追求对真实系统的高度还原和精确模拟，要求模型具有较高的精度和准确性；而仿真模型在一定程度上可以简化和抽象系统的复杂性，以提高计算效率和模拟速度。

综上所述，数字孪生是一个更广泛的概念，包括了建立仿真模型的过程，同时还包括了数据模型和物理模型等方面。数字孪生旨在实现对实体、系统或过程的全面模拟和分析，而仿真模型更侧重于精确的计算机模拟。

2.5.3 数字孪生与仿真技术

2.5.3.1 从概念及内涵的角度阐述

仿真技术是一种通过模拟和复制真实系统的行为、结构和特性的方法。它利用计算机技术和数学模型模拟现实世界中的各种情况和场景创建虚拟环境，通过模拟实际系统的行为和性能来进行分析、预测和优化。

首先，要建立系统的数学模型，包括对系统的结构、功能和行为进行抽象和描述，以数学方程、逻辑关系或状态转移等形式表达系统的运行规律。

其次，要选择合适的仿真方法和算法。根据系统的特点和需求，可以采用离散事件仿真、连续仿真、混合仿真等不同的仿真方法。同时，还需要选择合适的算法来求解模型，以获得准确的仿真结果。然后要进行仿真实验。通过将模型输入计算机中，进行仿真运行，模拟系统的行为和性能。可以对系统的不同参数、条件和策略进行调整，观察系统的响应和变化。

最后，要对仿真结果进行分析和评估。通过对仿真输出数据进行统计、可视化和比较分析，评估系统的性能、发现问题和优化设计。同时，还可以进行灵敏度分析、优化算法等进一步的研究。

2.5.3.2　从技术原理和应用场景角度阐述

（1）仿真技术的技术原理。仿真技术是通过计算机模拟实际系统的工作过程，以评估系统的性能、预测系统行为或进行优化设计。其技术原理主要包括建模、求解和验证三个方面。

一是建模。仿真技术首先要对实际系统进行建模，将系统的结构、组成部分、行为规律等抽象为数学模型或计算机模型，目的是准确地描述系统的特征和行为。建模的方式可以是基于物理原理的物理模型，也可以是基于统计数据和经验规则的统计模型，甚至是基于专家知识和规则的专家系统模型。

二是求解。建立系统的数学或计算机模型后，通过数值计算或计算机仿真来模拟系统的工作过程。根据模型的类型和复杂度，可以采用不同的求解方法和算法。常见的求解方法包括离散事件仿真、连续系统仿真、蒙特卡洛仿真（Monte Carlo）等。通过对模型进行求解，可以得到系统在不同条件下的输出结果，如性能指标、行为轨迹等。

三是验证。仿真技术的模型和求解结果需要进行验证，以确保其准确性和可靠性。验证可以通过与实际系统进行对比，对仿真结果进行实验验证或与已有的实验数据进行比较。验证的目的是验证模型的有效性和适用性，以及仿真结果的可信度。如果模型和仿真结果与实际系统吻合良好，那么仿真技术就可以被广泛应用于系统分析、优化设计和决策支持等领域。

（2）仿真技术的应用场景。仿真技术在各个领域都有广泛的应用，以下是一些常见的仿真技术应用场景：

一是制造业。通过建立虚拟模型，仿真技术可以用于产品设计、工艺规划和生产线优化，预测产品的性能、检验生产线的布局和优化工艺流程，以提高生产效率和质量。

二是城市规划。仿真技术可以模拟城市的交通流量、人口分布、能源消耗等情况，帮助规划者评估不同规划方案的可行性和影响，优化城市交通系统、能源供应和土地利用。

三是交通运输。仿真技术可以模拟交通流量、车辆行驶路线和交通信号控制，以评估交通拥堵状况、优化交通信号配时和规划交通基础设施，提升交通运输效率和安全性。

四是航空航天。通过建立飞行器的物理模型，仿真技术可以用于飞行器设计和飞行模拟，评估飞行性能、优化设计参数，并进行飞行训练和飞行模拟，提升飞行安全和运行效率。

五是医疗领域。通过建立人体解剖模型和医疗设备的物理模型，仿真技术可以用于医疗设备的设计和手术模拟，评估设备的性能、优化设计参数，并进行手术模拟和培训，提高手术的准确性和安全性。

六是金融领域。通过建立金融市场模型，仿真技术可以用于金融风险评估和投资决策，模拟不同投资策略的效果、评估风险暴露和优化投资组合，辅助金融机构和投资者做出决策。

七是环境保护。仿真技术可以用于环境影响评估和资源管理。通过建立环境模型，可以模拟不同工程项目或政策对环境的影响，评估环境风险和优化资源利用，帮助制定环境保护政策和可持续发展战略。

总的来说，仿真技术可以帮助人们预测和评估系统的行为和性能，优化设计和决策方案，提高效率和安全性，降低成本和风险，在各个领域都有广泛的应用。

2.5.3.3 从数字孪生和仿真技术之间的联系与不同阐述

（1）数字孪生和仿真技术之间的联系。它们共同关注建模、数据、优化和决策支持，并通过迭代和改进来提高模型的准确性和可靠性。建模方面，数字孪生和仿真技术都需要建立模型来描述和模拟实体、系统或过程。在数字孪生中，可以使用如数据模型、物理模型和仿真模型等不同类型的模型对目标进行建模。而仿真技术则主要侧重于构建仿真模型，通过数学算法和计算机程序来模拟实体、系统或过程的行为。数据方面，数字孪生和仿真技术都需要依赖数据来支持模型的建立和验证。数字孪生可以利用历史数据、实时数据和传感器数据等来更新和校准模型，以保持与实际对象的同步。仿真技术则需要输入相关数据来进行模拟计算，从而得到模拟结果。优化和决策方面，数字孪生和仿真技术都可以为优化和决策提供支持。通过数字孪生和仿真技术，可以对实体、系统或过程进行全面的分析和评估，以发现问题、优化方案和预测结果。这些分析结果可以为决策者提供可靠的信息和指导。优化模型方面，数字孪生和仿真技术都可以支持模型的迭代和改进。通过不断更新和校准数字孪生模型，以及通过对仿真模型进行参数调整和验证，可以不断提高模型的准确性和可靠性。数字孪生可以利用不同类型的模型来描述实体、系统或过程，而仿真技术则主要侧重于构建仿真模型并进行计算模拟。具体来说，数字孪生利用传感器、数据采集和物联网等技术手段，将实体系统的运行状态、性能参数等实时数据进行采集和传输，并通过数据分析和建模技术，构建出与实体系统相对应的虚拟模型。而仿真技术是利用虚拟模型进行仿真计算，模拟实体系统在不同条件下的运行情况，包括性能评估、优化设计、故障诊断等。数字孪生提供了实时的、高精度的系统数据，为仿真技术提供了可靠的输入参数。同时，仿真技术可以通过对数字孪生模型的操作和控制，实现对实体系统的虚拟操作和控制，进而预测和评估系统的性能、安全性和可靠性。

总的来说，数字孪生技术和仿真技术相互依赖、相互促进，共同为实体系统的建模、仿真和优化提供了有效的工具和方法。数字孪生与仿真技术之间的关系如图 2. 10 所示。

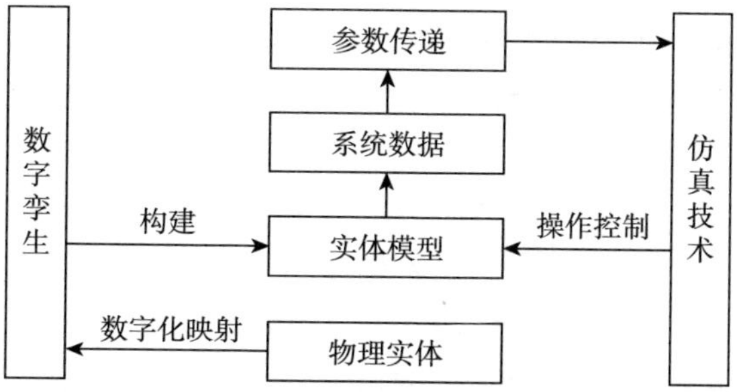

图 2. 10　数字孪生与仿真技术之间的关系

（2）数字孪生和仿真技术之间的不同。数字孪生和仿真技术虽然有一些相似之处，但也存在一些不同之处：

一是数字孪生是一种将实体系统或过程建模为虚拟的数字模型，并与实体系统进行实时交互和数据共享的技术，其目标是通过数字化的方式实现对实体系统的监测、分析和优化；而仿真技术是通过计算机模拟实际系统的工作过程，以评估系统的性能、预测系统行为或进行优化设计。

二是数字孪生技术依赖于传感器、物联网等技术手段，通过实时数据采集和传输来获取实体系统的运行状态和性能参数，因此，数字孪生提供了实时的、高精度的系统数据；而仿真技术则可以使用已有的历史数据或人工设定的数据作为输入，其精度可能受到数据可用性和准确性的限制。

三是数字孪生主要应用于实体系统的监测、优化和决策支持，如工业制造、城市规划、能源管理等领域，它可以帮助实体系统实时监测和分析，提供决策支持和故障诊断；而仿真技术更广泛应用于系统设计、性能评估和预测等方面，如产品设计、工艺优化、交通规划等。

四是数字孪生技术具有实时性和交互性，可以与实体系统进行实时数据共享和交互操作，它可以通过与实体系统的交互来验证模型的准确性，并进行实时的系统监控和优化；而仿真技术一般是在离线环境下进行模拟计算，不需要与实体系统进行实时交互。

综上所述，数字孪生和仿真技术在定义、数据来源、应用领域和目的等方面存在一些差异。

2.5.4 数字孪生与信息物理系统

2.5.4.1 从概念及内涵的角度阐述

信息物理系统是信息科学与物理科学相结合的一种跨学科研究领域，被定义为计算和物理过程的集成。信息物理系统是将信息处理与物理过程相结合的一种系统。它关注如何将信息处理和传输的原理与方法应用到物理系统中，以实现更高效、智能和可控的物理系统操作和管理。在融合信息和物理方面，信息物理系统将信息处理和物理系统相结合，通过信息技术手段对物理系统进行感知、控制和优化。它通过传感器、通信网络和智能算法等手段，将物理系统中的数据、信号和行为转化为信息，并对物理系统进行智能化管理。在实现智能化和自适应性方面，信息物理系统利用先进的信息处理技术，如人工智能、机器学习和数据挖掘等，对物理系统进行智能化分析和决策。它能够根据实时数据和环境变化，自动调整系统参数和策略，以实现系统的自适应性和优化性能。在提升物理系统的效能和可靠性方面，信息物理系统通过优化物理系统的运行和管理，提高系统的效能和可靠性，实现对物理系统的实时监测、故障检测和预测，以及对系统的主动控制和优化，从而提高系统的能耗效率、资源利用率和安全性。

2.5.4.2 从技术原理和应用场景角度阐述

（1）信息物理系统技术原理。信息物理系统是一种将信息科学与物理科学相结合的新型系统。其技术原理主要包括以下几个方面：

一是信息处理。信息物理系统通过传感器、数据采集和信号处理等技术，将现实世界中的各种信息转化为数字信号或数据流。这些信息可以是来自环境的传感器数据、用户的输入、其他系统的输出等。

二是数据通信。信息物理系统通过网络通信技术，将采集到的数据传输到其他系统或云端服务器进行进一步处理和分析。常用的通信方式包括有线通信（如以太网、串口通信等）和无线通信（如 Wi-Fi、蓝牙、LoRa 等）。

三是数据存储。信息物理系统需要对采集到的数据进行存储和管理。可以通过本地存储设备（如硬盘、固态硬盘等）或云端服务器进行实现。数据存储可以采用数据库技术，如关系型数据库（如 MySQL、Oracle 等）或非关系型数据库（如 MongoDB、Redis 等）。

四是数据分析与决策。信息物理系统利用数据分析和机器学习等技术，对采集到的数据进行处理和分析，提取有用的信息和知识，并根据分析结果做出相应的决策，包括实时数据分析、预测分析、异常检测等。

五是控制与执行。信息物理系统通过控制器和执行器等设备，对现实世界进行控制和操作。控制器根据数据分析结果生成相应的控制指令，执行器将指令转化为物理信号或动作，实现对物理系统的控制。

（2）信息物理系统应用场景。数字孪生主要应用于各种物理系统的仿真、优化和决策支持，如工业设备、城市基础设施、交通运输系统等。而信息物理系统的应用范围更广泛，涉及各种领域，包括智能交通、智能制造、智能家居、智能农业、智慧城市、医疗健康等领域。它的核心思想是将传感器、通信和计算等技术与物理系统相结合，实现对物理世界的感知、分析和控制。在智能交通领域，信息物理系统可以实现交通流量监测、智能信号控制和交通事故预警等功能，提高交通效率和安全性。在智能制造领域，信息物理系统可以实现生产线的自动化、优化调度和质量监控，提高生产效率和产品质量。在智能家居领域，信息物理系统可以实现家居环境的智能化控制，如智能照明、智能安防、智能家电控制等，提升家居生活的便利性和舒适度。在智能农业领域，信息物理系统可以实现对农田土壤、气候和植物生长状态的监测和控制，优化农业生产过程，提高农作物产量和质量。在智慧城市领域，信息物理系统可以实现对城市环境、交通、能源和公共设施的监测和管理，提高城市的运行效率、可持续性和居民生活质量。在医疗健康领域，信息物理系统可以实现远程医疗、健康监测和个性化医疗服务，提高医疗资源的利用效率和患者的健康管理水平。

总体而言，信息物理系统的应用场景非常广泛，涵盖了许多领域。随着技术的不断发展和创新，信息物理系统将在更多的领域中发挥重要作用，为我们的生活带来更多便利和改善。

2.5.4.3　从数字孪生和信息物理系统之间的联系与不同阐述

（1）数字孪生和信息物理系统之间的联系。数字孪生和信息物理系统之间存在密切的联系和互动。下面是它们之间的几个关联点：

一是在数据采集和模型建立方面，信息物理系统通过传感器和数据采集设备收集来自现实世界的数据，这些数据可以用于构建数字孪生模型。数字孪生利用这些数据来创建现实世界的虚拟副本，并将其与真实系统进行对比和验证。

二是在模型更新和优化方面，通过数字孪生可以对信息物理系统进行实时监测和分析，收集系统运行过程中的各种数据。这些数据可以用于更新和优化数字孪生模型，以反映系统的实际状态和性能。

三是在预测和优化方面，基于数字孪生模型，可以进行预测和优化分析，通过模拟不同的操作和决策方案，评估其对信息物理系统的影响，并提供最佳的操作策略。这有助于提高系统的效率、可靠性和安全性。

四是在故障诊断和维护方面，数字孪生可以通过与信息物理系统的实际运行数据进行对比，识别潜在的故障和问题，并提供故障诊断和维护建议，有助于及时发现和解决问题，减少系统的停机时间和维修成本。

五是在实时监控和控制方面，通过数字孪生可以实时监控信息物理系统的状态和性能，并提供相应的控制策略。这使得系统的运行可以更加智能化和自动化，提高系统的响应速度和稳定性。

(2) 数字孪生和信息物理系统之间的不同。数字孪生是将现实世界中的实体、系统或过程进行数字化建模，并与实际对象保持同步更新的技术，实现对实体、系统或过程的全面模拟和分析，以提供决策支持和优化方案，而信息物理系统是一种通过收集、存储、处理和传输数据来支持组织内部业务流程和决策制定的计算机系统，目的是管理和处理大量数据，并提供有效的信息支持。数字孪生更关注于模拟和分析的精确性和准确性；而信息物理系统更注重数据的管理和利用。数字孪生广泛应用于各个领域，可以用于产品设计、工艺优化、设备维护等方面；而信息物理系统主要应用于组织内部的业务流程和决策制定。数字孪生需要涉及计算机建模、数据分析和仿真计算等技术，通常需要高性能计算和大数据处理能力来支持模拟和分析；而信息物理系统需要涉及数据库管理、软件开发和网络通信等技术，通常需要稳定的系统架构和安全的数据传输。

2.5.5 数字孪生与数字线程

2.5.5.1 从概念及内涵的角度阐述

数字线程，是指可扩展、可配置和组件化的企业级分析通信框架。基于该框架可以构建覆盖系统生命周期和价值链全部环节的跨层次、跨尺度、多视图模型的集成视图，进而以统一模型驱动系统生存期活动，为决策者提供支持。通过数字线程可以在正确的时间将正确的信息传递给正确的人（或地方）。它是一种新兴的概念，是在数字化时代中，人们通过互联网和其他数字技术手段进行沟通、交流和合作的方式。数字线程不受具体的地理位置或时间限制，可以随时随地通过互联网进行交流和合作。这种虚拟空间的特点使得人们可以跨越时空限制，实现全球范围内的协同工作。同时，数字线程提供了多种多样的沟通和合作方式，包括文字、图片、音频、视频等形式。人们可以根据需要选择适合自己的方式进行交流和合作，从而满足不同人群的需求。数字线程的另一个重要特点是实时性，也就是即时收到和回复信息，实现实时的沟通和反馈。这种实时性的特点有助于提高工作效率和协同能力。数字线程的开放性使得人们可以与更多的人进行交流和合作，不受地域和组织边界的限制。这种开放性有助于促进知识共享、创新和合作，推动社会的发展和进步。

2.5.5.2 从技术原理和应用场景角度阐述

(1) 数字线程的技术原理。数字线程的技术原理涉及以下几个方面：

一是互联网技术。数字线程的基础是互联网技术，包括网络通信协议、数据传输和交换等。互联网提供了全球范围内的连接和通信能力，使得人们可以随时随地通过网络进行信息交流和合作。

二是数据传输和存储。数字线程需要依靠数据传输和存储技术来实现信息的发送、接收和保存。这包括数据压缩、加密、传输协议等技术，以保证数据的安全性和可靠性。

三是多媒体技术。数字线程支持多种多样的沟通方式，包括文字、图片、音频、视频等形式。多媒体技术涉及图像处理、音频处理、视频编解码等技术，以实现多样化的沟通和合作需求。

四是实时通信技术。数字线程强调实时性，即能够实现即时的沟通和反馈。实时通信技术包括即时消息传输、实时语音和视频通话等技术，以确保信息的及时传递和交流。

五是数据分析和挖掘技术。数字线程产生的大量数据需要进行分析和挖掘，获取有价值的信息和洞察。数据分析和挖掘技术包括数据清洗、数据建模、机器学习等方法，帮助人们理解和利用数字线程中的数据。

（2）数字线程的应用场景。数字线程的应用场景非常广泛，涵盖了许多不同的领域。以下是一些常见的数字线程应用场景：

一是远程办公和协作。通过互联网和实时通信技术，团队成员可以共享文件、交流想法、协同编辑文档等，使得人们可以在不同地点进行远程办公和协作，实现远程工作的高效和便捷。

二是在线教育和远程学习。数字线程为在线教育和远程学习提供了平台。学生可以通过数字线程与教师进行互动、参与在线课程、提交作业等。同时，数字线程还提供了丰富的学习资源和交流社区，促进学生之间的合作和知识共享。

三是电子商务和在线购物。数字线程改变了传统的购物方式，人们可以通过互联网浏览商品、比较价格、下订单，并进行在线支付。数字线程还支持在线客服和售后服务，提供更好的购物体验。

四是社交媒体和即时通信。数字线程为人们提供了与朋友、家人和同事保持联系的渠道。社交媒体平台和即时通信应用使得人们可以分享生活照片、发布状态、进行实时聊天等，拓展了社交网络。

五是数字医疗和远程医疗。数字线程在医疗领域的应用越来越广泛。通过数字线程，医生可以与患者进行远程会诊、提供在线咨询服务，同时还支持医疗数据的传输和分析，提高医疗效率和质量。

六是物联网和智能家居。数字线程与物联网技术结合，实现了智能家居的控制和管理。人们可以通过手机或其他终端设备远程控制家里的灯光、温度、安防设备等，提高生活的便利性和舒适度。

七是跨国合作和国际交流。数字线程打破了地理和语言的限制，使得跨国合作和国际交流更加便捷。企业可以通过数字线程与海外合作伙伴进行沟通和合作，学术界也可以通过数字线程进行国际学术交流和合作。

总的来说，数字线程的出现改变了传统的工作和生活方式，为人们提供了更加便捷、高效和灵活的沟通和合作方式。

2.5.5.3 从数字孪生和数字线程之间的联系与不同阐述

（1）数字孪生和数字线程之间的联系。数字孪生和数字线程之间存在一定的关联。它们都是数字化时代中重要的概念和技术，旨在改善沟通和合作方式、提升效率。数字线程能够屏蔽不同类型数据、模型格式，支撑全类数据和模型快速流转和无缝集成，是数字孪生体系中最为关键的核心技术。数字线程可以为数字孪生提供数据传输和通信的基础设施。数字孪生需要从实体世界中获取数据，并将其数字化以创建虚拟模型。数字线程通过互联网和通信技术，将实体世界中的数据传输到数字孪生系统中，以支持模型的构建、更新和优化。数字线程结合数字孪生，可以帮助优化运营，助力产品设计和制造过程，推动产品设计和制造过程的改进，同时降低成本并增强合规性。数字线程也是创建数字孪生的基础，数字孪生是物理资产的数字副本。数字线程通过实时通信和远程访问技术，使得人们可以远程连接到数字孪生系统，实时获取和操作虚拟模型，实现远程监测、远程控制和远程协作。此外，数字线程还可以为数字孪生提供数据分析和挖掘的支持。数字线程产生的大量数据可以通过数据分析和挖掘技术，提取有价值的信息和洞察，为数字孪生系统的优化和决策提供支持。

总之，数字线程作为通信和协作的基础设施，为数字孪生提供数据传输、远程监测和远程协作的支持。两者的结合可以实现更高效、更智能的数字化应用，推动数字化转型和创新发展。数字孪生与数字线程之间的关系如图 2.11 所示。

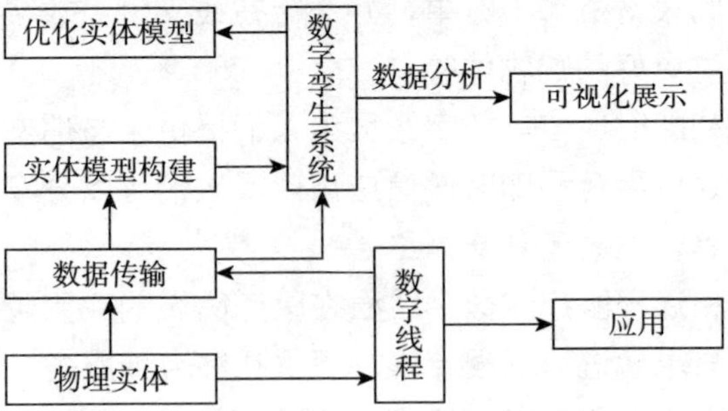

图 2.11　数字孪生与数字线程之间的关系

（2）数字孪生和数字线程之间的不同。数字孪生和数字线程在概念和应用上存在一些不同之处。从概念上，数字孪生是一种将物理系统与数字化模型相结合的方法，旨在提供更好的理解、分析和优化现实世界的能力；而数字线程更多地强调通信、协作和数据传输的概念，是一种为了实现远程工作、远程监测和远程控制等目标而构建的基础设施。从应用领域上，数字孪生主要应用于工业制造、城市规划、物流管理、医疗保健等领域，通过创建虚拟模型来优化系统设计、预测性维护和决策支持；而数字线程的应用更广泛，涵盖了远程办公、在线教育、电子商务、社交媒体等多个领域，旨在改善沟通和协作方式，提高工作效率和生活便利性。从技术实现上，数字孪生需要采集和整合来自物理系统的大量数据，并将其转化为数字化模型，这涉及传感器、物联网、数据分析等技术；而数字线程主要侧重于通信和协作的技术实现，包括互联网、实时通信、远程访问等。从实现目标和价值上，数字孪生的目标是通过建立虚拟模型来提升系统性能、降低成本、减少风险等，它可以用于预测、优化和决策支持；而数字线程的目标是改善沟通和协作方式，提高工作效率和生活便利性，使得人们可以实现远程办公、远程学习、在线购物等。

综上所述，数字孪生更注重物理系统的建模和仿真，以优化系统设计和决策支持为目标；而数字线程更注重通信和协作的基础设施，旨在改善工作和生活的方式。两者在数字化转型和创新中都发挥着重要的作用。

2.5.6 数字孪生与虚拟现实

2.5.6.1 从概念及内涵的角度阐述

虚拟现实（Virtual Reality，VR）是一种通过计算机技术和传感器设备模拟出的一种虚拟环境，使用户能够身临其境地感受虚拟世界的存在和互动。它通过头戴式显示器、手柄、定位追踪等交互设备，为用户提供视觉、听觉和触觉等多种感官的沉浸式体验。虚拟现实采用计算机生成的图形和场景创造出的虚拟三维环境可以是对现实世界的仿真，也可以是完全虚构的虚拟空间。通常配备交互设备，如手柄、手套或体感设备，用户可以通过手势、触摸或运动等方式操控虚拟环境中的对象，增强了用户与虚拟环境的互动性。通过高分辨率的头戴式显示器（Head-Mounted Display，HMD）和立体声音效，使用户能够完全沉浸在虚拟的世界而忽视现实环境的存在，可以为用户提供身临其境的体验，增强沉浸感和参与感，提升用户的感知和理解能力。虚拟现实集成了计算机图形学、计算机仿真学、传感技术、网络并行技术、显示技术、人工智能等技术，是一种由计算机技术辅助生成的高技术模拟系统。从技术的角度来说，虚拟现实具有三个特征：沉浸、交互、构想，它强调了在虚拟系统中人的主导作用。总之，虚拟现实技术通过模拟和创造虚拟的环境，使用户能够身临其境地感受和探索虚拟世界，为人们带来全新的体验和可能性。

2.5.6.2 从技术原理和应用场景角度阐述

(1) 虚拟现实的技术原理。虚拟现实的实现涉及多个方面的技术原理，主要包括感知系统、计算系统和交互系统三个方面：

首先是感知系统。虚拟现实技术通过使用各种传感器来感知用户的头部运动、眼睛焦点、手部动作等信息。其中最重要的是头戴式显示器，它通常由两个高分辨率的显示屏、透镜和传感器组成，将虚拟场景呈现给用户，并跟踪用户的头部运动，以实现用户的视角变化。

其次是计算系统。虚拟现实技术需要强大的计算能力来生成和渲染逼真的虚拟场景。计算系统通常由计算机或游戏主机组成，利用图形处理单元（Graphics Processing Unit，GPU）进行并行计算和图形渲染，以实时生成高质量的虚拟环境。此外，还需要使用传感器数据和算法来实现用户的位置追踪和场景渲染的同步。

最后是交互系统。交互系统需要与计算系统和感知系统紧密配合，实现用户输入的准确捕捉和对应的虚拟场景响应。虚拟现实通过各种交互设备和技术，使用户能够与虚拟环境进行实时的交互。常见的交互设备包括手柄、手套、触控板等，用于模拟用户的手部动作和触摸感知。此外，还可以使用声音、触觉反馈等技术来增强交互体验。

总体来说，虚拟现实技术的原理是通过感知系统感知用户的动作和环境信息，计算系统实时生成逼真的虚拟场景，并通过交互系统使用户能够与虚拟环境进行实时的交互。这三个方面的协同工作，使得用户可以身临其境地感受和探索虚拟世界。

(2) 虚拟现实的应用场景。随着虚拟现实技术的飞速发展，人们对其产生了一种全新的感受，其应用范围也从军事科技产品扩展到娱乐、文化等各个领域。虚拟现实作为一门以应用为导向的技术，已经成为世界各国研究人员研究的热点，其主要应用领域有以下几个方面：

一是国防军事。美国政府对于虚拟现实非常重视，于 2007 年在美国国防部的赞助下成立了 Liteye 公司，为军队开发了一种可透视显示的特制头盔。这种头盔配有一个微型的眼睛显示器，可以经受严酷的环境，如极端的天气、降雨和尘土。在 2008 世界计算机科学与软件工程学会议上，钟教授等人首次提出了一种新的“虚拟作战图”。该系统具有操作简便、资料保存方便、人机界面简洁、直观等特点，是一种新型的军事仿真训练方法。劳克斯等学者从维持士兵精神卫生的观点，肯定了虚拟现实在军事创伤压力症中的应用价值。

二是教育。虚拟现实为学生创造了一种存在、沉浸的感觉，激发了学生的情感学习，促进了学生的认知能力。霍奇森等人于 2019 年开展的实验方法研究，发现学生在“药物与治疗”“理解生态旅游”两门课程中均有较高的学习满足感。虚拟现实用于教学有两种模式，一种是以学生或教师为虚拟对象的“虚拟学习”，另一种是以设备为虚拟对象，用户可以使用虚拟设备和环境进行实验，从而部分实现在现实世界中难以进行的实验。虚拟现实为教育和培训提供了更加生动的学习环境。学生可以通过虚拟现实设备，参观远程地点、进行实验操作、模拟危险场景等，提高学习效果和兴趣。

三是工业制造。制造业是发达国家经济发展的关键，虚拟现实的发展为其在产品设计、虚拟车间、工艺仿真、工艺规划、生产训练等领域的应用奠定了坚实的基础。穆伯等人于2004年的研究表明，虚拟现实在制造业领域极具潜力，能够在生产前就解决潜在的设计问题，避免昂贵的失误。贝尔格与万斯专注于虚拟现实对产业影响力的研究，在2017年对18家企业进行了调研，结果显示，VR已经成为一种重要的生产设备，具有较高的投资回报，但是，要想从零起步并投入虚拟现实中，仍然是一件非常困难的事情。虚拟现实是目前最先进的工业可视化制造技术之一，它将会成为未来工业生产的主流。目前，许多企业都在积极地运用这种新的科技，而最终的目的就是建立一个虚拟的工厂。

四是文化和娱乐。虚拟现实为文化和娱乐提供了全新的体验。用户可以通过头戴式显示器和手柄等设备，沉浸在逼真的虚拟游戏世界中，与虚拟角色进行互动，体验身临其境的游戏乐趣。虚拟现实对旅游产品的提供者和接受者都有很大的影响，贝克等学者对虚拟现实在旅游业中的应用进行了系统的梳理，确定了旅游行业中的“非沉浸式”“半沉浸式”“全沉浸式”三种虚拟现实系统，并对其进行了界定。2013年，美国著名教授帕斯科确认了虚拟现实对体育运动的正面影响，并探讨了如何将其用于提高运动教学的可能性。基于此，诺伊曼等学者于2018年对其在体育领域的实践进行了探索，发现其对提高运动员的身体和心理素质具有重要意义。虚拟现实可以为旅游和文化遗产保护提供更加丰富和沉浸的体验。游客可以通过虚拟现实设备，参观远程地点、探索历史文化遗址等，感受不同的文化和历史。虚拟现实独特的沉浸感可以极大地提升玩家的游戏体验，但是过度的沉迷也会伤害到玩家。柳教授等人在2018年国际计算机学会上提出，通过融合全沉浸式虚拟现实系统与动作跟踪装置的实时融合，使体验者可以更好地了解自己的身体使用情况，从而避免在玩游戏时过度疲劳。虚拟现实的巨大潜能，将推动整个文娱产业进入一个全新的发展阶段。

五是虚拟会议和协作。虚拟现实可以用于远程会议和协作。与传统视频会议相比，虚拟现实会议可以提供更加身临其境的体验，使与会者感觉彼此在同一个场景中，增强沟通和合作效果。

六是建筑和设计。虚拟现实技术可以用于建筑和设计领域的可视化和交互。

设计师和客户可以通过虚拟现实设备，实时查看和体验建筑模型、室内布局等，提前发现问题并进行调整。

2.5.6.3　从数字孪生和虚拟现实之间的联系与不同阐述

（1）数字孪生和虚拟现实之间的联系。数字孪生和虚拟现实（VR）都是当今数字技术领域的热门话题。在虚拟现实的发展线中，无论是 VR（虚拟现实）、AR（增强现实），还是 XR（扩展现实）、MR（混合现实），都是为了构建一个虚拟的世界。而在现实生活中，最终可能需要构建一个真实的世界。用数字手段来构建虚拟的真实世界，就是数字孪生。

中国工程院院士、北京航空航天大学计算机学院赵沁平教授在第二十二届中国虚拟现实大会报告上提出："数字孪生是采用虚拟现实技术构建物理实体的虚拟对象，并在两者之间建立双向数据通道。虚拟对象依据物理对象的历史数据和现实状态变化数据，实时或及时地进行相应的更新演化，同时利用自身的运行状态数据，对物理对象全生命周期过程进行实时或及时的预测、监控。"同时勾画出数字孪生与虚拟现实之间的关系，如图 2.12 所示。数字孪生是对物理实体的数字复制，可以是建筑物、设备或者整个城市的复制。它包括物理世界的三维模型、物理属性和运行数据。数字孪生通过感知、数据收集、仿真和分析等过程来实现，可以为设计、开发、测试和维护提供可视化的支持。相反，虚拟现实是一种通过计算机技术和交互设备创造出来的、模拟的虚拟环境。在虚拟环境中，用户可以穿上头戴式显示器等设备，完全沉浸在虚拟环境中。

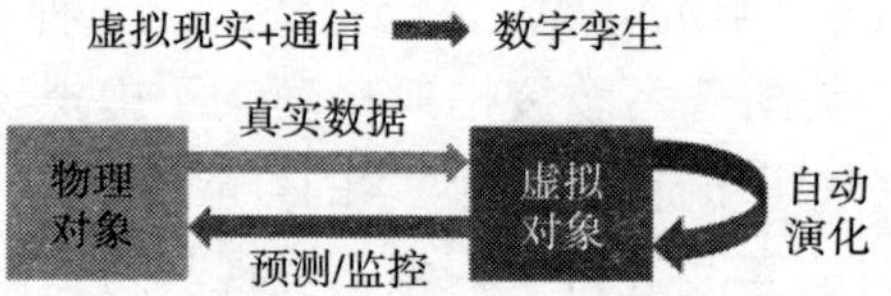

图 2.12　数字孪生与虚拟现实之间的关系

（2）数字孪生和虚拟现实之间的不同。数字孪生和虚拟现实虽然有联系，但也存在一些区别。从定义和应用领域方面来说，数字孪生是通过数学模型、物理模拟和数据分析等手段，将真实世界的实体、过程或系统建立起来的数字化表示，它广泛应用于工业制造、物流管理、城市规划等领域，用于优化设计、预测性维护和决策支持等方面；而虚拟现实则是利用计算机生成的虚拟环境来模拟真实世界的感知和交互体验，主要应用于游戏、娱乐、教育和培训等领域。从目的和功能方面来说，数字孪生的主要目的是通过数字模型对真实世界进行建模和仿真，以便更好地理解、分析和优化现实世界中的事物，它可以帮助人们预测和评估系统性能、优化生产过程、进行虚拟实验等；而虚拟现实技术的主要目的是为用户提供沉浸式的虚拟体验，使其可以身临其境地感受和探索虚拟环境，它可以用于游戏娱乐、虚拟旅游、培训模拟等方面。从数据和模型方面来说，数字孪生依赖于真实世界的数据和模型，通过对这些数据和模型的分析和仿真，来预测和优化现实世界的行为和性能，它需要准确的物理参数、工程模型和历史数据等；而虚拟现实则主要依赖于计算机生成的虚拟环境，它可以通过人为设定的规则和算法来模拟和生成虚拟世界中的物体、场景和行为。从使用方式和交互方式来说，数字孪生通常是在计算机上进行建模和仿真，通过数据分析和可视化来展示和分析结果，它更多的是一种分析和决策支持工具；而虚拟现实技术则需要借助专门的设备，如头戴式显示器（HMD）、手柄等，使用户能够身临其境地感受和探索虚拟环境，它更注重用户的沉浸感和交互体验。

2.5.7　数字孪生与人工智能

2.5.7.1　从概念及内涵的角度阐述

人工智能（Artificial Intelligence，AI）的定义由于审视角度不同，定义也不尽相同。著名未来学家雷·库兹韦尔（Ray Kurzweil）提出：人工智能是一种技艺，创造机器来执行人需要智能才能完成的工作。贝尔曼（Richiard E. Bellman）提出：人工智能是那些与人的思维、决策、问题求解和学习等有关活动的自动化。尼尔森（Nils Nilsson）提出：人工智能是研究智能行为的学科。它的最终目的是建立自然智能实体行为的理论和指导创造具有智能行为的人工制品。整体来说，人工智能是一门研究如何利用人工的方法和技术，在机器上模仿、延伸及扩展人类智能的学科。

人工智能的概念可以从狭义和广义两个角度来理解：狭义人工智能，是指实现特定任务的智能系统，它通过预先定义的规则和算法来处理输入数据，并给出相应的输出结果。这种人工智能主要基于专家系统、规则引擎等技术，能够在特定领域内表现出较高的智能水平，但对于其他领域的任务则无法适应。广义人工智能不仅能够处理特定任务，还能够进行自主学习、推理和决策，具备类似人类的思维和理解能力。其目标是构建一个全面智能的系统，能够在各种复杂环境下自主运行和解决问题。人工智能是一门涉及多个领域的学科，旨在使计算机具备感知、理解、推理、学习和决策等智能能力。在感知与认知上，人工智能致力于使计算机能够感知和理解外部世界的信息，包括图像、声音、语言等，从而实现对环境的感知和认知。这涉及计算机视觉技术、语音识别技术、自然语言处理技术等。在自然语言处理上，人工智能致力于让计算机能够理解和处理自然语言，实现与人类的自然交互。这包括自然语言理解技术、自然语言生成技术、机器翻译技术等。通过推理和决策技术，人工智能使计算机能够根据已有的知识和信息进行逻辑推理和决策，以解决问题和制订行动计划。这包括专家系统、机器推理、规则引擎等技术。在机器视觉上，结合图像识别和计算机视觉技术，人工智能使计算机能够理解和处理图像信息，实现对图像的识别、分析和理解。这包括图像分类、目标检测、图像生成等技术。通过机器学习和深度学习等技术，人工智能使计算机能够从数据中学习和提取规律，不断优化自身的性能和表现。在智能系统应用上，人工智能的目标是将智能技术应用于包括医疗健康、金融、交通、教育、制造业等各个领域，以提高效率、降低成本、改善生活质量等。这涉及智能机器人、智能驾驶、智能助手等应用。

2.5.7.2 从技术原理和应用场景角度阐述

（1）人工智能的技术原理。人工智能的技术原理包括了多种方法和算法，下面介绍几个常见的技术原理：

一是机器学习（Machine Learning）。机器学习是人工智能的核心技术之一，它通过让计算机从数据中学习和自动优化算法，从而实现对任务的自动化处理和决策。机器学习分为监督学习、无监督学习和强化学习等不同类型，其中监督学习通过训练样本的标签来进行学习，无监督学习则是从未标记的数据中发现模式和结构，而强化学习则是通过与环境的交互来学习最优策略。

二是深度学习（Deep Learning）。深度学习是一种机器学习的方法，它通过构建多层神经网络模型来模拟人脑的神经网络结构，并通过大量数据的训练和反向传播算法来优化网络参数。深度学习在计算机视觉、自然语言处理等领域取得了突破性的成果，如图像识别、语音识别和机器翻译等。

三是自然语言处理（Natural Language Processing，NLP）。自然语言处理是研究计算机如何理解和处理人类自然语言的技术。它涉及语音识别、文本分析、语义理解等方面，通过构建语言模型、语义解析和情感分析等技术来实现对文本和语音的理解和生成。

四是推荐系统（Recommendation System）。推荐系统是一种利用机器学习和数据挖掘技术，根据用户的历史行为和偏好，向用户提供个性化的推荐信息的系统。它通过分析用户的行为数据，如点击记录、购买记录等，利用协同过滤、内容过滤和深度学习等方法来生成个性化的推荐结果。

五是强化学习（Reinforcement Learning）。强化学习是一种通过试错和反馈来学习最优策略的方法。它通过与环境的交互，通过奖励信号来指导学习算法的行动选择，从而达到最大化累积奖励的目标。强化学习在游戏、机器人控制和自动驾驶等领域有广泛的应用。

除了以上的技术原理外，还有很多其他的人工智能技术，如知识表示与推理、专家系统、群体智能等。这些技术原理相互结合和应用，使得人工智能能够在不同领域和任务中发挥作用，实现智能化和自主化的计算机系统。

（2）人工智能的应用场景。人工智能的应用场景非常广泛，几乎涵盖了各个行业和领域。以下是一些常见的人工智能应用场景：

一是医疗健康。人工智能在医疗和健康领域有广泛的应用，如医学影像分析、疾病诊断、药物研发等。通过深度学习和图像识别技术，可以帮助医生快速准确地分析医学影像，辅助诊断和治疗决策。在医疗数据分析方面，可以利用机器学习算法挖掘患者的隐性信息，提供个性化的医疗服务。同时，人工智能还可以应用于医疗机器人、智能康复设备等领域。

二是金融和保险。人工智能在金融和保险领域可以应用于风险评估、信用评分、欺诈检测、投资分析等。例如，利用机器学习和大数据分析，可以对客户的信用记录和行为模式进行预测和分析，从而提供更精准的金融服务。在投资和交易方面，可以利用机器学习算法进行预测和优化，提供智能化的投资决策支持。同时，人工智能还可以应用于客户服务、智能理财等领域。

三是教育和培训。基于学生的学习数据和行为模式，人工智能可以为教育和培训领域提供个性化的学习体验和智能化的教学辅助，帮助他们更高效地学习。在教学过程中，可以利用自然语言处理和计算机视觉技术，实现智能化的教学辅助和评估。同时，人工智能还可以应用于在线教育、虚拟教师等领域。

四是交通运输。人工智能可以应用于智能交通管理系统，通过实时数据的收集和分析，优化交通流量和路况，提高交通效率；在自动驾驶领域，人工智能可以实现车辆的感知、决策和控制，实现无人驾驶。同时，人工智能还可以应用于智能物流、智能停车等领域。

五是零售和电商。人工智能可以应用于个性化推荐系统，根据用户的历史行为和兴趣，提供个性化的商品推荐、智能客服、库存管理等；在供应链管理方面，可以利用人工智能算法进行需求预测和库存优化。同时，人工智能还可以应用于智能客服、智能支付等领域。

除了以上的应用场景外，人工智能还可以应用于安防监控、智能家居、媒体与娱乐等多个领域。

2.5.7.3　从数字孪生和人工智能之间的联系与不同阐述

（1）数字孪生和人工智能之间的联系。数字孪生和人工智能并不是完全独立的概念，它们可以相互结合和融合，共同应用于实际场景中。数字孪生可以为人工智能提供实时数据和虚拟环境，而人工智能可以为数字孪生提供智能化的分析和决策支持。数字孪生可以借助人工智能提升模型的精度和效果，而人工智能也可以通过数字孪生获取更准确和全面的数据支持。这种融合将进一步推动工业、制造、城市管理等领域的智能化发展。在数据驱动的建模和仿真方面，数字孪生通过采集、整理和分析实时数据，构建了与现实世界相对应的虚拟模型。而人工智能可以在这些虚拟模型上进行数据驱动的建模和仿真，通过学习和优化算法，使得模型能够更好地模拟和预测真实世界的行为和变化。在智能决策支持方面，数字孪生可以提供实时的数据和模拟结果，而人工智能可以利用这些数据和模拟结果进行智能化的分析和决策支持。在模型优化和自适应性方面，数字孪生和人工智能都可以通过学习和优化算法来不断改进模型和算法的性能。数字孪生可以通过与真实世界的数据对比，优化模型的准确性和逼真度；而人工智能可以通过学习和自适应算法，不断优化模型的预测和决策能力。在模型训练和迭代方面，数字孪生和人工智能都需要进行模型的训练和迭代。数字孪生可以通过与真实世界的数据对比，不断调整模型的参数和结构；而人工智能可以通过大规模数据的训练和反馈，不断提升模型的性能和泛化能力。

总的来说，数字孪生提供了数据驱动的模型和仿真平台，而人工智能则可以在这个平台上进行智能化的分析、决策和优化。两者相互促进，共同推动了工业、医疗、城市管理等领域的智能化转型和创新发展。数字孪生与人工智能之间的关系如图 2.13 所示。

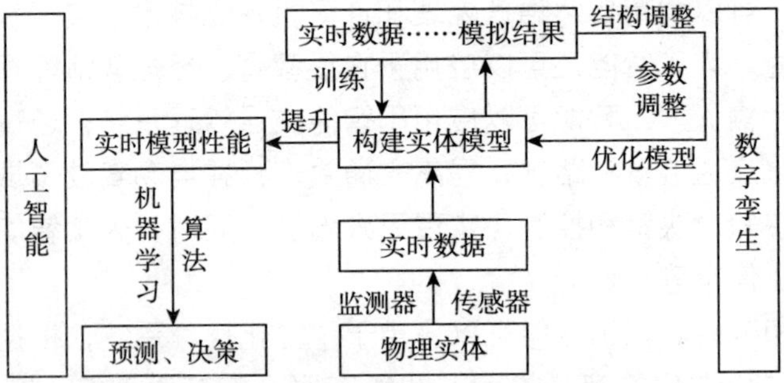

图 2.13　数字孪生与人工智能之间的关系

（2）数字孪生和人工智能之间的不同。数字孪生和人工智能有一些区别，下面是它们之间的几个主要区别：

从技术实现目标上，数字孪生主要关注于建立物理实体或系统的虚拟模型，并通过模拟和分析来理解、优化和预测其运行状态和行为；而人工智能则是一种模拟人类智能的技术，通过学习和推理算法使计算机具备感知、理解、学习和决策等能力。

从数据需求和处理方式上，数字孪生需要大量的实时数据来构建和更新虚拟模型，并通过与真实世界的数据对比来验证和优化模型，因而，数字孪生侧重于数据的采集、建模和仿真，以及对物理实体或系统的监测和控制；而人工智能也需要数据来进行训练和学习，但不同于数字孪生，人工智能更注重从数据中学习模式和规律，以实现自主的决策和推理能力，因而，人工智能更注重于数据的处理和分析，通过机器学习、深度学习等技术从数据中学习并提取有用的信息和规律。

从应用角度来说，数字孪生旨在优化系统运行和管理效率，提供决策支持和故障诊断；而人工智能重点是通过智能化的分析和决策支持来提升效率、优化资源分配和改善用户体验。

从技术手段和方法来说，数字孪生主要依赖于物理建模、仿真和数据分析等技术手段，通过建立精确的模型来模拟和优化物理系统的行为；而人工智能技术则包括机器学习、深度学习、自然语言处理、计算机视觉等多种技术方法，以实现感知、学习、推理和决策等智能能力。

此外，数字孪生通常用于复杂系统的建模和优化，如制造业、能源、交通等领域；而人工智能则广泛应用于各个领域，包括自然语言处理、计算机视觉、智能推荐等。

2.5.8　数字孪生与物联网

2.5.8.1　从概念及内涵的角度阐述

物联网（Internet of Things，IoT），是指通过互联网将各种物理设备、传感器、软件和网络连接起来，并实现彼此之间的信息交换和共享的网络。物联网的发展离不开传感器技术、无线通信技术、云计算技术和大数据分析技术的支持。它是将传感器、智能设备、网络技术和数据分析技术等融合在一起，将现实世界中的各种物体与互联网相连接，使得它们能够相互通信、协同工作和共享信息。实现设备之间的智能化互通和协同工作，主要有以下几个特性：

互联性。物联网通过互联网将各种物理设备和对象连接起来，实现设备之间的信息交流和数据共享。这种互联性使得设备能够相互通信、协同工作和共享信息，形成一个庞大的网络系统。

智能化。物联网的目标是实现设备的智能化。通过传感器、嵌入式系统和云计算等技术，物联网可以对设备进行感知、收集和处理数据，并根据数据进行智能决策和控制。这使得设备能够自动化地适应环境变化和用户需求，提供更加智能、高效和便捷的服务。

实时性。物联网强调对数据的实时性处理和响应。物联网中的设备可以实时地收集和传输数据，并通过实时分析和反馈，使得决策和操作能够及时进行。这种实时性可以提高设备的响应速度和效率，满足用户对即时性的需求。

安全性。物联网中的设备和数据面临着安全威胁。物联网需要采取相应的安全措施，保护设备和数据的机密性、完整性和可用性。这包括身份认证、数据加密、访问控制等技术手段，以及对安全漏洞和风险的监测和应对。

2.5.8.2 从技术原理和应用场景角度阐述

（1）物联网的技术原理。物联网的技术原理主要包括以下几个方面：

一是传感器和物联网设备。传感器和物联网设备是物联网的基础，它们可以感知环境中的物理量，并将这些数据转化为电信号。物联网设备则负责收集传感器产生的数据，并将其传输到云端或其他设备中进行处理和分析。

二是通信技术。物联网需要稳定可靠的通信网络并通过使用各种通信技术来实现设备之间的连接和数据传输。常用的通信技术包括无线局域网（Wi-Fi）、蓝牙（Bluetooth）、低功耗广域网（LPWAN）和移动通信网络（如2G、3G、4G、5G等）。通过这些通信技术，物联网设备可以与互联网相连，并实现设备之间的数据交换和远程控制。

三是数据传输与处理。物联网的网络架构包括边缘计算、云计算和中心服务器等组成部分。物联网通过通信网络将设备采集到的数据传输到云平台或边缘计算设备进行处理。数据传输可以使用各种协议和技术，如MQTT、CoAP等。在云平台或边缘设备上，可以对数据进行存储、分析和处理，提取有用的信息。边缘计算指的是将计算和数据处理的功能放置在离设备近的边缘节点上，以减少数据传输的延迟和网络负载。云计算则提供了大规模的存储和计算能力，用于处理物联网设备产生的海量数据。中心服务器负责管理和控制物联网中的各种设备和应用。

四是数据安全和隐私保护。数据安全和隐私保护是物联网技术非常重要的一个问题，需要采取各种安全措施，如身份认证、数据加密、访问控制等，来保护设备和数据的安全性和隐私性。这些技术之间的相互配合，实现了设备之间的连接和数据交换，为物联网的应用提供了技术支持。

（2）物联网的应用场景。物联网的应用场景非常广泛，涵盖了各个领域。

智能家居。通过物联网技术可以实现将家庭中的各种设备（如灯光、空调、门锁、摄像头等）连接起来，用户可以通过手机或其他终端设备远程控制和监控各种连接设备，实现智能化控制和管理。

智慧城市。物联网技术可以应用于城市管理和公共服务领域。例如，智能交通系统可以通过感知交通流量、优化信号控制，提高交通效率和减少拥堵；智能停车系统可以实现车位的实时监测和导航，方便车辆找到合适的停车位；智能垃圾桶可以自动感知垃圾的填充情况，提供有效的垃圾收集和处理。

工业自动化。物联网技术在工业领域的应用越来越广泛。通过将传感器和设备连接到互联网上，实现设备的远程监控和控制，提高生产效率和产品质量。智能仓储系统可以实现自动化的货物管理和调度，提高仓库的效率和准确性。

农业智能化。物联网技术可以应用于农业领域，实现农田的智能化管理，包括土壤湿度监测、气象数据采集、灌溉控制等，提高农作物的产量和质量。同时，还可以实现农场设备的远程监控和控制，提高农业生产的效率和可持续性。

医疗健康。物联网技术可以在医疗健康领域提供更加便捷和精准的服务。通过将医疗设备和传感器连接到互联网上，可以实现远程医疗监护、健康数据的实时监测和分析。智能医疗设备可以自动收集和分析患者的生理参数，提供个性化的医疗方案和健康管理。

物流和供应链管理。物联网技术可以应用于物流和供应链管理领域，实现货物的追踪和监控、仓库管理、运输优化等，提高物流效率和降低成本。同时，物联网技术还可以优化供应链的管理和协调，提高供应链的效率和可靠性。

除了以上场景外，物联网还广泛应用于能源管理、环境监测、智能零售、智能健身等领域。随着技术的不断发展，物联网的应用场景将会更加多样化和智能化。

2.5.8.3 从数字孪生和物联网之间的联系与不同阐述

（1）数字孪生和物联网之间的联系。数字孪生和物联网是两个相互关联的概念，它们可以相互支持和增强。物联网提供了大量的数据源，是数字孪生实现的基础。它通过连接各种物理设备和传感器，实现设备之间的数据交互和通信。这些数据提供了数字孪生所需的大量实时数据，为数字孪生的建模和分析提供了基础。数字孪生是通过虚拟化技术将物理实体（如产品、设备、工厂等）的数字副本创建出来，并与其在现实世界中的运行状态保持同步。数字孪生模型可以基于物联网收集到的实时数据进行更新和优化，以反映真实世界中的变化。数字孪生可以借助物联网提供的数据，对物理实体进行建模、仿真和分析。通过与物联网设备的连接，数字孪生可以实时监测设备的运行状态、预测故障和优化性能。同时，数字孪生还可以通过与物联网设备的数据交互，为设备提供远程控制和智能决策支持。

综上所述，数字孪生和物联网之间存在着紧密的联系。物联网为数字孪生提供了数据源和实时数据，支持数字孪生模型的构建和验证，而数字孪生则可以为物联网提供决策支持和优化，提高物联网系统的效率和可靠性。两者相互依存，共同推动着智能化和数字化的发展。

（2）数字孪生和物联网之间的不同。数字孪生和物联网虽然存在一定的联系，但它们仍存在一些不同。数字孪生可以帮助企业在虚拟环境中测试不同的方案和策略，评估其效果和可行性，从而优化决策和提高效率；而物联网主要用来实现智能化的数据采集、监控和控制，提高生产和生活的效率。数字孪生主要依赖于物理实体的实时数据，包括传感器采集的各种参数和状态信息，主要用于模拟和优化物理实体的行为和性能；物联网的数据源更广泛，包括各种传感器、设备和终端，可以收集和交换大量的实时数据。数字孪生的目标是通过建立虚拟模型，实现对物理实体的仿真和预测，它可以帮助企业优化决策、改进产品设计、提高运营效率等，数字孪生以模拟和分析为主，依赖于实时数据进行模拟和优化；物联网的目标是实现设备之间的连接和数据交换，实现智能化的数据采集、监控和控制。

2.5.9 数字孪生与区块链

2.5.9.1 从概念及内涵的角度阐述

区块链是一种去中心化的分布式账本技术，它通过使用密码学和共识算法，将数据以区块的形式链接在一起，形成一个不可篡改且可追溯的链式结构。传统的中心化系统依赖于中央机构或第三方信任机构来验证和记录交易，而区块链通过网络中的多个节点共同验证和记录交易信息，消除了中心化的单点故障和风险。区块链中的每个节点都保存着完整的账本副本，任何人都可以查看和验证其中的交易记录。这种透明性使得区块链具有更高的信任度，可以防止潜在的欺诈行为和不当操作。分布式的设计可以防止单点故障和数据篡改，提高了系统的鲁棒性和可用性。而且区块链中的每个区块都包含了前一个区块的哈希值，这种哈希链接使得区块链中的数据具有不可篡改的特性。一旦数据被写入区块链，就很难被修改或删除，确保了数据的安全性和可信性。区块链上的参与者可以使用匿名地址进行交易，但同时也可以进行身份验证，确保交易的真实性和合法性。区块链可以支持智能合约的执行，智能合约是一种自动化执行合约条款的计算机程序，可以在区块链上执行和验证交易，提供更高效、安全和可信的商业交易方式。智能合约的引入进一步扩展了区块链的应用领域，包括金融、供应链管理、物联网等。区块链被广泛应用于多个领域，为数据安全、信任建立和业务创新提供了新的解决方案。由于区块链的特性，参与者不再需要相互信任，而是通过共识算法来达成共识，并确保交易的有效性和一致性。总的来说，区块链是一种去中心化、分布式、不可篡改的账本技术，具有透明、安全、可信和高效等特点。它被广泛应用于金融、供应链管理、物联网、数字资产等领域，为各行各业带来了许多创新和变革的机会。

2.5.9.2 从技术原理和应用场景角度阐述

（1）区块链的技术原理。区块链的核心技术原理包括去中心化、共识机制和密码学。首先，区块链实现了去中心化的特性，即没有中央权威机构控制整个系统，而是由众多节点共同维护和管理账本。每个节点都有完整的账本副本，并通过网络互相通信和交换信息。其次，区块链采用共识机制来解决节点之间的信任问题。共识机制确保所有节点对账本的状态达成一致才能添加新的交易记录到账本中，避免了篡改和双重支付等风险。常见的共识机制包括工作量证明（Proof of

Work）和权益证明（Proof of Stake）等。通过这种机制，确保了账本的安全性和可信度。最后，区块链使用密码学技术来保证数据的安全性和隐私性。通过使用公钥加密和私钥解密的方式，私钥用于数字签名，公钥用于验证签名的有效性，确保了交易的机密性和完整性。区块链通过这些机制实现了分布式账本的安全、可靠和透明。

总结来说，区块链的技术原理是基于去中心化、共识机制和密码学，通过分布式节点的协作和验证，实现了安全、透明和不可篡改的交易记录。

（2）区块链的应用场景。区块链具有去中心化、透明、安全等特点，因此在多个领域都有广泛的应用场景。不仅在数字货币领域，在金融、供应链管理、物联网、医疗保健等领域都有广泛的应用。它被认为具有提高效率、降低成本、增强安全性和信任度的潜力。以下是一些常见的区块链应用场景：

数据存储。区块链具有高冗余性、分布式、高安全性、高保密性等特性，可有效防止由于中心化组织受到攻击或授权错误而导致的大量数据损失。与比特币交易数据一样，任何数据都可以经过哈希操作产生对应的Merkle树并进行封装，并利用一致性节点的计算能力以及不对称加密等手段保障其安全。

加密货币和数字资产。最著名的区块链应用场景就是比特币和其他加密货币，通过区块链实现了去中心化的数字货币交易。此外，区块链还可用于发行和交易各种类型的数字资产，如代币化资产、股权等。

金融交易。区块链与金融市场的应用高度匹配。区块链能在去中心化的体系中自发生成信用，构建不需要中心机构的信用支持的金融市场，极大地实现“金融脱媒”，对于具有中间商的第三方支付和基金托管等业务模式而言，将是一场革命性的变革。证券和银行是区块链的一个重要应用领域。运用区块链的自动智能合约和可编程特性可以大大减少费用，提升工作效率，避开复杂的中央化清算交割流程，使金融产品的交易更加便捷、快速。与此同时，区块链与比特币的实时支付特性，使银行能够在较短时间内完成跨界资金转移，而不会受到SWIFT系统的干扰，这也是当前包括R3CEV在内的众多银行、证券公司以及纳斯达克等金融机构纷纷投身于区块链研究开发的一个重要因素。

资产管理。区块链在资产管理中的运用，可以对实物与无形资产进行确认、授权以及实时监测，有着广阔的发展空间。针对无形财产，利用其具有的时间标记、不易篡改的特性，在知识产权保护、域名管理、积分管理等方面具有广阔的应用前景。对于实物资产，利用物联网技术对其进行独特的识别，并将其应用于区块链，可以构建“数字化的智慧资产”，从而达到分布式的资产授权与管控，如通过对房屋、汽车等实体财产进行区块链的密钥认证，可以根据一定的权限对资产进行分配与收回，从而帮助诸如Airbnb等的住宅、汽车等商业模式实现财产的自动移交。在此基础上，将物联网中的资产标识与标识技术相结合，还可以使用区块链进行柔性的供应链管理、商品追溯等功能。

数字身份认证。区块链可以提供去中心化的数字身份认证系统，确保用户的身份信息安全，并简化身份验证过程。

选举投票。选举投票是一种具有分布式一致性认证和不可篡改等特性的政治决策，它能以较低的代价实现政治选举、股东投票等应用。此外，区块链还可以为个别的话题进行表决，如通过对某一事件进行投票，就可以在博彩、股市预测等领域得到广泛的应用。通过对某一具体商品的投票打分和推荐，能够实现“社会制造”的大范围用户众包设计。

2.5.9.3 从数字孪生和区块链之间的联系与不同阐述

（1）数字孪生和区块链之间的联系。数字孪生和区块链都是当前热门的技术，在某些方面存在联系和互补。数字孪生可以帮助企业实现精确的预测、优化运营和提高效率。区块链可以实现数据的安全存储、透明性和可追溯性。区块链通过共识机制和加密算法保证数据的完整性和安全性，避免了传统中心化数据库的单点故障和数据篡改风险。数字孪生技术和区块链结合应用可以共同解决一些问题：

数据安全和隐私保护。数字孪生技术需要大量的实时数据来建立和维护模型，而这些数据可能涉及商业机密和个人隐私。区块链可以提供安全的数据存储和访问控制，确保数据的安全性和隐私性。

可信数据来源。数字孪生需要可信的数据源，而区块链可以提供去中心化的数据验证和溯源功能，确保数据的真实性和可信度。

跨组织合作。数字孪生可以帮助不同组织之间实现协同工作和共享资源，而区块链可以提供可信的数据交换和共享平台，确保数据的一致性和安全性。

物联网设备管理。数字孪生可以与物联网设备相连接，实时监测和优化设备运行。区块链可以提供设备身份认证和授权管理，确保设备的安全性和可信度。

总之，数字孪生和区块链可以结合应用，共同解决数据安全、可信性和跨组织合作等方面的问题，推动企业的数字化转型和智能化发展。

（2）数字孪生和区块链之间的不同。数字孪生和区块链是两种不同的技术。从概念上，数字孪生是通过采集和分析实时数据，与物理实体进行交互，提供精确的预测和优化方案；而区块链是实现数据的安全存储、透明性和可追溯性。从应用场景上，数字孪生主要应用于工业领域，如制造业、能源领域等，用于优化设备运行、提高生产效率和降低成本；而区块链还包括加密货币、跨境支付、供应链管理、数字身份认证等更广泛的应用场景。从数据处理方式上，数字孪生主要依赖于实时数据的采集和分析，通过对大量数据的处理和建模，实现对实体的精确仿真和优化；而区块链则是通过共识机制和加密算法保证数据的完整性和安全性，避免了传统中心化数据库的单点故障和数据篡改风险。从数据共享和授权上，数字孪生主要是在企业内部或特定合作伙伴之间进行数据共享和授权，用于优化企业内部的运营和决策；而区块链可以提供去中心化的数据交换和共享平台，实现跨组织之间的数据共享和授权，确保数据的一致性和安全性。两者在不同领域有着各自独特的应用和功能。

2.5.10　数字孪生与元宇宙

2.5.10.1　从概念及内涵的角度阐述

元宇宙作为一个正在快速发展的新兴概念，目前尚无统一定义。《元宇宙技术全景白皮书（2022）》中对元宇宙进行了定义："元宇宙是整合扩展现实、人工智能、数字孪生、区块链、5G/6G、算力网络、高速光纤通信、物联网、电子游戏等多种新技术而产生的新型虚实相融的社会形态，是与现实世界映射并且平行交互的虚拟世界，是通过科技手段进行创造与链接的具备新型社会体系的数字生活空间。"中国社会科学院数量经济与技术经济研究所左鹏飞副研究员在《元宇宙的主要特征、发展态势及风险研判》一文中指出："元宇宙是在数字技术持续发展下形成的促进数字资源与实体资源深度融合的新型载体，其本质是空间计算和专用函数的泛化。元宇宙并非是一个独立于现实世界的孤立体系，而是立足于现实世界物质基础之上，深嵌于经济社会发展系统的新型产业组织形态，与现实世界构成虚实循环、虚实互嵌和虚实互促的关系。"

2.5.10.2　从技术原理和应用场景角度阐述

元宇宙是一个虚拟的数字世界，它是由虚拟现实（VR）、增强现实（AR）、区块链、人工智能（AI）等多种技术相互融合而成的。虚拟现实技术可以提供身临其境的沉浸式体验，而增强现实技术可以将虚拟内容与现实世界相结合。区块链为元宇宙提供了去中心化、安全可信的基础。通过区块链，元宇宙中的虚拟资产、虚拟土地、虚拟身份等可以得到唯一性、不可篡改性和可追溯性的保证。同时，区块链还可以实现虚拟经济的交易和治理。这两种技术使用户能够在元宇宙中感受到逼真的视听效果，并与虚拟对象进行互动。通过 AI 技术，元宇宙可以实现智能的虚拟角色、虚拟助手和虚拟环境的自动化管理。同时，还可以为用户提供个性化的体验和智能推荐。元宇宙需要庞大的计算和存储资源来支持其复杂的虚拟世界。云计算技术可以提供强大的计算能力和存储空间，而大数据技术可以分析和处理元宇宙中产生的海量数据，从中提取有价值的信息。元宇宙的成功离不开良好的交互设计和用户体验。通过人机交互技术、自然语言处理和情感计算等技术，元宇宙可以提供更加直观、便捷和沉浸式的用户体验。这些技术相互结合，使得元宇宙成为一个多维度的虚拟空间，提供了无限的创造和互动可能，为用户带来了全新的数字体验和价值交换平台。

2.5.10.3 从数字孪生和元宇宙之间的联系与不同阐述

（1）数字孪生和元宇宙之间的联系。数字孪生和元宇宙之间有一定的联系。数字孪生是通过建立虚拟的数字模型来模拟和仿真现实世界的物理系统或过程，以实现对其进行分析、优化和预测等目的。而元宇宙则是一个虚拟的、与现实世界相互连接的数字空间，其中包含了各种数字化的实体、场景和活动。在元宇宙中，数字孪生可以被用来创建和管理虚拟实体的数字副本，通过数字孪生可以将现实世界中的物理系统或过程转化为虚拟的数字模型，并将其嵌入元宇宙中。这样，人们可以在元宇宙中对这些虚拟实体进行操作、观察和分析，以获得更多的信息和洞察。同时，数字孪生还可以通过与元宇宙中其他虚拟实体的交互，实现对现实世界中物理系统的实时监测和控制。数字孪生可以为元宇宙提供实时的、可视化的虚拟模型，增强了人们在元宇宙中的交互和体验。通过数字孪生和元宇宙的结合，可以实现更深入、更全面的虚拟现实体验，并为各行各业的应用带来更多的可能性。

（2）数字孪生和元宇宙之间的不同。数字孪生技术和元宇宙之间有以下几个主要区别：

一是实现目标不同。数字孪生主要目标是通过数字化的方式对实体进行分析、优化和预测等操作，以提高效率和效果；而元宇宙是一个虚拟的数字空间，与现实世界相互连接，其中包含了各种数字化的实体、场景和活动，它的主要目标是为人们提供一个沉浸式的虚拟环境，并在其中进行交互和创造。

二是应用范围不同。数字孪生主要应用于现实世界的物理系统或过程的建模和仿真，如工业制造、城市规划、交通管理等领域，它可以帮助人们更好地理解和优化现实世界的运行情况；而元宇宙则是一个更广泛的概念，可以包括各种虚拟的实体、场景和活动，如虚拟社交、虚拟商务、虚拟娱乐等，它的应用范围更加广泛，可以满足人们在虚拟环境中的各种需求和创造。

三是技术和交互方式不同。数字孪生主要依靠建立精确的数字模型和使用仿真算法来实现对物理系统的分析和优化，它通常需要大量的数据和计算资源支持；而元宇宙则更加注重用户的沉浸式体验和交互方式，在元宇宙中，人们可以通过虚拟现实设备、手势识别、语音交互等方式与虚拟环境进行互动，获得更加直观和身临其境的体验。

综上所述，数字孪生是一个综合性的概念，它与相关技术之间存在紧密的联系和相互影响。数字孪生基于 3D 建模技术，通过精确的数字化模型来表达物理实体。仿真模型和仿真技术为数字孪生提供了基于物理规律的仿真环境，用于验证和优化数字孪生模型。信息物理系统将计算、通信和控制技术与物理系统相融合，数字孪生与信息物理系统相连接，实现对物理实体的实时监测和优化。数字线程通过数字化技术将产品或系统的各个环节连接起来，数字孪生可以作为数字线程的重要组成部分，实现对产品或系统的数字化追踪和优化。虚拟现实可以提供沉浸式的虚拟环境，使用户能够与数字孪生模型进行交互和体验。人工智能为数字孪生提供强大的数据处理和分析能力，用于从大量数据中提取模式、进行预测和优化。物联网实现了设备之间的数据交换和共享。区块链提供安全的数据存储和交换平台，确保数据的完整性和可信度。元宇宙是一个虚拟的、与现实世界相连的数字空间，数字孪生可以为元宇宙提供丰富的数字化模型和数据，用于构建虚拟世界的物理实体和场景。这些技术相互关联，共同促进了数字孪生的发展和应用，推动了数字化转型和智能化发展。

2.5.11　数字孪生与相关技术的关系

数字孪生是一种通过数字模型与实际物理系统进行实时同步和交互的技术，它可以利用多种技术手段来实现。以下是这些技术在数字孪生实现过程中的关系：3D 建模是数字孪生的基础，通过创建物体的三维模型，可以为数字孪生提供可视化和交互性。仿真模型是数字孪生的核心组成部分，它通过对实际物理系统的各个方面进行建模和模拟，实现对实际系统行为的准确预测。仿真技术是数字孪生的重要手段之一，通过在数字孪生环境中对实际物理系统进行模拟，可以评估系统性能、优化设计和决策。信息物理系统是数字孪生的应用领域之一，它将物理系统与信息系统相结合，通过传感器、网络和计算等技术实现对实际系统的实时监测和控制。数字线程是数字孪生的数据处理和分析技术，通过采集和处理实际系统的数据，实现对系统状态的实时监测和分析。虚拟现实可以为数字孪生提供沉浸式的交互体验，使用户能够在虚拟环境中与数字孪生模型进行交互和操作。人工智能可以为数字孪生提供智能化的分析和决策支持，通过机器学习和深度学习等技术，实现对大量数据的处理和分析。元宇宙是数字孪生的应用场景之一，它是一个虚拟的、与现实世界相连的数字空间，可以将数字孪生模型与其他技术结合，实现更广泛的应用。物联网可以为数字孪生提供数据采集和通信支持，通过连接各种传感器和设备，实现对实际系统的实时监测和控制。区块链可以为数字孪生提供安全可信的数据存储和交互方式，保证数字孪生模型的完整性和可靠性。

综上所述，数字孪生与这些技术密切相关，通过它们的结合和应用，可以实现对实际系统的全面建模、仿真和分析，提供更高效、智能和可持续的解决方案。数字孪生与相关技术的关系如图 2.14 所示。

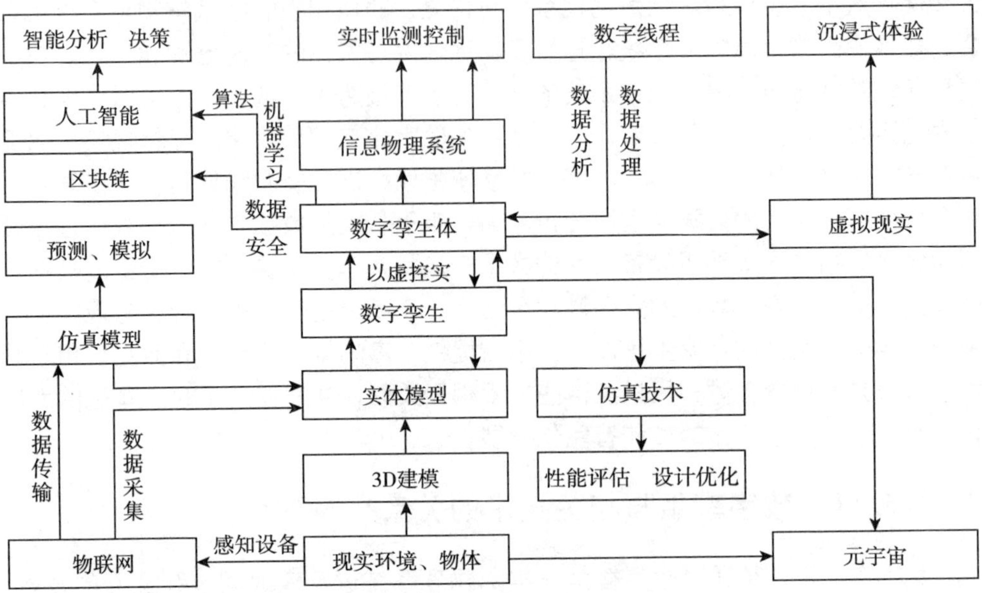

图 2.14 数字孪生与相关技术的关系

参考文献

[1] 耿建光，姚磊，闫红军．数字孪生概念、模型及其应用浅析［J］．网信军民融合，2019（02）．

[2] 陶飞，刘蔚然，刘检华，等．数字孪生及其应用探索［J］．计算集成制造系统，2018，24（01）．

[3] Brenner B.，Hummel V.．Digital Twin as Enabler for an Innovative Digital Shop-floor Manage-ment System in the ESB Logistics Learning Factory at Reutlingen University［J］．Procedia Manufacturing，2017（09）．

[4] 陶飞，张贺，戚庆林，等．数字孪生十问：分析与思考［J］．计算机集成制造系统，2020，26（01）．

[5] 陶飞，马昕，胡天亮，等．数字孪生标准体系［J］．计算机集成制造系统，2019，25（10）．

[6] Fei Tao，Qinglin Qi. Make Moredigital Twins［J］．Nature，2019，573（7775）．

[7] Michael Grieves. Digital Twin：Manufacturing Excellence through Virtual Factory Replication［R］．2014．

[8] 庄存波，刘检华，熊辉，等．产品数字孪生体的内涵、体系结构及其发

展趋势［J］. 计算机集成制造系统，2017，23（04）.

［9］杨林瑶，陈思远，王晓，等. 数字孪生与平行系统：发展现状、对比及展望［J］. 自动化学报，2019，45（11）.

［10］中国电子技术标准化研究院. 数字孪生应用白皮书（2020 版）［EB/OL］. https：//www. cesi. cn/images/editor/20201118/20201118163619265. pdf.

［11］陆剑峰，张浩，赵荣泳，等. 数字孪生技术与工程实践：模型+数据驱动的智能系统［M］. 机械工业出版社，2022：1.

［12］段海波. 数字孪生体的标准化之路［EB/OL］. http：//www. peraglobal. com/content/details11_7789. html.

［13］中国电子技术标准化研究院. 一图看懂《数字孪生应用白皮书》［EB/OL］. http：//www. cesi. cn/202011/7002. html.

［14］工业 4. 0 新概念：数字孪生——生产流程数字化让制造业如虎添翼［EB/OL］. https：//www. iyiou. com/news/2018022065822.

［15］杨刚，李梦洁，崔朝臣，郭彦君. 数字孪生：内涵、挑战及应用［J］. 软件导刊，2021，20（01）.

［16］方志刚. 复杂装备系统数字孪生：赋能基于模型的正向研发和协同创新［M］. 机械工业出版社，2020.

［17］马特. 数字孪生变革：引爆企业数字化发展［M］. 中国经济出版社，2023.

［18］高艳丽，陈才等. 数字孪生城市　虚实融合开启智慧之门［M］. 人民邮电出版社，2019.

［19］郭沙，赵勇，谷瑞翔，等. 数字孪生：数字经济的基础支撑［M］. 中国财富出版社，2021.

［20］陈根. 数字孪生　5G 时代的重要应用场景　未来实体产业的基石［M］. 电子工业出版社，2020.

［21］安世亚太.《数字孪生体技术白皮书（2019）》重磅发布［EB/OL］. http：//www. peraglobal. com/content/details11_7779. html.

［22］陆剑峰，王盛，张晨解，等. 工业互联网支持下的数字孪生车间［J］. 自动化仪表，2019，40（05）.

［23］赵浩然，刘检华，熊辉，等. 面向数字孪生车间的三维可视化实时监控方法［J］. 计算机集成制造系统，2019，25（06）.

［24］陈东莉，丁胜锋，李飒. 石油化工企业“3D 智能工厂”建设研究［J］. 信息系统工程，2014（08）.

［25］屈平，方芳. 3D 立体显示屏技术及市场［J］. 影像技术，2005（Z2）.

[26] 中国仿真学会．建模与仿真技术词典［M］．科学出版社，2018.

[27] 高学伟．数字孪生建模方法及其在热力系统优化运行中的应用研究［D］．华北电力大学（北京），2021.

[28] 中国电子技术标准化研究院软件工程与评估中心、信息物理系统建设指南（2020）［EB/OL］．http：//www. cesi. cn/202008/6748. html.

[29] 陶飞，戚庆林，等．数字孪生与信息物理系统——比较与联系［J］．工程（英文），2019，5（04）．

[30] 邱元阳．从虚拟现实到数字孪生［J］．中国信息技术教育，2022（09）．

[31] 陈韵如．VR 虚拟现实技术存在的法律和伦理问题［J］．艺术科技，2016，29（11）．

[32] 陶梅华，葛峰．虚拟现实实验室的建设与发展探讨——以南京工业大学建筑学院虚拟［C］//建筑设计信息流——2011 年全国高等学校建筑院系建筑数字技术教学研讨会论文集，2011.

[33] 刘鹏，张玉宏．人工智能［M］．高等教育出版社，2020：5.

[34] 朱嘉明．元宇宙与数字经济［M］．中译出版社，2022.

[35] 合能创越．数字孪生和元宇宙的关系［Z］．http：//zhuanlan. zhihu. com/p/449055664.

[36] 梁雪梅．元宇宙技术全景浅析［J］．通信与信息技术，2022（06）．

[37] 纪德勇．数字孪生的特征及其与元宇宙的关系［J］．机器人技术与应用，2023（02）．

第3章　数字孪生视域下的社会安全治理关键技术

本章主要围绕建模与仿真、云计算与边缘计算、大数据与人工智能、物联网、区块链以及虚拟现实技术展开论述。

3.1　建模与仿真

数字孪生在社会安全治理中的应用，可以通过建模与仿真帮助决策者更好地理解复杂的社会系统运行规律和变化趋势，为决策制定提供科学依据。通过数字孪生模型的建立和仿真实验，可以在虚拟环境中模拟实际系统的运行情况，预测不同决策方案的效果，优化资源配置，制定更有效的风险管理和应急响应策略。同时，数字孪生还可以提供更直观和可视化的仿真结果，帮助决策者更好地理解模型的输出，并做出更明智的决策。

3.1.1　数字孪生建模与仿真方法

建模与仿真方法使得决策者可以在虚拟环境中创建各种实体和场景，从而进行多种安全方案的测试和评估。数字孪生建模与仿真方法根据图 3.1 框架分别进行详细论述。

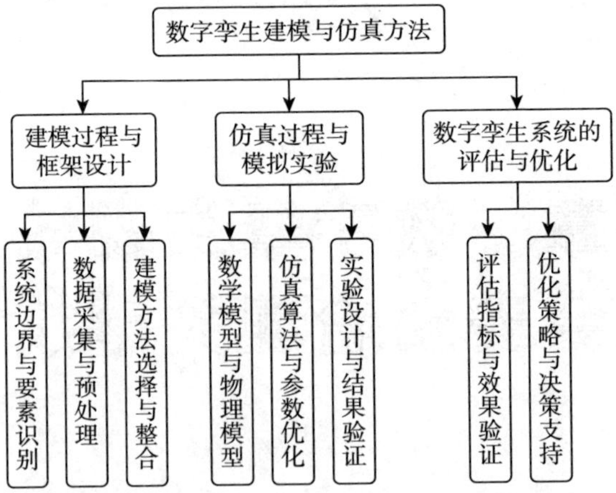

图 3.1　数字孪生建模与仿真方法框架图

3.1.1.1　建模过程与框架设计

（1）系统边界与要素识别。在数字孪生建模与仿真过程中，系统边界与要素识别决定了数字孪生系统所关注的范围和内容，进一步保证模型的准确性和适用性，在社会安全治理领域具体包括：首先，确定数字孪生系统的范围和边界：明确研究的社会安全治理领域，如突发事件应急响应、交通管理、犯罪预测等；确定数字孪生系统所涵盖的地域范围，可以是一个城市、一个社区，或者更大范围的区域；界定数字孪生系统的时间范围，可以是实时模拟，也可以是历史数据的回放仿真。其次，明确需要建模的对象和关键要素：识别社会安全治理中的物理实体，包括建筑物、道路、交通工具等，这些是数字孪生模型的基础元素；确定与社会安全治理相关的人员，包括应急响应人员、民众群体等，他们的行为和决策会影响系统的运行；识别数据流，包括传感器数据、社交媒体数据、公共服务数据等，这些数据是数字孪生系统模型的输入和反馈。最后，将多方面要素进行组织与整合：将上述识别的对象和要素进行组织与整合，形成一个完整的系统框架。建立对象间的关联和交互关系，考虑它们在社会安全治理中的相互影响。

（2）数据采集与预处理。数据采集与预处理在数字孪生建模与仿真中是至关重要的步骤。这一步骤涉及从多个来源收集数据，并对这些数据进行处理，以准备好用于数字孪生模型的输入数据。数据采集与预处理的过程如下：

数据采集，确定需要采集的数据类型，包括传感器数据、社交媒体数据、公共服务数据等，这些数据可以帮助构建全面的数字孪生模型。确定数据采集的来源，可能涉及设立传感器网络、监控系统、开放数据接口等手段，以获取实时或历史数据。

数据清洗与去噪，对采集的原始数据进行清洗和去噪，排除不必要的噪声和异常值，确保数据的准确性和可靠性。进行数据校准和纠正，使不同来源的数据能够在统一的坐标系下进行比较和分析。

数据格式转换与整合。将采集到的数据进行格式转换，以便与数字孪生模型的数据格式相匹配。整合来自不同来源的数据，将多种数据类型融合到一个统一的数据集中，方便后续的模型建立和仿真实验。

数据预处理。进行数据预处理，包括数据平滑、插值、降采样等处理，以适应数字孪生模型的输入要求。进行特征提取和选择，从原始数据中提取出有意义、相关的特征，作为模型的输入变量。

以下是对“数据标准化与归一化”和“数据质量评估”两个概念的新表述：

数据标准化与归一化。对数据进行一系列的预处理操作，标准化和归一化是其中的两个重要步骤。标准化旨在根据数据的原始分布来调整数据的尺度，从而避免因数据尺度不同而引起的问题。归一化则将数据转换到［0，1］的范围内，使得不同范围和单位的数据能够在同一尺度上进行比较和分析。

数据质量评估。在数据预处理之后，我们需要对数据进行质量评估，以检查数据的完整性和一致性。这种评估可以确保我们输入模型中的数据是可靠和有效的，从而避免模型出现错误或不良的预测结果。通过数据质量评估，我们可以对数据的分布、缺失值、异常值以及一致性进行检查，以确保数据的质量达到模型要求。

（3）建模方法选择与整合。选择适合特定问题的建模方法，并将不同的建模方法整合在一起，以构建全面、准确的数字孪生模型。

确定建模目标与问题。确定数字孪生模型的建模目标，明确希望通过模型来解决的问题，如预测交通拥堵、评估灾难影响等。分析问题的特点和复杂性，确定是否需要使用多种建模方法来全面解决问题。

选择适合的建模方法。根据问题的性质，选择合适的建模方法，如物理建模、数据驱动建模、机器学习等。物理建模适用于已知规律和规则的系统，数据驱动建模适用于大量数据可用且模型难以直接建立的问题，机器学习适用于模式识别和预测等问题。

整合多种建模方法。在某些情况下，一个单一的建模方法可能无法完全解决复杂的问题，因此需要整合多种建模方法。将不同的建模方法整合在一起，以综合考虑不同因素的影响，构建全面的数字孪生模型。

确保建模方法之间的一致性。确保整合的不同建模方法之间的输出和输入是一致的，以保证模型的连贯性和有效性。需要将数据从一个建模方法转换到另一个建模方法所需的格式，确保数据的准确传递和解释。

参数调优与模型校准。通过对整合的建模方法进行参数的调整和模型的校准，确保模型的准确性和可靠性得到提升。通过与实际观测数据进行对比，调整模型参数，使得模型更加贴合实际情况。

3.1.1.2 仿真过程与模拟实验

仿真过程与模拟实验是数字孪生建模与仿真的核心阶段，它涉及利用建立的数字孪生模型对现实系统进行仿真，以模拟实际情况并进行各种实验和场景模拟。

（1）数学模型与物理模型。

数学模型是用数学语言和方程式描述系统的运行机理和规律的模型。它通常包括一组数学方程、关系或规则，用于模拟系统的动态行为和变化。数学模型的建立基于现有的理论知识、实验数据和建模假设。通过数学模型，可以推导出系统的状态变化、相互影响、发展趋势等信息。在社会安全治理中，数学模型可以用于描述灾害传播模型、交通流模型、犯罪行为模式等。例如，使用 SEIR 模型来预测疫情传播，使用交通流模型来优化交通管理策略。

物理模型是用几何形状和物理参数描述实际系统的结构和特征的模型。它通常包括物体的几何形状、尺寸、材料特性等信息。物理模型的建立依赖于实际测量和获取的物理数据，通过物理模型，可以在数字孪生系统中建立一个与实际系统相似的虚拟模型。在社会安全治理中，物理模型可以用于建模城市道路网络、建筑物结构、交通工具等。例如，使用城市道路网络的物理模型来模拟交通流动，使用建筑物的物理模型来研究火灾逃生模拟。

数学模型提供了系统的动态规律和行为预测，物理模型提供了系统的几何和结构特征。通过将这两种模型结合起来，数字孪生系统可以在虚拟环境中模拟实际系统的运行情况，并帮助决策者更好地理解和应对不同的社会安全挑战。

（2）仿真算法与参数优化。通过仿真算法与参数优化，数字孪生模型能够更加准确地模拟实际系统的行为和变化，合理的参数优化也有助于提高模型的性能和适用性，使得数字孪生模型能够更好地应用于不同的场景和问题。

仿真算法，是指在数字孪生模型中用于模拟系统运行和演化的计算方法和技术。根据建立的数学模型和物理模型，选择合适的仿真算法来实现数字孪生模型的动态仿真。仿真算法可能涉及数值解法、随机模拟、蒙特卡洛方法等，具体选择取决于模型的复杂性和问题的特点。

参数优化，是指通过精细调整数字孪生模型中的参数，使得模型的输出结果与实际观测数据或目标函数尽可能拟合。在构建数字孪生模型的过程中，可能会面临一些未知的或难以准确确定的参数，这些参数对模型的准确性和可信度有着重要的影响。因此，通过参数优化，可以提高模型的准确性和可信度，进一步增强数字孪生模型的实用性和可靠性。

参数优化的过程可以基于各种优化算法，如遗传算法、粒子群优化、梯度下降等，这些算法可以自动地搜索最优或近似最优的参数组合。这些算法通过反复迭代和优化，寻找能够使模型输出结果与实际观测数据或目标函数尽可能接近的参数值。通过参数优化，可以更好地理解数字孪生模型的内在机制和规律，提高模型的预测能力和泛化性能。

在数字孪生模型的参数优化过程中，还需要关注一些其他因素，如模型的稳定性、鲁棒性和可解释性等。这些因素对于模型的可靠性和实用性同样至关重要。因此，需要综合考虑各种因素，选择合适的优化算法和模型结构，以实现数字孪生模型的最佳性能。

仿真算法及参数优化的流程如下：首先，选择合适的仿真算法，根据数学模型和物理模型的特点，确定能够高效准确模拟系统运行的算法。接着，根据模型的特性，确定需要优化的参数和变量。运行数字孪生模型，对模型的输出结果进行分析和评估。基于实际观测数据或预设目标，调整模型的参数，再次运行模型，并不断迭代优化，直到模型输出与实际观测或目标函数达到一致或接近。

（3）实验设计与结果验证。实验设计与结果验证可以确保数字孪生模型的可信度和有效性。具体步骤如下：

实验设计，设计多个实验场景和仿真实验，涵盖不同的条件和因素，以覆盖可能的各种情况。确定实验的输入参数和变量，包括数字孪生模型中的初始条件、决策策略和干预措施等。设置实验的观测指标和评估标准，用于衡量模型的性能和仿真结果的有效性。

实验运行，在设定好的实验场景下，运行数字孪生模型，进行仿真实验。采集实验输出的数据和结果，记录模拟系统的状态变化、性能指标和效果等。

分析与验证结果，需要我们对实验的输出数据进行探究，同时将仿真结果与实际观测数据进行比对。通过比较实验结果与预期目标，我们可以评估数字孪生模型的准确性和可信度。

优化与改进，如果实验结果与实际观测数据存在偏差或差异，根据分析结果，对数字孪生模型进行优化和改进。调整模型的参数、改进仿真算法或调整模型的输入变量，以提高模型的性能和适用性。

3.1.1.3　数字孪生系统的评估与优化

数字孪生系统的评估与优化涉及对数字孪生模型的性能、准确性和有效性进行评估，并根据评估结果进行优化，以提高模型的质量和应用效果。

（1）评估指标与效果验证。

评估指标。在数字孪生系统中，评估指标是用于衡量模型性能和仿真结果准确性的重要标准。这些指标可以包括但不限于以下几个方面：模拟误差。数字孪生模型输出结果与实际观测数据之间的差异程度。预测准确性。模型对未来事件或系统行为的预测能力。响应时间。模型对不同决策方案或干预措施的响应速度。灵敏度分析。通过改变输入参数，评估模型对系统响应的敏感性。

效果验证。将数字孪生模型的仿真结果与实际观测数据进行对比，验证模型的准确性和可信度。这包括比较模拟数据与实际观测数据之间的差异，对模型的预测能力进行验证，以及通过不同实验场景对模型的适应性进行评估。

（2）优化策略与决策支持。

优化策略。基于评估结果，优化策略旨在改进数字孪生模型的性能和准确性。优化策略可能包括以下几个方面：参数调整。调整数字孪生模型的参数，使其更好地拟合实际系统。算法改进。改进仿真算法，提高模型的计算效率和精度。数据质量提升。提高输入数据的质量和可靠性，确保模型的输入数据准确可信。

决策支持。数字孪生模型的仿真结果可以为决策者提供科学的决策支持，帮助其制定更有效的应对策略和资源配置方案。

3.1.2 数字孪生建模与仿真在社会安全治理中的应用效益

3.1.2.1 资源配置

（1）资源调配。

事件模拟与预测。通过数字孪生建模，可以模拟各种社会安全事件（如自然灾害、恐怖袭击、公共卫生事件等）的发生和传播过程。这可以帮助决策者预测事件可能的影响范围、时间和程度，为快速响应做出准备。

资源需求评估。数字孪生可以模拟事件发生后资源的需求情况，如医疗设备、救援人员、食品和水等。通过模拟不同的情景，可以评估不同资源的需求量，从而有针对性地调配资源。

资源调配方案优化。数字孪生可以模拟不同资源调配方案的效果，评估各种资源配置的成本和效益。这有助于决策者制定最佳的资源调配策略，确保资源得到高效利用。

跨部门协调。社会安全治理通常涉及多个部门和机构的合作。数字孪生建模可以促进跨部门的协调与合作，实现资源的共享和整合，提高快速响应的效果。

（2）风险评估与预警提升。

全面风险模拟。通过数字孪生建模，可以对不同类型的风险进行全面的模拟，包括自然灾害、人为事故、公共卫生事件等。这有助于评估风险的可能性和影响程度。

实时数据分析。数字孪生可以结合实时数据，进行实时的风险监测和分析。

一旦有风险迹象出现，系统可以及时发出预警，帮助决策者迅速采取行动。

风险影响评估。数字孪生可以模拟风险事件对社会、经济和环境等方面的影响。这可以帮助决策者更好地理解风险事件的全面影响，从而制定更有效的风险应对策略。

预警系统优化。基于数字孪生建模，可以优化预警系统的设计和运行。通过模拟不同预警策略的效果，可以选择最适合的预警方式，提高预警的准确性和及时性。

多层次决策支持。数字孪生可以为决策者提供多层次的风险信息和模拟结果，帮助他们做出更全面和准确的决策。从战略层面到操作层面，都可以利用数字孪生的模拟结果进行决策。

公众参与沟通。数字孪生建模可以将复杂的风险信息以可视化的方式呈现给公众，帮助公众了解和认识潜在的风险。同时，模型也可以作为与公众交流的工具，促进公众参与风险管理和决策。

3. 1. 2. 2　提升应急响应能力

（1）实战演练与预案优化。

实战演练模拟。通过数字孪生建模，可以模拟各种社会安全事件的发生和演变过程，进行实战演练。应急响应团队可以在模拟环境中进行模拟演练，熟悉各种应对流程和操作步骤，提高应急响应的效率和协调性。

多样化场景模拟。数字孪生可以模拟多种不同的事件场景，包括不同的起始条件、发展路径和影响范围。这有助于应急响应团队了解各种可能的情况，做好多样化的准备。

预案验证与优化。数字孪生可以用于验证和优化应急预案。通过模拟实际情况，可以评估预案的适用性和有效性，发现潜在问题并进行改进。

指挥决策支持。数字孪生可以作为指挥决策支持系统，为指挥官提供实时的模拟结果和数据支持。指挥官可以根据模拟结果做出决策，调整应对策略。

场景重现与分析。一旦事件发生，数字孪生可以用于重现事件发展过程，进行事后分析。这有助于总结经验教训，改进预案和应急响应流程。

（2）系统安全性与可靠性验证。

安全演练与测试。通过数字孪生建模，可以模拟各种安全漏洞和攻击场景，进行系统的安全演练和测试。这有助于发现系统中的潜在安全隐患，并采取相应的措施加以修复。

脆弱性分析。数字孪生可以用于分析系统的脆弱性，找出可能的漏洞和弱点。通过模拟攻击和渗透测试，可以评估系统的抵抗能力，提高系统的安全性。

实时监测与预警。数字孪生可以结合实时数据，进行系统的实时监测和预警。一旦发现异常或风险迹象，系统可以及时发出预警，帮助采取措施防范风险。

安全策略验证。数字孪生可以模拟不同的安全策略和措施，评估其效果和影响。这有助于优化安全策略，确保系统在不同情况下都能保持安全和可靠。

灾难恢复演练。数字孪生可以用于模拟灾难事件的发生，测试系统的灾难恢复能力。通过模拟灾难恢复过程，可以评估系统的可靠性和恢复时间。

多系统协同验证。数字孪生可以模拟多个系统之间的协同工作，测试系统之间的交互和通信。这有助于发现可能的问题和冲突，确保系统的协同性和可靠性。

故障排除与优化。一旦系统出现故障，数字孪生可以用于故障排除和问题分析。通过模拟不同故障场景，可以找出问题的根本原因，并制定解决方案。

3.1.3 数字孪生建模与仿真在社会安全治理中面临的挑战

数字孪生建模与仿真在社会安全治理中具有广阔的前景，但同时也面临一系列挑战，主要体现在数据隐私与安全问题、技术复杂性与成熟度和多领域合作与协调难题三个方面。

3.1.3.1 数据隐私与安全问题

随着数字孪生的广泛应用，大量敏感数据被用于建模和仿真，这些数据可能包含个人身份信息、位置信息、健康数据、交通轨迹等。因此，保护这些数据的隐私和安全成为一项迫切的任务。

数据泄露。数字孪生建模与仿真涉及大规模数据的采集、存储和处理，如果数据管理不当，可能导致数据泄露的风险。一旦敏感数据被泄露，将对个人隐私造成严重威胁，并可能被恶意利用。

数据共享。在社会安全治理中，不同部门和机构之间需要共享数据，以实现更好的决策和应对。然而，数据共享过程中存在数据滥用、访问权限不当等问题，需要确保数据共享的安全性和合法性。

匿名化风险。在数据处理过程中，为了保护隐私，可能会对数据进行匿名化处理。然而，匿名化并不能完全消除数据泄露的风险，通过数据关联和推断，仍有可能还原出原始数据的身份信息。

外部攻击。数字孪生系统的建模与仿真涉及大量的计算资源和数据存储，这使得系统成为黑客攻击的目标。未经授权的访问和恶意攻击可能导致数据泄露和系统瘫痪。

数据使用限制。在数字孪生建模与仿真中，数据可能被用于其他目的，超出了最初的预期。因此，需要建立合理的数据使用限制和授权机制，确保数据只用于合法和合规的目的。

解决数据隐私与安全问题需要综合运用技术、法律和管理手段。一些可能的解决方案包括：

引入数据加密技术，确保数据在传输和存储过程中得到加密保护，防止未经授权的访问。使用差分隐私技术，对数据进行噪声添加，保护个体的隐私信息，同时仍然保持数据的统计特性。制定严格的数据使用政策和权限管理规则，确保数据仅在合法授权范围内使用。加强数据使用审计，监测数据使用过程中是否存在违规行为，及时发现和处理数据安全问题。鼓励跨部门和机构间建立数据共享的安全合作机制，确保数据共享过程中隐私保护的合规性。

3.1.3.2　技术复杂性与成熟度

（1）技术复杂性。

建模方法。数字孪生需要选择合适的建模方法，例如物理模型、统计模型、机器学习模型等。在社会安全治理中，往往需要对多个复杂系统进行建模，这要求建模方法能够适应不同场景和领域，考虑到多种因素的交互影响。

数据采集。数字孪生建模需要大量的实时和历史数据支持。然而，不同数据源的数据格式和质量不一致，数据采集过程涉及数据清洗、转换和整合等技术难题。

算法选择。在数字孪生建模与仿真过程中，选择适合的算法是至关重要的。不同的算法会对模型的性能和效果产生不同影响，需要在实践中不断优化和选择合适的算法。

模型验证。验证数字孪生模型的准确性和可靠性是一个挑战。在社会安全治理中，模型的预测能力和鲁棒性需要得到验证，同时还需要确保模型输出结果的可靠性和可解释性。

（2）技术成熟度。

验证与确认。数字孪生的成熟度需要经过充分的验证与确认过程。对模型的仿真结果进行多样性的验证，与实际观测数据进行对比，确认模型在各种情况下都能产生可靠的结果。

应用案例。技术成熟度还体现在数字孪生的实际应用案例中。越多的成功案例越能够证明技术的可行性和有效性，增加数字孪生的可信度和接受度。

开放性和标准化。数字孪生的成熟度还涉及其开放性和标准化程度。一个成熟的技术应该是开放的，能够与其他系统和平台进行集成，同时遵循一定的标准和规范。

面对技术复杂性与成熟度的挑战，可以采取以下措施推动数字孪生建模与仿真技术的发展：

跨学科合作。将计算机科学、工程技术、数学建模等学科知识融合在一起，形成跨学科合作团队，共同解决复杂问题。

数据共享与合作。加强数据共享与合作，通过整合多领域的数据资源，提高模型的准确性和可靠性。

实践应用。在实际应用中不断完善数字孪生，通过实践验证数字孪生的有效性和可行性。

开放标准。促进数字孪生的开放标准化，推动不同系统之间的互操作性，以实现技术的广泛应用和推广。

3.1.3.3 多领域合作与协调难题

多领域合作与协调是数字孪生建模与仿真在社会安全治理中面临的重要难题。社会安全治理是一项综合性的系统工程，涉及多个领域和部门，如公安、交通、卫生、环保等。数字孪生建模与仿真需要整合各个领域的数据和知识，以形成全面、综合的模型，用于支持决策和应对方案。然而，由于各个领域的工作方式、数据格式、政策规范等存在差异，多领域合作与协调存在一系列难题:

数据共享和数据集成难题。不同领域的数据通常由不同的部门和机构收集和管理，数据格式和标准不一致。数据共享和数据集成是一个复杂的过程，需要协调各个部门和机构，确保数据的一致性和完整性。

隐私保护与信息共享。在多领域合作中，涉及大量的敏感数据，如个人隐私信息、企业商业机密等。如何在保护数据隐私的前提下实现信息共享是一个挑战。

业务流程整合。不同领域的业务流程可能存在差异，如不同部门的决策流程、应急响应流程等。如何将这些业务流程整合到数字孪生建模与仿真中，需要进行梳理和优化，以确保协同工作的高效性和协调性。

技术与专业知识交叉。数字孪生建模与仿真需要涵盖多个领域的技术和专业知识。如何促进跨领域的技术交流和知识共享，提高各领域专业人员对数字孪生技术的理解和应用，也是一个挑战。

为解决多领域合作与协调难题，可以采取以下措施:

政府可以制定政策和法规，以激励各领域之间的数据共享和合作，为跨部门协作提供支持和保障。此外，建立数字孪生建模与仿真的跨部门合作机制也是非常必要的，以确保不同部门之间的协调和合作顺利进行，促进信息共享和协调工作。

数据标准化。推动各领域数据的标准化，确保数据的一致性和可集成性，降低数据共享和集成的难度。

人才培养。培养跨领域的复合型人才，具备数字孪生建模与仿真的知识和技能，能够协调多领域合作和协作工作。

3.2　云计算与边缘计算

随着信息技术的迅速发展和普及，数字孪生时代已然到来，为社会安全治理带来了前所未有的机遇与挑战。在这个数字化、智能化的时代，社会安全的维护和治理变得更加复杂和紧迫。云计算和边缘计算作为两个重要的计算模型，为社会安全治理提供了强大的技术支持。它们不仅在数据处理和分析方面具有独特的优势，还在实时监测、资源优化和决策支持等领域发挥着关键作用。

云计算作为一种集中式计算模型，通过强大的计算和存储能力，能够对海量数据进行深度分析、模式挖掘和预测，为社会安全治理提供了智能化的支持。而边缘计算则将数据处理推向数据源的附近，实现了实时监测和快速响应，为社会安全事件的预警和处理提供了重要手段。两者的融合应用，不仅能够提升数据处理效率和准确性，还能够在资源利用、数据隐私等方面发挥协同优势，为社会安全治理带来革命性的变革。

本节内容将深入探讨云计算与边缘计算在数字孪生时代下的社会安全治理关键技术，着重分析其在数据采集、处理、预警、响应等方面的应用案例，并探讨其未来发展趋势与前景。通过深入研究这两种计算模型的协同应用，旨在为社会安全治理提供更全面、高效的解决方案，应对日益复杂的安全挑战。

3.2.1　云计算

云计算是一种基于网络的计算模式，通过将计算资源、存储资源和服务进行虚拟化、集中管理和动态分配，为用户提供按需、灵活、可扩展的计算资源和服务。云计算关键技术框架如图 3.2 所示。

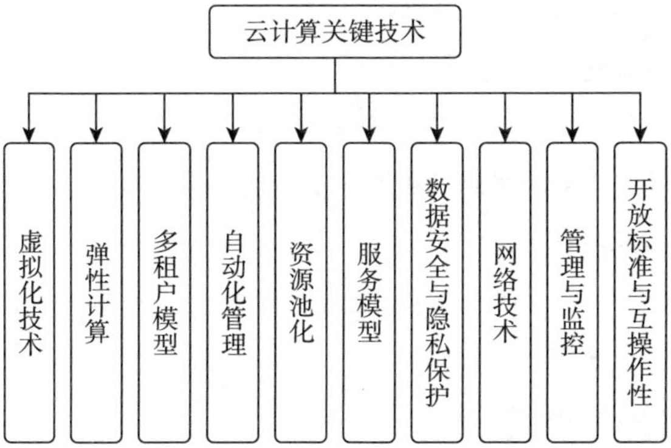

图 3.2　云计算关键技术框架图

3.2.1.1 虚拟化技术

虚拟化技术是一种关键的云计算技术，能够将实体资源（如服务器、存储设备和网络）转化为虚拟资源，使多个虚拟环境能够在同一台物理设备上同时运行。常见的技术包括服务器虚拟化、存储虚拟化和网络虚拟化。

3.2.1.2 弹性计算

弹性计算是云计算的重要特性，它允许用户根据需要随时调整计算资源的规模，实现资源的动态分配和释放。这种灵活性使用户能够应对变化的工作负载，避免资源浪费。

3.2.1.3 多租户模型

云计算采用多租户模型，即多个用户可以共享同一组物理资源，但彼此之间的数据和应用程序是隔离的。这种模型通过有效地利用资源，提高了资源的利用率和经济效益。

3.2.1.4 自动化管理

云计算平台具备自动化管理能力，包括资源的自动配置、部署、监控和扩展。通过自动化，可以降低管理工作的复杂性，提高运维效率。

3.2.1.5 资源池化

云计算平台将计算和存储资源集中管理，形成资源池，用户可以按需从资源池中获取所需资源。这种资源共享的模式提高了资源的可用性和利用率。

3.2.1.6 服务模型

云计算提供了多种服务模型，其中包括基础设施即服务（IaaS）、平台即服务（PaaS）和软件即服务（SaaS）。用户可以根据自己的需求选择适合自己的服务模式，无须深入了解底层基础设施的细节。

3.2.1.7 数据安全与隐私保护

数据安全与隐私保护在云计算中至关重要，关键技术包括数据加密、访问控制、身份认证和审计，以确保用户数据得到有效保护。

3.2.1.8 网络技术

云计算依赖于高速、稳定的网络连接。网络技术包括负载均衡、虚拟专用网络（VPN）、软件定义网络（SDN）等，用于确保数据传输的高效性和安全性。

3.2.1.9 管理与监控

云计算平台需要强大的管理和监控工具，用于实时监测资源使用情况、性能状况和故障情况，以便及时做出响应和优化。

3.2.1.10　开放标准与互操作性

开放标准与互操作性是实现云计算生态系统互联互通的关键技术。它们帮助不同云平台之间进行集成和数据流动，提高了用户的灵活性和可选择性，同时也促进了云计算生态系统的竞争与合作，为整个生态系统的繁荣和发展提供了有力的支持。

3.2.2　云计算对社会安全治理的支持与促进作用

云计算作为一种高效、灵活的计算模式，在社会安全治理方面发挥着重要的支持与促进作用。它为社会安全治理提供了强大的技术支持，提升了治理效率和水平。

3.2.2.1　数据存储与共享

云计算提供了大规模的数据存储能力，使得不同部门和机构能够共享数据，促进信息的整合与交流。社会安全治理需要多个领域的数据支持，云计算能够实现数据的安全存储和高效共享。

3.2.2.2　大数据分析与挖掘

社会安全涉及海量的数据，如犯罪数据、监控数据等。云计算可以利用大数据分析技术，挖掘数据中的有价值信息，发现潜在的犯罪模式和趋势，从而为治理决策提供科学支持。

3.2.2.3　实时监测与预警

云计算能够进行实时数据分析，帮助建立实时监测与预警系统。在社会安全领域，云计算可以分析实时的监控数据和传感器数据，识别异常情况并发出及时预警，提高治理反应的速度和精确度。

3.2.2.4　资源弹性调配

社会安全治理的工作负载可能会波动，需要灵活调配计算和存储资源。云计算的弹性特性使得可以根据需要增减资源，提高资源利用率，同时降低成本。

3.2.2.5　跨部门协作与信息共享

社会安全治理需要多个部门的协作，云计算提供了跨部门协作和信息共享的平台。不同部门可以共享数据、协同作战，加强社会安全的整体效能。

3.2.2.6　跨地域协同

云计算使得信息可以在跨地域范围内共享和协同处理。这在跨地域安全事件的处理和应对中尤为重要，可以实现不同地区间的资源共享和信息传递。

3.2.2.7 系统集成与管理

云计算提供了集成与管理多个系统的能力，可以整合不同部门和机构的信息系统，实现数据流通和业务协同，提高治理效率。

3.2.2.8 防御与应急响应

在网络安全领域，云计算可以提供强大的网络防御与应急响应能力，对抗各种网络威胁和攻击。通过云计算平台，可以更迅速地识别威胁，采取相应的防护措施。

3.2.2.9 创新应用推动

云计算为社会安全治理提供了创新的技术基础，支持新型应用的开发与推广。通过整合人工智能、大数据等技术，可以实现更智能、高效的治理模式。

3.2.3 边缘计算

边缘计算（Edge Computing）是一种分布式计算模型，其核心理念是将计算和数据处理能力推向数据源的边缘，即尽可能靠近数据产生的地方进行处理。这种模型有助于减少数据传输延迟，提高处理的实时性，并能够应对大规模数据处理的需求。边缘计算强调在离数据源更近的地方进行计算，而不是将所有计算任务发送到中央数据中心进行处理。边缘计算的特点如图 3.3 所示。

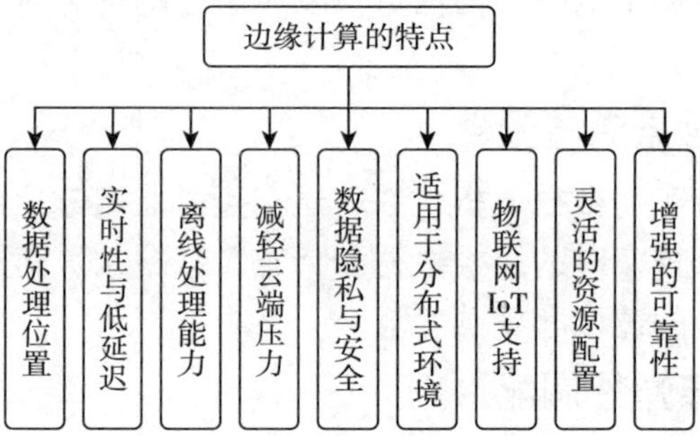

图 3.3 边缘计算的特点框架图

3.2.3.1 数据处理位置

边缘计算的核心思想是将计算任务推送到数据源的附近进行，而不是将数据传输到远程的中央服务器或云端进行处理。这种方式可以减少数据传输的延迟，从而提高实时性。

3.2.3.2 实时性与低延迟

由于数据在边缘设备附近进行处理，边缘计算能够实现更低的数据传输延迟，从而满足对实时性要求较高的应用，如工业自动化、物联网等。

3.2.3.3　离线处理能力

边缘计算不仅强调实时性，还可以进行离线数据处理。边缘设备可以在断网或网络不稳定的情况下，仍能进行数据处理和分析，保障了系统的稳定性。

3.2.3.4　减轻云端压力

边缘计算能够在数据源附近处理部分计算任务，减轻了云端服务器的负担，降低了网络拥堵和带宽消耗。

3.2.3.5　数据隐私与安全

由于数据在本地进行处理，边缘计算可以更好地保护数据隐私与安全。敏感数据不需要传输到云端，降低了数据泄露的风险。

3.2.3.6　适用于分布式环境

边缘计算适用于分布式环境，这意味着可以在不同地理位置的边缘设备上执行计算任务，如在智能家居、智能制造、智慧城市等领域中。在这些应用场景中，数据通常产生于设备或传感器中，而这些设备或传感器通常分布在不同的地理位置上。

3.2.3.7　物联网（IoT）支持

边缘计算在物联网领域中扮演着至关重要的角色。由于物联网设备产生了大量的数据，这些数据需要在设备附近进行实时处理和决策，以提升整个物联网系统的效率。通过将计算任务推向物联网设备的边缘，边缘计算能够满足这一需求，对数据进行实时处理，并将结果反馈给设备，从而实现更高效的系统操作。

3.2.3.8　灵活的资源配置

边缘计算允许在不同边缘设备上进行资源配置和分配，根据实际需求进行灵活调整，以适应不同应用的要求。

3.2.3.9　增强的可靠性

在边缘计算中，不同边缘设备可以相互协作，即使某个设备出现故障，整个系统仍然可以保持部分功能，提高了系统的可靠性。

3.2.4　边缘计算对社会安全治理的优势与挑战

3.2.4.1　优势

边缘计算具备强大的大数据处理能力，能够在数据源附近进行部分数据处理和分析，从而满足社会安全领域对大规模数据处理的需求。通过将数据处理推向数据源附近，减少了数据传输的延迟，从而能够实现更高的实时性。这对于社会安全事件的监测和响应至关重要，因为能够快速地获取并处理相关信息，及时作出响应和决策，保障社会的安全和稳定。

3.2.4.2 挑战

资源限制。边缘设备通常具有有限的计算和存储资源，处理大规模数据和复杂计算任务可能会受到限制，影响处理效率和能力。

数据一致性。边缘设备分布在不同地方，数据在不同设备间传输和处理可能导致数据一致性的问题，需要进行有效的数据同步和管理。

安全风险。边缘设备通常位于不受严格监控的环境中，容易受到物理攻击、恶意软件等威胁，需要加强设备的安全保护措施。

协调与管理。边缘设备的数量庞大，如何有效地进行协调、管理和维护，确保系统的稳定和可靠性是一个挑战。

网络连接稳定性。边缘设备依赖网络连接进行数据传输和通信，不稳定的网络连接可能影响数据传输和处理的质量。

应用复杂性。在实现边缘计算应用时，需要考虑设备的异构性、应用的分布性等因素，增加了应用的复杂性和开发难度。

3.2.5 边缘计算在社会安全数据采集与处理中的具体应用

3.2.5.1 智能城市监控系统

在城市监控系统中，各种传感器和摄像头产生大量实时监控数据。通过边缘计算，可以在监控设备附近进行数据预处理和分析，实现实时的人脸识别、行为分析等功能。边缘计算可以减轻数据传输到中心服务器的负载，提高监控数据的实时性和准确性。

3.2.5.2 交通安全管理

边缘计算可用于交通安全管理中的实时数据采集与处理。交通监控摄像头和传感器可以将数据直接传输到附近的边缘设备，实时分析交通流量、违规行为等信息。基于边缘计算的智能交通系统能够更快速地响应交通事故和拥堵情况。

3.2.5.3 环境监测与预警

社会安全还涉及环境监测，如空气质量、水质监测等。边缘计算可以将传感器数据发送到边缘设备进行实时处理和分析，预警环境污染、自然灾害等风险，有助于提高环境安全。

3.2.5.4 防灾减灾

在灾难发生时，边缘计算可以用于提供实时的灾害信息、资源分配等决策支持。通过在受灾地区部署边缘设备，可以快速收集和分析灾害数据，辅助救援和决策机构进行应急响应。

3.2.5.5　公共安全监测

边缘计算在公共安全监测中也有应用。例如，通过在校园或社区部署边缘设备，可以实时监测异常行为、突发事件等，提供更快速的预警和应对措施。

3.2.5.6　社会事件监测

边缘计算可以用于社会事件监测，如社交媒体上的言论、情感分析等。通过在边缘设备上进行文本分析，可以及时掌握社会舆情，提前预警可能的社会事件。

3.2.5.7　物联网安全

物联网设备通常分布在各个地方，边缘计算可以用于监测和保护物联网设备的安全。通过边缘计算，可以实时检测设备的异常行为，防止恶意攻击和入侵。

3.2.6　云计算与边缘计算的融合模式与应用场景

云计算和边缘计算作为两种不同的计算模型，可以在一定程度上进行融合，以发挥各自的优势并满足不同应用场景的需求。融合云计算和边缘计算可以提供更灵活、高效的计算和数据处理方案，为社会安全治理提供更强大的支持。云计算与边缘计算的融合模式与架构如图3.4所示。

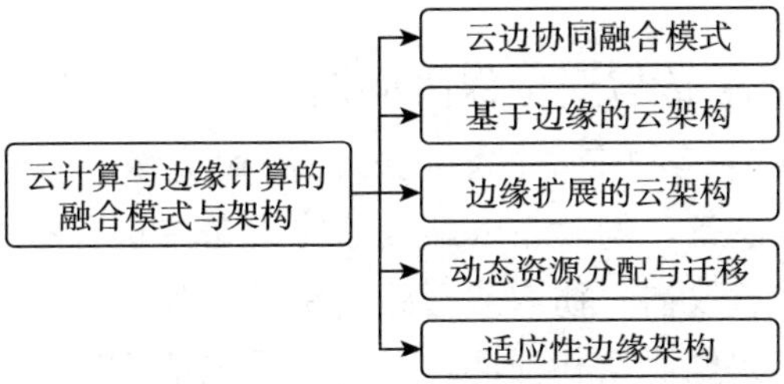

图3.4　云计算与边缘计算的融合模式与架构图

3.2.6.1　云边协同融合模式

在这种模式下，云计算和边缘计算相互协作，共同处理任务。边缘设备可以通过将部分数据传输到云端进行深度分析和长期存储，同时也在边缘设备上实时进行数据预处理和初步分析，以减轻云端的计算负担。这种模式适用于那些对数据实时性要求不高，但需要进行复杂计算和深度分析的应用环境。

3.2.6.2　基于边缘的云架构

这种架构借鉴了云计算的特点，将边缘设备组织成类似云数据中心的形态，构建起一个更大规模的边缘计算网络。边缘设备之间可以共享资源，协同处理任务，同时也可以与云端进行数据交换和协作。这种架构适用于需要在边缘设备之间共享资源和协同工作的场景。

3.2.6.3　边缘扩展的云架构

这种架构将云计算扩展到边缘设备，实现了云计算的基础设施在边缘的部署。边缘设备不仅可以进行实时数据处理，还可以作为云计算的一部分，承担部分计算任务，从而提高整体计算效率。这种架构适用于需要将云计算能力推向边缘设备的应用场景。

3.2.6.4　动态资源分配与迁移

这种模式下，根据任务的特性和需求，动态地将计算任务分配到云端或边缘设备上。任务可能根据实时性、计算复杂性等因素，在云端和边缘之间进行迁移，以获得最佳的计算性能和资源利用率。

3.2.6.5　适应性边缘架构

该架构根据不同的应用场景和需求，灵活地调整云计算和边缘计算的比例和协作方式。对于实时性要求高的任务，重点使用边缘计算，而对于复杂的分析任务，倾向于云计算。这种架构在适应各种场景需求的同时，最大限度地发挥两者的优势。

3.2.7　云计算和边缘计算在社会安全治理中面临的问题

3.2.7.1　数据隐私与安全保障问题

(1) 数据传输和存储的安全性。在云计算和边缘计算中，数据需要通过网络传输到云端或边缘设备，同时在云端或边缘设备中进行存储。数据在传输和存储过程中可能受到恶意攻击、窃取或篡改的威胁。如何确保数据在传输和存储过程中的安全性，防止数据泄露和损坏，是一个重要的问题。

(2) 身份验证和访问控制。云计算和边缘计算涉及多个参与者，包括设备、应用程序和用户。如何确保只有合法授权的用户和设备能够访问数据和资源，防止未经授权的访问和操作，是一个关键的隐私和安全问题。

(3) 数据隐私和匿名性。在社会安全治理中，涉及大量的个人和敏感数据，如人脸识别、位置信息等。如何保护这些个人隐私数据，防止被滥用或泄露，同时确保数据的匿名性，是一个复杂的问题。

(4) 安全审计和监控。对于社会安全治理系统，需要实时监控数据的使用和操作情况，以及检测可能的异常行为。如何建立有效的安全审计机制，及时发现和应对安全威胁，是确保系统安全的重要手段。

(5) 法律法规和合规性。不同地区和国家有不同的数据隐私法规和法律要求，社会安全治理需要遵守相关法律法规并确保数据处理的合规性。如何在不同法律环境下保障数据隐私和安全，是一个具有挑战性的问题。

（6）数据共享和协同治理。社会安全治理通常需要多个部门、机构甚至国家之间的数据共享与协同。如何在数据共享的过程中保障隐私和安全，同时确保数据的完整性和可信度，是一个需要解决的问题。

应对策略：采用强大的加密技术在数据传输和存储过程中保障数据的机密性，即使数据被窃取，也难以被解密。同时，强化用户身份验证和访问控制机制，确保只有经过授权的用户和设备才能够访问数据和系统。在处理个人隐私数据时，采用数据脱敏和匿名化技术，保护个人隐私信息。建立完善的安全审计和监控系统，及时发现和应对安全事件，保障系统的安全性。遵守相关的数据隐私法规和法律要求，制定合适的数据处理政策和流程，确保数据处理的合规性。不断推进数据隐私和安全技术的创新研发，应对新的安全威胁和挑战。

3.2.7.2　技术标准与规范的制定与协调问题

在社会安全治理中，涉及大量的个人数据，如人脸识别、位置信息等。如何在数据采集、传输、处理过程中保护个人隐私，确保个人权利不被侵犯，是一个重要的伦理和法律法规问题。云计算和边缘计算在数据处理和分析过程中会受人工智能算法的影响，可能导致偏见和歧视问题。如何确保算法的公正性和中立性，避免歧视性结果的产生，需要考虑伦理和法律法规的约束。如何确保算法的透明性，以及提供解释算法决策的机制，是一个需要考虑的伦理问题。同时，云计算与边缘计算涉及多个参与者，如设备制造商、数据处理机构等。在出现问题时，如何界定责任，追溯数据流动和操作过程，涉及法律法规和伦理的问题。社会安全治理涉及公共利益，如何确保技术的应用是公平的，符合社会的整体利益，是一个需要考虑的伦理问题。同时，如何平衡个人权利和公共利益，也是一个需要考虑的法律法规问题。在一些情况下，社会安全治理需要与国家安全进行权衡。如何在确保国家安全的前提下，保障个人隐私和权利，需要权衡伦理和法律法规的要求。随着技术的发展，现有的法律法规可能滞后于技术的应用。如何及时修订和制定适用的法律法规，以适应数字孪生时代下的社会安全治理需求，是一个重要的法律问题。

3.3　大数据与人工智能

在数字孪生时代的浪潮下，信息技术的迅速发展给这个时代带来了无限的机遇，同时也伴随着新的挑战和威胁，尤其是社会安全治理领域面临着前所未有的复杂性和严峻性。社会安全治理的成功与否，直接关系到人民的安全感和社会的稳定。为了有效应对日益复杂多变的社会安全挑战，需要在技术创新的引领下，充分发挥大数据与人工智能的威力，构建智能化的社会安全治理体系。

本节聚焦作为社会安全治理关键技术的大数据与人工智能，旨在探讨大数据和人工智能在社会安全治理中的应用和关键技术，以期为构建更安全、稳定、智能的社会提供有益的思考和启示。

3.3.1 大数据在社会安全治理中的应用

大数据在社会安全治理中的应用框架如图 3.5 所示。

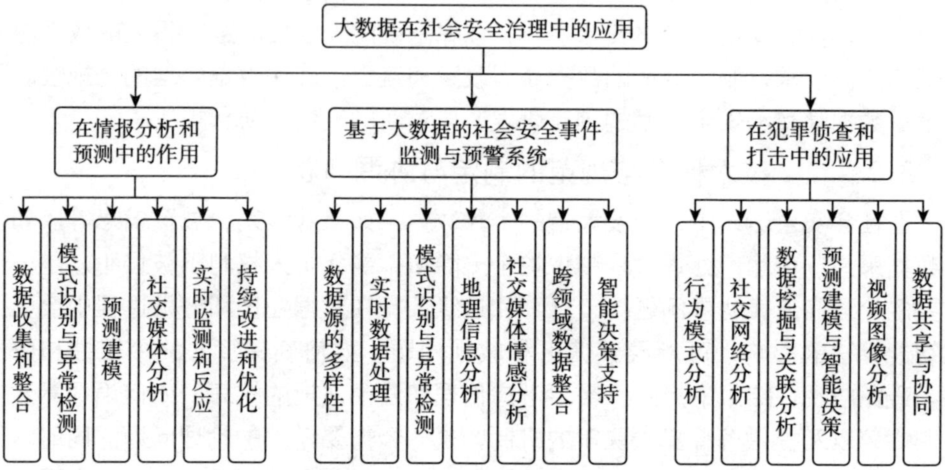

图 3.5　大数据在社会安全治理中的应用框架图

3.3.1.1 大数据在情报分析和预测中的作用

情报分析在预测和防范潜在安全威胁中扮演关键角色。随着数字孪生时代的到来，大数据技术为情报分析提供了更强大的支持。

数据收集和整合。大数据技术使得从多个来源收集和整合数据变得更加容易，包括社交媒体、传感器网络、公共数据库等。这些数据来源提供了丰富的信息，可用于分析和预测潜在的安全风险。

模式识别与异常检测。大数据分析能够发现隐藏在海量数据中的模式和异常。在情报分析中，这些模式可能与恐怖袭击、犯罪活动或其他威胁相关。通过识别这些模式，安全机构能更早地采取行动。

预测建模。大数据技术使得建立预测模型更加准确。通过分析历史数据和实时信息，可以建立模型来预测潜在的安全事件，如社会动荡、自然灾害等。这有助于提前制定应对策略。

社交媒体分析。社交媒体平台是人们表达意见和情感的重要渠道。大数据分析可以监测社交媒体上的舆论和情感，从中获得有关社会安全事件的洞察。这有助于及早发现可能的问题并采取措施。

实时监测和反应。大数据技术使得监测社会安全事件的实时性更高。通过分析实时数据流，当出现异常情况时，可以迅速发出警报并采取行动，以防范潜在威胁。

持续改进和优化。大数据分析不仅在预测和防范上发挥作用，还有助于持续改进社会安全治理策略。通过分析历史数据和实时反馈，政府和安全机构可以优化其决策和应对策略。

3.3.1.2　基于大数据的社会安全事件监测与预警系统

及早发现和及时应对社会安全事件对于保障公众安全至关重要。基于大数据的社会安全事件监测与预警系统可以帮助实现快速响应和风险控制。

数据源的多样性。大数据技术允许整合多种数据源，包括传感器数据、社交媒体信息、新闻报道等。这些数据源提供了广泛的信息，有助于构建全面的社会安全事件监测系统。

实时数据处理。大数据分析技术能够实时处理海量数据，从中提取有关社会安全事件的信息。这使得监测系统能够迅速捕捉事件并作出响应。

模式识别与异常检测。通过对历史数据进行分析，大数据系统能够识别出正常模式和异常模式。当出现异常情况时，系统可以发出警报，帮助相关机构迅速采取行动。

地理信息分析。大数据技术可以将事件与地理位置相关联，从而帮助了解事件的空间分布和传播趋势。这有助于精确预测事件可能发生的地点和范围。

社交媒体情感分析。社交媒体平台是人们表达意见和情感的主要渠道。大数据系统可以分析社交媒体上的舆论和情感，帮助判断事件的严重程度和可能影响。

跨领域数据整合。大数据技术可以整合来自不同领域的数据，如气象数据、人口统计数据等。这有助于更全面地评估社会安全事件的风险和影响。

智能决策支持。基于大数据的预警系统可以为政府和安全机构提供智能决策支持。通过分析多维数据，系统可以提供有针对性的建议和方案。

3.3.1.3　大数据在犯罪侦查和打击中的应用

犯罪活动在数字孪生时代呈现出更为复杂和隐蔽的特点，因此需要更高效和智能的手段来侦查和打击犯罪行为。大数据技术为犯罪侦查和打击提供了新的可能性。

行为模式分析。大数据分析可以识别犯罪分子的行为模式，如犯罪时间、地点、手段等。通过对历史数据的挖掘，可以预测潜在的犯罪发生地点和时间，从而指导警方的巡逻和侦查工作。

社交网络分析。犯罪分子通常在社交网络中活动，大数据分析可以帮助揭示不同犯罪分子之间的关联和联系。通过分析通信记录、社交媒体信息等，可以识别潜在的犯罪网络。

数据挖掘与关联分析。通过大数据分析，可以从大量数据中发掘出有价值的资讯，如犯罪模式、嫌疑人活动轨迹等。通过关联分析，可以发现不同案件之间的联系，帮助警方更好地理解犯罪行为的本质。

预测建模与智能决策。大数据分析可以建立预测模型，用于预测犯罪趋势和潜在风险。这些模型可以为警方提供智能决策支持，帮助他们制定更有效的打击犯罪策略。

视频图像分析。监控摄像头和视频数据在城市中广泛部署，大数据技术可以对这些视频图像进行分析，识别可疑人物和活动。

数据共享与协同。大数据技术可以促进不同执法部门之间的数据共享和协同。这有助于提高犯罪侦查的效率，避免信息孤岛。

3.3.2 人工智能在社会安全治理中的应用

人工智能在社会安全治理中的应用框架如图 3.6 所示。

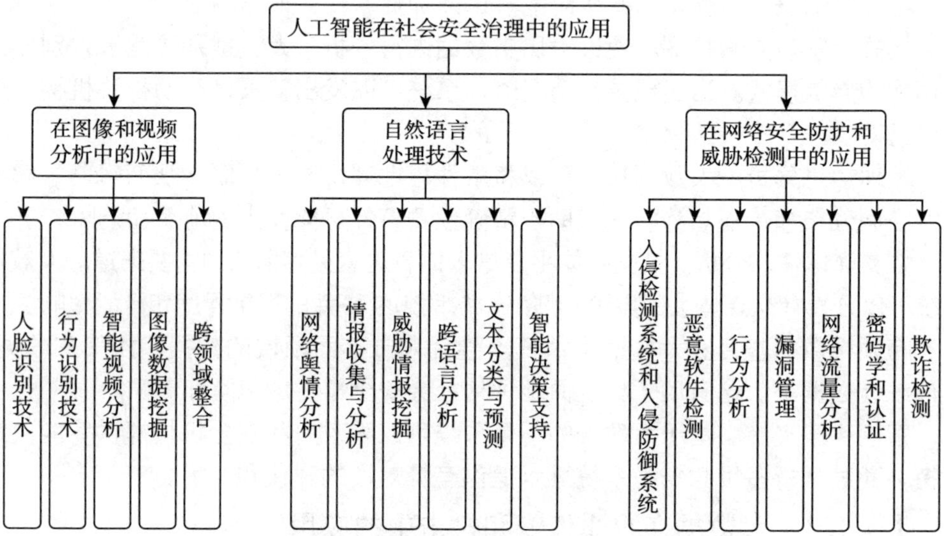

图 3.6　人工智能在社会安全治理中的应用框架图

3.3.2.1 人工智能在图像和视频分析中的应用

随着数字孪生时代的到来，人工智能在图像和视频分析领域发挥了重要作用，为社会安全治理提供了新的可能性。

人脸识别技术。该技术可以通过分析监控视频或照片中的面部特征，匹配目标人物的身份信息。这种技术可以帮助警方快速追查犯罪嫌疑人的行踪，甚至可以识别出犯罪嫌疑人的社交关系和行为模式。

行为识别技术。该技术可以通过分析视频或音频中的行为特征，识别出异常行为或犯罪行为。这种技术可以用于预警系统、监控系统以及犯罪调查等方面，帮助警方发现可疑行为并迅速采取行动。

智能视频分析。人工智能能够对大规模视频数据进行实时分析，提取有价值的信息。例如，交通监控可以利用智能视频分析技术识别交通违规行为、拥堵情况等，有助于优化城市交通管理。

图像数据挖掘。大数据与人工智能相结合，可以从图像和视频数据中挖掘出隐藏的信息。例如，通过分析社交媒体上的图片，可以了解公众对某一事件的情感和态度，有助于舆情分析和社会稳定维护。

跨领域整合。人工智能在图像和视频分析中的应用可以与其他领域的数据整合，如地理信息、人口统计等。这有助于更全面地评估安全事件的影响和趋势。

虽然人工智能给图像和视频分析带来了诸多益处，但也引发了伦理和隐私问题。例如，人脸识别可能侵犯个人隐私，需要平衡安全治理和个人权利。

3.3.2.2　自然语言处理技术

在社会安全治理中，需要对大量文本信息进行挖掘和分析，以了解公众意见、预测事件趋势、发现潜在威胁等。自然语言处理技术可以帮助处理这些文本信息，从中提取有价值的内容，为社会安全治理提供重要的支持和参考。

网络舆情分析。自然语言处理技术可以通过分析社交媒体、新闻报道、论坛帖子等文本数据，了解公众对特定事件的情感和态度。这有助于预测社会情绪波动，及时应对舆论压力。

情报收集与分析。自然语言处理技术可以从海量文本中提取关键信息，用于情报分析和预测。通过分析新闻报道、情报文件等，可以获得关于恐怖主义、犯罪活动等的线索。

威胁情报挖掘。自然语言处理技术可以挖掘潜在的威胁情报，如恐怖主义组织的招募信息、犯罪团伙的活动计划等。这有助于及早发现和打击潜在威胁。

跨语言分析。社会安全问题往往涉及多语言文本，自然语言处理技术可以进行跨语言分析，从不同语言的文本中提取有用信息。

文本分类与预测。自然语言处理技术可以对文本进行分类，识别出与社会安全相关的信息。例如，可以识别出犯罪嫌疑人的交流信息，帮助警方进行打击。

智能决策支持。自然语言处理技术可以为决策者提供智能决策支持，通过分析文本信息，提供有关社会安全问题的建议和方案。

3.3.2.3　人工智能在网络安全防护和威胁检测中的应用

人工智能可以分析大量的网络流量、日志和事件数据，识别出潜在的威胁、异常行为或恶意活动。基于机器学习和深度学习的算法可以自动识别新型的攻击，而无须明确的特征描述。这有助于及早发现并应对威胁，从而增强网络的安全性。

入侵检测系统（IDS）和入侵防御系统（IPS）。人工智能可以用于开发智能化的 IDS 和 IPS，这些系统可以监控网络流量和设备活动，实时识别可能的入侵行为，并采取相应的措施，如阻止攻击流量或发出警报。

恶意软件检测。人工智能可以通过分析文件、代码和应用程序，检测恶意软件、病毒、木马和其他恶意代码，帮助防止它们进入系统。

行为分析。人工智能可以监控用户和设备的行为，建立基准行为模型，并检测异常行为，如未经授权的访问、数据泄露或不寻常的数据传输，以便快速采取行动。

漏洞管理。人工智能可以帮助自动化漏洞扫描和分析，发现系统和应用程序中的潜在漏洞，从而有助于及早修补漏洞以防范攻击。

网络流量分析。人工智能可以分析网络流量模式，识别 DDoS 攻击、僵尸网络和其他网络威胁，以及识别异常的数据传输行为。

密码学和认证。人工智能可以用于开发更安全的身份验证和访问控制方法，包括多因素认证和生物识别技术。

欺诈检测。在金融领域，人工智能可以分析交易模式和用户行为，识别信用卡欺诈、金融欺诈等活动。

3.3.3 大数据与人工智能在社会安全治理中的融合应用

灾害响应与减灾。大数据与人工智能融合技术可以建立城市、区域或国家的物理和社会系统模型，模拟自然灾害（如地震、洪水、飓风）发生时的情况。这有助于预测灾害影响、人员疏散路径、资源分配等，为灾害响应和减灾工作提供指导。

城市规划与设计。利用大数据与人工智能融合技术，城市规划者可以创建城市的数字副本，模拟不同规划方案对城市基础设施、交通流量、环境等的影响。这有助于优化城市布局、改善交通流动性，提升城市的可持续性和宜居性。

交通管理与优化。大数据与人工智能融合技术可以模拟城市交通网络，预测交通拥堵、交通事故等情况，从而指导交通管理部门制定有效的交通流量调控和道路规划策略。

社会安全事件响应。大数据与人工智能融合技术可以模拟恐怖袭击、突发事件等社会安全事件的发生与扩散，帮助应急机构制定应对计划、资源分配策略，提前准备应对措施。

环境保护与污染控制。大数据与人工智能融合技术可以建立环境系统模型，预测不同污染源对环境的影响，优化排放控制和资源利用，促进可持续发展。

社会网络与行为分析。大数据与人工智能融合技术可以模拟社会网络，分析人群行为和社会互动，从而预测社会动态、趋势和可能的社会安全问题。

医疗应急与卫生规划：在流行病暴发或卫生事件中，数字孪生技术可以模拟疾病传播、资源需求等，帮助卫生部门做出合理决策，优化医疗资源分配。

3.3.4　大数据和人工智能在社会安全治理中的创新应用前景

智能预测和预警系统。利用大数据分析和人工智能算法，可以开发智能预测和预警系统，实时监测社会动态、事件演变和潜在威胁。这些系统可以提前识别危险迹象，帮助决策者采取及时行动。

恐怖主义和犯罪分析。大数据和人工智能技术可以整合多个数据源，包括社交媒体、通信数据、人员流动数据等，用于分析恐怖主义、犯罪行为和极端主义活动的模式和趋势。这有助于更准确地预测潜在的威胁，并采取适当的反恐措施。

网络安全和威胁检测。大数据分析可以帮助识别网络攻击、异常行为和恶意活动。结合人工智能技术，可以开发自适应的安全系统，实时监测网络流量，检测潜在的威胁并进行自动化响应。

卫生安全和疫情控制。大数据分析可以用于监测传染病的传播，预测疫情暴发趋势，并指导公共卫生决策。人工智能技术可以用于分析医疗图像和数据，辅助医疗诊断和治疗。

应急响应和救援。大数据和人工智能可以用于优化应急资源的分配和调度，如在自然灾害、事故或紧急情况下，实时分析数据以指导救援行动。

舆情分析和社会稳定。大数据分析可以监测社会舆论和情感，帮助政府和组织了解公众意见和社会动态，从而更好地维护社会稳定。

智能城市和交通管理。大数据和人工智能可以用于城市交通流量管理、停车指导、公共交通规划等方面，提升城市安全和可持续性。

个体安全和个性化保护。基于个人数据的大数据分析和人工智能技术，可以为个人提供定制化的安全建议和服务，提升个体安全感。

社会合作和共享安全。大数据和人工智能可以促进跨部门、跨界面的合作，共享安全数据和信息，增强社会安全的整体效能。

3.4　物联网

“物联网”（Internet of Things）是将各种信息传感设备，如 RFID 装置、红外感应器、全球定位系统、激光扫描器等，与互联网结合形成的一个巨大网络。目的是使所有物品都与网络连接，以便系统可以实时自动地对物体进行识别、定位、追踪和监控，并触发相应事件。

国际电信联盟（ITU）在2005年发布了《ITU互联网报告2005：物联网》，报告预测了即将到来的无所不在的“物联网”通信时代，届时世界上所有的物体，从汽车轮胎到牙膏，从大房子到小纸盒，都可以通过网络进行互换。射频识别技术（RFID）、纳米技术、传感器技术、智能嵌入式技术将被更广泛地应用。

3.4.1 物联网体系结构

物联网（IoT），是指物品之间的互联，智能化的物品使得不同类别的实体能够充分发挥其各自的能力，相互协作以满足不同领域的应用需求，从而真正实现万物互联。物联网的发展将从特定产品或服务的解决需求概念，扩展到大规模市场中需求的再生应用。

物联网技术的发展已经深入人们生活、工业、城市建设等各个方面，其体系结构作为物联网产业生态链的核心环节，对物联网的发展具有重要影响。尽管随着技术的不断创新和应用需求的不断提升，物联网体系中也不断融入了各种新技术，但在全球范围内，物联网规范的体系结构尚未统一制定。目前，从技术架构上普遍认可的是如图3.7所示的感知层、网络层和应用层的三层架构。感知层的主要任务是负责采集、转换和收集与对象及其相关的信息。网络层主要负责完成信息的传递和处理。应用层则通过对大量感知数据和信息进行分析和控制，实现智能化的决策和控制（开放系统专委会，2016）。

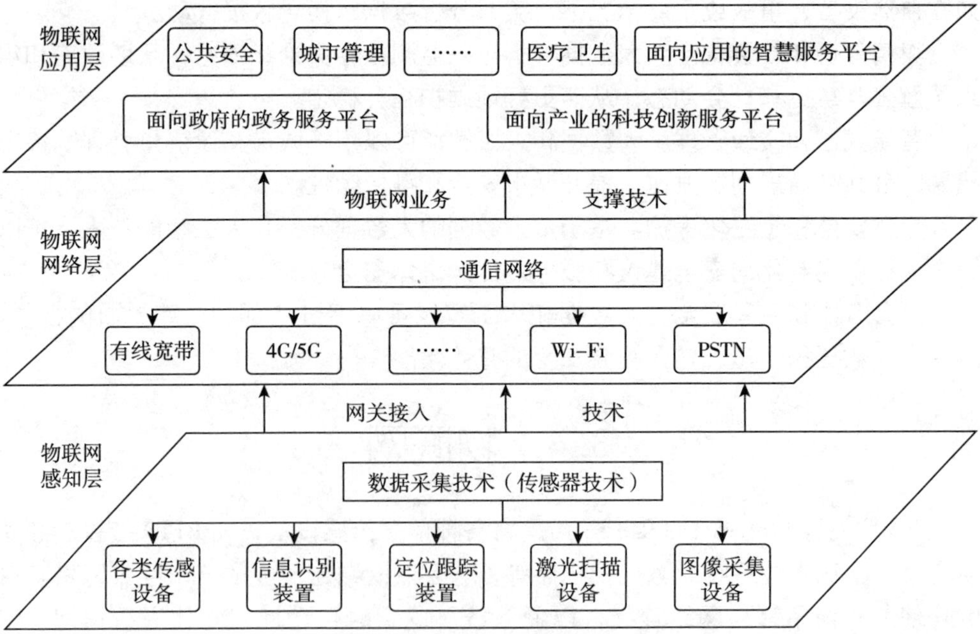

图3.7 物联网的三层架构

3.4.2　物联网关键技术

3.4.2.1　RFID

RFID（Radio Frequency Identification，射频识别）是一种利用无线射频信号进行自动识别和获得有关信息的一种无接触自动识别方法，该方法无须人为干预，适用于多种极端条件。无线射频识别系统能够快速地对移动中的目标进行识别，一次对多个标签进行识别，从而实现了快速、便捷的目标识别。无线射频识别技术与互联网、通信等技术的融合，可以在世界各地进行货物的追踪和信息共享。

RFID 电子标签是一种将天线、集成电路封装在塑胶基板上的一种新型被动式电子卡；大容量的数据存储，无线被动，体积小，重量轻，寿命长，防水，防磁，安全防伪。

RFID 的技术标准主要是由 ISO 和 IEC 制定的。目前可供射频卡使用的几种射频技术标准有 ISO/IEC 10536、ISO/IEC 14443、ISO/IEC 15693 和 ISO/IEC 18000。应用最多的是 ISO/IEC 14443 和 ISO/IEC 15693，这两个标准都由物理特性、射频功率和信号接口、初始化和反碰撞以及传输协议 4 部分组成。

射频识别技术主要包括 3 个方面：

标签。包括连接组件与晶片，每一个晶片都有一个独特的电子码，贴于物件以识别物件。

阅读器。一种能读出（有时候也能写）标记信息的装置，它可以是手持的也可以是固定的。

天线。在标签与阅读器之间传送无线电波。目前，射频识别系统面临的问题和难点主要有：避免冲突的 RFID 系统；射频识别天线的研究；选择操作频率；关于安全性和私密性的问题。

3.4.2.2　传感器技术

传感器作为机械感知外界的“感觉器官”，能够感知到热、力、光、电、声、位移等多种信号，并为其处理、传递、分析、反馈等提供了最基本的信息，具有重要的现实意义。随着科学技术的进步，传统传感器逐渐向小型化、智能化、信息化和网络化方向发展，正处于由“传统”到“智能传感器”到“嵌入式”的演进。

无线传感器网络（WSN）以其低成本、小型化、低功耗、组网方式灵活、易于部署、适用于移动目标等优点而备受关注。物联网是通过分布于每一个角落、每一件物品上的各种传感器及其构成的无线传感器网络，实现对物理世界的全面感知。

传感器网络中的节点主要包括：感知单元（包括传感器、ADC 等）、处理单元（包括CPU、存储器、嵌入式操作系统等）、通信单元（包括无线通信模块）和电源。另外，还可以选用其他的功能部件，如定位系统、移动系统、独立供电系统等。在传感器网络中，节点可以在被感知的物体周围进行大规模的部署，如飞行器散布或人为布局。

首先，智能化传感器网络节点研究将传感器网络节点视为一个微型化的嵌入式系统，构建了支持无线传感器网络的基础层平台。在感知物质世界及其变化过程中，需要检测的对象众多，如温度、压力、湿度、应变等。微型化和低功耗对于传感器网络的应用具有重大意义，因此研究采用了MEMS加工技术，并结合新材料的研究，设计了符合未来要求的微型传感器。其次，需要研究智能传感器网络节点的设计理论，以使其能够识别和配接多种敏感元件，并适用于主被动各种检测方法。再次，各节点必须具备足够的抗干扰能力和适应恶劣环境的能力，并能够符合应用场合和尺寸的要求。最后，研究利用传感器网络节点具有的局域信号处理功能，在传感器节点附近局部完成许多信号信息处理工作，从而将原来的中央处理器实现的串行处理、集中决策的系统转变为并行的分布式信息处理系统。

传感器网络组织结构和底层协议的研究涉及网络体系结构的构建和协议的集合。网络体系结构是对网络及其组件应完成功能的定义和描述。无线传感器网络的网络体系结构与传统的计算机网络和通信网络有所不同。有的学者提出，无线传感器网络体系结构由分层的网络通信协议、传感器网络管理和应用支撑技术三部分组成。

分层的网络通信协议与TCP/IP架构相似，是一种支援感测器间通信的架构。在无线传感器网络中，无线传感器网络的管理是一个重要的研究课题。同时，为满足不同的应用需求，提供了相应的应用支撑技术。在实际工程中，传感网是由大量的传感节点构成的，当节点失效后，其拓扑可能会改变。所以，必须充分考虑网络的自组织和可扩充性。在一些特定的环境中，为了保证高效的探测速度，需要保证节点具有较高的能耗。

作为整个物联网的基础，也是信息的源头，传感器自身的完整性以及工作效率等指标都是非常重要的。在此基础上，通过实时监控传感器网络的工作状态和信号传递通畅度，研究基于硬件的节点与器件的故障诊断方法，实现对无线传感器网络的有效调控。

新型传感网络不仅存在着信息泄露、信息篡改、回放攻击、拒绝服务等问题，而且还存在着被攻击者操控，获得感知节点的全部信息，进而实现对整个网络的局部威胁的控制等风险。因此，有必要采取其他技术手段，以提升传感网的安全性。比如，在通信之前对节点和节点进行鉴别；设计新型的密钥协商机制，使得在少数节点被操控时，攻击者无法或者难以根据已获得的节点信息推断出其他节点的关键信息；对发送的信息进行加密，以解决窃听的问题；确保网络中的感知信息仅能被信任的实体存取，隐私保护问题得到保障；为了缓解网络阻塞，可采用基于跳频与扩展频谱的方法。

3.4.3　物联网在社会安全治理中的应用

3.4.3.1　智能监控系统建设与优化

在监控点布局与优化方面，基于物联网技术，通过先进的智能分析算法，能够实现对监控点布局的全面优化。这种优化不仅提高了监控效果的覆盖率，还显著提升了监控效率。物联网监控系统的跨设备、跨场景集成应用，使得监控不再局限于某一特定场所或时间点，而是实现了全方位、全天候的智能监控效果。

监控视频质量是确保监控系统有效性的关键因素。通过采用高清摄像头和图像识别技术，可以大幅提高监控视频的质量。高清摄像头能够捕捉到更为清晰的画面，而图像识别技术则能确保监控画面的准确性，从而为后续的安全管理提供有力支持。

智能化识别与预警功能在智能监控系统中发挥着至关重要的作用。通过物联网技术，系统能够实现人脸识别、车辆识别等多种智能化识别功能。一旦识别到异常情况，系统便会立即触发预警机制，从而大幅提高安全事件的发现和处置效率。这种智能化的监控方式，不仅提高了安全管理的效率，还降低了人力成本。

3.4.3.2　物联网技术在预测预警中的应用

随着物联网技术的快速发展，数据采集的广度和深度得到了前所未有的提升，通过海量数据的采集、分析和挖掘，可以实现对潜在安全风险的精准预测和有效防范。

在数据采集与整合阶段，物联网技术发挥着至关重要的作用。通过部署在各类设备上的传感器，可以实时收集到大量的运行数据、环境数据以及用户行为数据。这些数据通常具有多样性、实时性和海量性的特点，需要借助数据分析技术进行整合和清洗，以消除数据中的冗余和噪声，提高数据质量。这一步骤是大数据分析的前提和基础，直接影响到后续分析结果的准确性和可靠性。

在物联网技术的推动下，社会安全治理领域正经历着前所未有的变革。表 3.1 展示了智能前端设备在物联网技术应用中的创新实践。视频接入网关和安全联网设备能够支持多路视频的接入与并发推送，为实时监控和迅速响应提供了技术支撑。边缘存储网关则进一步增强了视频数据的存储与管理能力，确保了数据的完整性和安全性。智能视频监控摄像机和无人机通过视频流和图片流的同步输出，以及快速定位受灾区域等功能，为应急响应和灾害管理提供了有力支持。智能水文监测设备则实时监测河流水位、流量等参数，为防洪减灾提供了重要数据。这些智能前端设备的应用，不仅提高了社会安全治理的效率和准确性，还促进了资源的合理配置和利用。因此，有必要继续深化物联网技术在社会安全治理领域的应用，加强设备间的互联互通，构建更加完善的智能安全管理体系。同时，注重技术创新和人才培养，不断提升物联网技术的应用水平和创新能力，为社会安全治理提供更加有力的技术保障。

表 3.1 城市生态安全监测预警技术及其作用

技术应用	作用
卫星遥感影像等技术	促进多源数据集成、加工、传输和存储
智能算法	模拟分析和状态感知多种生态过程
预测预警应用	预测常规风险未来发生的概率、持续时间等

表 3.2 智能前端设备介绍

设备名称	功能特征
视频接入网关	支持多路视频接入、多路视频并发推送等
安全联网设备	支持多路视频接入、多路视频并发推送等
边缘存储网关	支持多路视频接入及输出等
智能视频监控摄像机	视频流/图片流同步输出等
无人机	快速定位受灾区域等
智能水文监测设备	实时监测河流水位、流量等参数

3.4.3.3 物联网技术在应急救援领域的实践

物联网技术在应急救援领域的应用，正逐渐展现出其强大的潜力和价值。通过物联网技术的融入，应急救援工作实现了智能化、高效化，极大地提升了救援效率和效果。

在灾害预警方面，物联网技术发挥着至关重要的作用。通过在灾害现场部署各种传感器，实时监测温度、湿度、气压等关键数据，物联网系统能够及时发现潜在灾害风险，并准确发出预警信息。这不仅为救援人员争取了宝贵的提前准备时间，还极大地降低了灾害造成的损失。例如，在地震预警系统中，物联网技术能够实时监测地壳运动数据，一旦发现异常，便立即发出预警，为民众争取到宝贵的逃生时间。

在应急救援指挥方面，物联网技术的应用同样不可或缺。通过物联网技术，救援指挥中心能够实时掌握救援现场的各种信息，包括人员分布、物资储备等。这使得指挥人员能够迅速做出决策，合理调度资源，确保救援工作的顺利进行。物联网技术还能实现远程指挥和监控，使指挥人员能够随时了解救援进度和现场情况，及时调整救援策略。

在应急救援设备管理方面，物联网技术也发挥着重要作用。通过物联网技术，救援设备能够实现远程监控和维护，确保设备的正常运转。这不仅提高了设备的利用率和可靠性，还降低了维护成本。同时，物联网技术还能实现设备的智能化管理，使设备能够根据实际需求自动调整工作状态，提高救援效率。

3.5　区块链

区块链，由一个一个的区块连接起来，每个区块包含特定的资讯，并依其生成的时序而形成一条链。该链贯穿于所有的服务器，整条区块链，只要其中一个还在运行，就不会受到威胁。这类服务器就是“节点”，它为整个区块链的运行提供了巨大的储存空间与运算能力。

区块链上的数据要经过多个节点的一致同意才能对其进行修改，但由于该协议中的节点多为多个主体，很难对其进行篡改。与传统互联网相比，区块链最大的特征是数据不易被篡改和去中心化。因此，区块链所记载的资料，具有更高的可信度。

区块链技术始于 2008 年，中本聪在《比特币：一种点对点电子现金系统》一文中提出，至今还没有得到业界认可的区块链定义。广义上说，区块链是指将不同的数据块按一定的时序连接在一起，形成一定的数据结构，具有不可篡改、不可伪造的非中心化的账本，可以在系统内部进行安全的存储。区块链是一种新型的分布式体系结构和分布式计算模式，它采用基于加密链的区块结构对数据进行认证和存储，采用分布式节点一致性算法对数据进行产生与更新，并使用自动脚本代码对数据进行编程与操纵。

3.5.1　区块链的基础模型

区块链的基础架构模型如图 3.8 所示。从总体上讲，区块链的体系结构包括：数据层、网络层、共识层、激励层、合约层、应用层。其中，数据层对底层数据块进行封装，并对相应的数据进行加密、时间标记；网络层包含分布式组网、数据分发、数据校验等功能；共识层主要对各种一致性算法进行封装；激励层在区块链技术中整合了经济学元素，包括经济激励的发放、分配等方面的内容；合约层主要对各种脚本、算法以及智能合约进行封装，为区块链的可编程性提供了依据；应用层对不同的区块链应用场景进行了封装。其中，链式区块链结构基于时间标记的链段组结构、分布式节点一致性机制、基于一致性计算的经济性激励机制以及柔性可编程的智能合约是其最有代表性的创新。

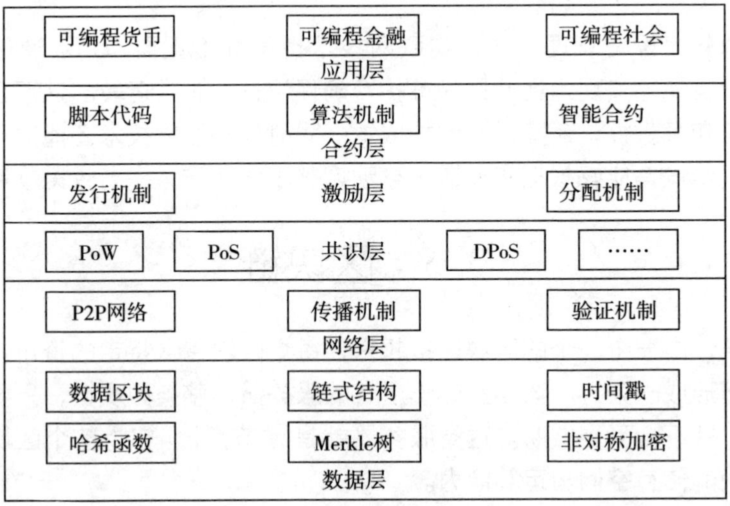

图 3.8　区块链六层架构模型

3.5.2　区块链的特点

区块链具有以下四个特点：匿名性、不可篡改、可追踪性、去中心化。

匿名性。在区块链中，当用户在使用区块链的时候，向外界展示了一个与其本人没有任何关联的虚拟地址（身份），而且它所做的一切都是透明的。比如，在比特币中，人们使用了一个匿名的公开密钥，公开密钥是不唯一性的。

不可篡改。不可篡改是指在区块链上所储存的所有交易资讯，无论在区块产生时或之后，均无法被篡改。区块链中的资料是由包含贸易资讯及指针的区块有序联结所构成，而区块内的指标则会指向上一区块，而在这种链式架构下，所有的记录都不能被修改。比特币也证明了，即便黑客再厉害，也不可能随心所欲地修改比特币网络上的数据，比如凭空创造价值，比如窃取从来不属于自己的东西。

可追踪性。透过资料储存架构与链形结构，区块链能追踪它的源头。区块链是一种分布的资料库，记载着所有的交易资讯，因此能够轻易地追踪到资产的变动与交易行为，这便是区块链的可追踪性。

去中心化。区块链的去中心化意味着没有中央组织，所有的节点都是点对点。比特币就是为了避免让使用者把整个金融体系的命运，都寄托在像银行这样的中央机构身上。以太坊的创建者 Vitalik Buterin 相信，区块链的分散应该从体系结构、治理和逻辑三方面进行描述。

区块链的匿名性和我们以往对它的认识是不一样的，它是一种虚构的东西，每个人都拥有一个与他本人没有任何关系的虚拟身份。然而，分布式网络的特点是数据的公开和透明，使其对网络上的所有人都是透明的，从而产生了隐私泄露问题。

3.5.3　区块链的分类

区块链的一个特点是去中心化，按照其中心化的不同，可以分为三类：公共链、联盟链和私有链。这三类区块链具有以下几个共性：均采用分布式对等网络来实现交易；均依靠一致性算法对网络事务进行同步；均需要在上链之前进行数字签名。

公共链，是一种对所有人开放的区块链，包括读取数据、启动事务、竞争记账等。每个人都可以通过加密技术和内部动机来参与协商一致进程，从而保护区块链的安全性。公共链具有数据完全公开、完全分散、依赖密码等三大特性。公共链主要包括比特币、以太币、Qtum、EOS、TrueChain 等。

联盟链，是一种由多个单元构成的区块链，其中每一单元又包含一个或多个节点，只有在该体系内不同的单元之间才能读取、写入、传送，才能将业务数据记录下来。联盟链中的预选节点是一群中的某一个或几个节点，它是一切联系的基础，也是唯一一个能参加决策的节点。以以太坊联盟为代表的公开开放源码项目有：Hyperledger、R3 区块链联盟、中国分布式账本基础协议联盟、EAA 等。

私有链，是一种由某一单位或部门所控制的区块链，通常会对节点的存取权限、控制权限、读取权限、写入权限进行限制。在实践中，私有链被广泛地用于内部审核。当前，以私有链为基础的应用程序主要有 Linux 系统、R3CEV Corda 等。

3.5.4　智能合约

智能合同的概念于 1994 年首次被学者尼克·萨博（Nick Szabo）所提出，它是一组以数字形式定义的承诺，包含了参与者在合同中履行自己所承担的义务，其目的在于通过在实体中嵌入智能合约，生成多种具有灵活性和可控性的智慧财产。由于计算方法的滞后以及缺乏适用场景，智能合约一直没有得到学术界的重视。

区块链技术的出现重新定义了智能合约。智能合约作为区块链的核心要素，是一种基于事件驱动的、具备状态的计算机程序，在可复制的共享区块链数据账本上运行。它能够主动或被动地处理数据，接收、存储和传输价值，并具备控制和管理各类链上智能资产的能力。

智能合约是一种内置程序化合约，它能够与各种区块链数据、交易以及有形或无形资产进行融合，从而形成可编程控制的软件定义的系统、市场和资产。通过智能合约，不仅可以为传统金融资产的发行、交易、创建和管理提供创新解决方案，还能在社会系统中的资产管理、合同管理和监管执法等方面发挥重要作用。

具体而言，智能合约是一组情景应对型的程序化规则和逻辑，它是部署在区块链上的去中心化、可信共享的程序代码。智能合约具备区块链数据的通用特征，如分布式记录、存储和验证，以及不可篡改和伪造等属性。参与签署合约的各方通过达成一致，确定合约内容、违约条件、违约责任和外部核查数据源。在必要时，合约代码将被检查和测试，以确保其准确无误，然后以智能合约的形式部署在区块链上，从而实现自动化的合约执行，无须依赖任何中心机构。智能合约具备可编程的特性，使得签署方能够增加任意复杂的条款。

智能合约的运作机理如图 3.9 所示。通常来说，智能合约在经过各方签署后，会以程序代码的形式附加在区块链数据上。这些智能合约会通过 P2P 网络进行传播并由节点进行验证，然后被记录在区块链的特定区块中。智能合约封装了预定义的若干状态及转换规则、触发合约执行的情景（如到达特定时间或发生特定事件等)，以及在特定情景下应采取的应对行动。区块链可以实时监控智能合约的状态，并在核查外部数据源、确认满足特定触发条件后激活并执行合约。

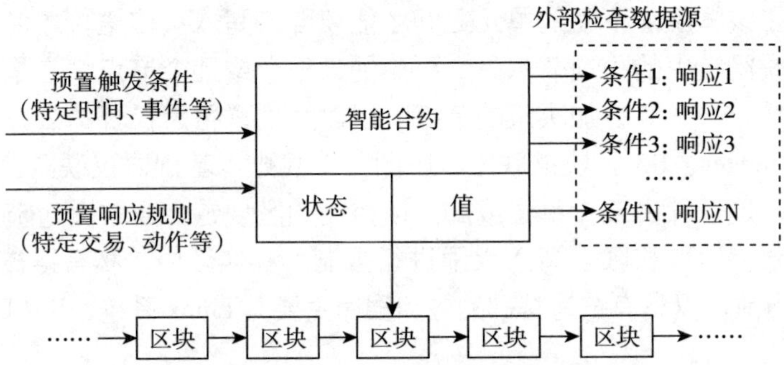

图 3.9　智能合约的运作机理

区块链和智能合约具有极为广泛的应用场景。例如，在互联网金融领域，股权众筹和 P2P 网络借贷等商业模式可以通过区块链和智能合约来实现。在传统方式中，这些交易是通过股权众筹或 P2P 借贷的交易所或网络平台作为中心机构来完成的，包括资金募集、管理和投资。然而，在实际操作过程中，这种方式容易出现因中心机构信用缺失而导致的资金风险。通过智能合约，这些功能可以被封装在去中心化、可信的区块链上并自动执行。区块链可以记录每一笔融资，当成功达到特定的融资额度时，它可以计算每个投资人的股权份额，或者在一段时间内未达到融资额度时，自动将资金退还给投资人。另外，通过将房屋和车辆等实体资产进行非对称加密，并嵌入含有特定访问控制规则的智能合约后部署在区块链上，使用者只需符合特定的访问权限或执行特定操作（如付款）后即可使用这些资产。这能够有效地解决房屋或车辆租赁商业模式中资产交接和使用许可方面的痛点。

3.5.5　区块链在社会安全治理中的应用

3.5.5.1　区块链助力打击违法犯罪行为

（1）区块链在证据收集与保全中的作用。区块链技术作为一种去中心化、不可篡改和可追溯的分布式账本技术，近年来在证据收集与保全领域展现出了巨大的潜力。随着信息化社会的不断发展，电子数据成为诉讼中的重要证据形式。然而，电子数据的真实性和完整性常常受到质疑，这给证据的收集与保全带来了诸多挑战。区块链技术的应用，为这些问题提供了新的解决方案。

区块链技术通过其不可篡改的特性和时间戳功能，确保证据文件的真实性。一旦数据被记录在区块链上，除非控制网络中超过 51%的节点，否则几乎无法对其进行更改或删除。这种特性使得区块链上的证据具有极高的可信度，有效防止了证据的篡改或伪造。同时，区块链技术还提供了时间戳功能，可以准确地记录数据的生成和修改时间，为证据的时效性提供了有力保障。

利用区块链技术，证据文件可以在多方之间安全传输。区块链的去中心化特性使得数据不依赖于单一的存储中心，从而降低了数据被攻击或篡改的风险。区块链技术还采用了先进的加密算法，确保数据在传输过程中的保密性和完整性。这种安全传输机制为证据的收集与保全提供了可靠的保障。

区块链上的证据文件可以方便地进行存储和保全。与传统的纸质证据或电子证据相比，区块链上的证据具有更高的存储效率和便捷性。通过区块链技术，可以将大量的证据文件存储在分布式的节点上，实现数据的去重和压缩，从而节省存储空间。同时，区块链技术还提供了随时随地的查询和验证功能，使得相关人员可以方便地获取和验证证据的真实性。这种便利的存储和保全机制降低了证据丢失的风险，提高了证据的可利用性，如表 3.3 所示。

表 3.3　区块链在证据收集与保全中的应用

案例名称	描述
江西远程法律服务“乡乡通”平台	集远程功能于一体，让乡村群众享受集约高效法律服务
最高人民法院统一司法区块链平台	解决高可靠数据验证、高敏感操作监管等问题，提升审判执行效能

续表

案例名称	描述
可信司法电子证据存证及快速取证体系	基于区块链对电子证据存证，支持取证、存证、交换全流程

(2) 区块链在犯罪资金追踪与反洗钱中的应用。随着金融科技的飞速发展，区块链技术在犯罪资金追踪与反洗钱领域的应用日益凸显其重要性。作为一种分布式账本技术，区块链以其不可篡改、透明度高和可追溯性强的特点，为反洗钱工作提供了全新的视角和手段。

资金流动追踪方面，区块链技术为犯罪资金的追踪提供了前所未有的精确性。每一笔交易都被记录在区块链上，形成一个完整且不可篡改的资金流动轨迹。这使得调查人员能够迅速锁定犯罪资金的转移路径，进而揭示隐藏资产的位置。通过区块链技术，反洗钱机构可以实现对犯罪资金的实时追踪，大大缩短了追踪时间，提高了追缴效率。

洗钱风险识别方面，基于区块链数据的分析，反洗钱机构能够更有效地识别潜在洗钱风险。区块链上的交易数据具有高度的透明性，使得异常资金活动无所遁形。通过对交易数据的深入分析，反洗钱机构可以及时发现和打击洗钱犯罪，从而维护金融市场的稳定和秩序。

跨部门协作机制方面，区块链技术为建立高效、协同的反洗钱工作机制提供了可能。通过区块链技术，不同部门之间可以实现信息的实时共享和协同作战。这不仅提高了反洗钱工作的效率，还增强了各部门之间的信任和合作，为打击洗钱犯罪提供了有力保障，如表 3.4 所示。

表 3.4　区块链在犯罪资金追踪与反洗钱中的应用

案例类型	描述
利用虚拟资产交易洗钱	通过虚拟资产交易转移、转换犯罪所得及其收益，被认定为洗钱犯罪行为
跨境洗钱	洗钱团伙利用个人投资者收购 USDT（泰达币）进行跨境资金清洗

(3) 区块链在智能合约与法律法规执行中的结合。区块链技术作为一种新兴的技术手段，正在逐步改变传统合约与法律法规的执行方式。通过将区块链技术与智能合约以及法律法规相结合，可以实现更高效、更透明的执行过程，进而提升司法效率，为法治社会的建设提供有力支持。

智能合约的执行监管是区块链技术与智能合约结合的重要应用之一。传统合约的执行过程中，往往存在监管不力、执行困难等问题。而通过区块链技术，可以对智能合约的执行过程进行严格的监管，确保合同双方按照约定履行义务。这种监管方式不仅提高了合同的执行力，还降低了违约风险，为合同双方提供了更加安全、可靠的交易环境。

法律法规的数字化部署是区块链技术在法律法规执行中的另一个重要应用。通过将法律法规以智能合约的形式部署在区块链上，可以实现法律法规的数字化和智能化。这种数字化部署方式不仅方便了法律法规的查询和执行，还提高了法律法规的透明度和公信力。同时，智能合约的自动化执行特性也可以减少人为干预，降低执行成本，提高执行效率。

区块链技术还可以提高司法效率。传统司法过程中，案件处理时间长、成本高，给当事人带来诸多不便。而通过区块链技术，可以加快案件处理速度，降低司法成本。例如，通过区块链技术实现电子证据的存储和验证，可以大大提高证据的可靠性和可信度，从而加快案件的审理进程。同时，区块链技术的去中心化特性也可以降低司法腐败的风险，为司法公正提供有力支持。

3.5.5.2　区块链在社会安全应急响应中的应用

（1）区块链在灾害预警与信息传播中的应用。区块链技术的去中心化、数据不可篡改、透明公开等特性，使得其在灾害预警与信息传播中具有广泛的应用前景。

在灾害预警系统方面，区块链技术可以构建安全、可靠的预警系统。通过智能合约的设定，区块链系统能够自动触发预警机制，确保预警信息能够准确、及时地传达给相关人员。这种机制不仅提高了预警信息的传递效率，还降低了因信息传递延误或失真而导致的灾害损失。例如，在地震预警系统中，当监测到地震活动时，智能合约可以自动触发预警，向相关地区发送地震预警信息，从而保护人民生命财产安全。

在信息传播优化方面，区块链技术能够优化灾害信息的传播效率。区块链的分布式存储特性使得信息可以迅速扩散至各个节点，实现信息的实时共享。这种传播方式不仅提高了信息的传播速度，还确保了信息在传输过程中不被篡改或丢失。在灾害发生时，及时、准确的信息传播对于减少灾害损失具有重要意义。区块链技术可以为灾害信息传播提供一个可靠的平台，确保信息的真实性和准确性。

在跨部门信息共享方面，区块链技术可以实现不同部门之间的灾害信息共享与协同。区块链上的数据公开透明，可确保信息的准确性和一致性。通过区块链技术，各部门可以实时获取灾害信息，提高跨部门合作的效率。这种信息共享方式有助于各部门更好地协同应对灾害，提高灾害应对的效率和效果。

（2）应急物资管理与调配的区块链解决方案。在应对突发事件的过程中，应急物资的管理与调配是至关重要的环节。区块链技术为应急物资的管理与调配提供了新的解决方案。

物资追溯与监管是应急物资管理的重要环节。传统的物资管理方式往往存在信息不透明、追溯困难等问题，难以确保物资的来源、流通和去向全程可追溯。而区块链技术通过其独特的去中心化和不可篡改特性，为应急物资的追溯与监管提供了有力的技术支持。区块链上的记录可以实时反映物资的状态和位置，使得管理人员能够随时随地查看物资的情况，从而提高物资管理的效率。区块链技术的可追溯性也使得在出现问题时能够迅速找到问题的根源，为应急物资的监管提供有力的保障。

物资调配优化是应急物资管理的另一个关键环节。在突发事件发生时，如何快速、准确地调配物资成为一项紧迫的任务。区块链技术通过智能合约的设定，可以实现应急物资的优化配置和高效调配。智能合约是一种自动执行的合约，当满足一定条件时，合约会自动触发并执行预设的操作。通过智能合约，可以实现应急物资的自动调配，减少人为干预，提高调配的效率和准确性。区块链技术的去中心化特性也使得物资调配过程更加透明和公正，避免了因信息不对称而导致的调配不公问题。

（3）跨部门协同与信息共享的区块链平台。在应对复杂多变的社会安全事件时，跨部门协同作战显得尤为重要。区块链平台作为一种创新的技术手段，为这一目标的实现提供了有力支撑。通过构建基于区块链的跨部门协同作战平台，各部门可以实时共享信息、协同决策，从而有效提升应对社会安全事件的效率和准确性。

在跨部门协同作战方面，区块链平台通过去中心化的架构和加密技术，实现了各部门之间信息的透明、可追溯和不可篡改。这意味着，各部门在协同作战过程中，可以依托平台实现信息的高效传递和共享，避免了传统信息传递方式中的延误和误传。同时，平台上的协作机制也确保了各部门在应对社会安全事件时能够迅速响应、协同作战，形成强大的合力。

信息共享与整合是区块链平台在跨部门协同作战中的另一大优势。通过平台，各部门可以将各自掌握的信息进行汇总和分析，形成统一、全面的信息视图。这有助于各部门之间更好地了解事件的发展态势和应对措施，从而做出更为明智的决策。区块链平台还可以对信息进行智能分类和筛选，确保各部门能够获取到最相关、最有价值的信息。

3.5.5.3 区块链在公共安全设施建设与管理中的创新应用

（1）智能城市与区块链的结合点。在数据共享与整合方面，智能城市作为一个复杂的系统，涉及众多部门、机构以及海量的数据。区块链技术通过其去中心化、分布式账本的特点，为智能城市内的数据共享提供了新的解决方案。各部门、机构可以在区块链上实现数据的实时共享和更新，避免了传统数据共享方式中可能存在的数据孤岛和数据不一致问题。区块链技术的数据不可篡改特性，也保证了数据的真实性和准确性，为智能城市的数据分析和决策提供了有力支持。

在信任机制构建方面，智能城市中的信任问题一直是制约其发展的重要因素。区块链技术通过其分布式账本和加密技术，建立了一种去中心化的信任机制。在这种机制下，每个参与方都可以通过区块链上的数据验证和共识算法来确保交易的真实性和安全性，从而减少了欺诈和风险的发生。这种信任机制不仅提高了智能城市的安全性和稳定性，也增强了城市居民对智能城市的信任感和归属感。

在管理流程优化方面，智能城市中的管理流程往往涉及多个部门和机构，存在着流程烦琐、效率低下等问题。区块链技术通过其智能合约和自动化执行的特点，可以实现管理流程的自动化和智能化。例如，在公共设施建设、维护、管理等方面，区块链技术可以通过智能合约来规定各方的权利和义务，并自动执行相关流程，从而提高管理效率和服务水平。

（2）公共安全设施监控与维护的区块链模式。在公共安全领域，设施监控与维护是保障社会安全与稳定的重要环节。为了提升这一环节的效率与透明度，区块链技术被引入，形成了全新的公共安全设施监控与维护模式。

监控数据上链存储是区块链技术在公共安全设施监控中的核心应用。传统监控方式存在数据易被篡改、监控效果有限等问题。而通过区块链技术，监控数据被分布式存储于各个节点，确保了数据的真实性与不可篡改性。这一特性使得监控数据成为不可抵赖的证据，提高了监控的权威性与公信力。同时，区块链的去中心化特点也增强了监控系统的健壮性，避免了单点故障导致的系统瘫痪。

在公共安全设施的维护过程中，区块链技术同样发挥了重要作用。通过区块链，维护过程得以透明化展示，居民可以实时查询设施维护情况，从而增强对安全设施的信任感。区块链技术还可以记录维护过程中的所有操作与数据变化，为设施维护提供完整的历史记录与追溯依据。这有助于及时发现并纠正维护过程中的问题，提高维护效率与质量。

区块链技术还在公共安全设施的故障预警与应急响应中发挥关键作用。通过实时监测与分析设施运行数据，区块链技术能够及时发现潜在故障并发出预警信号。同时，区块链的去中心化特点使得应急响应更加迅速与高效，降低了安全事故风险，保障了居民生命财产安全。

（3）区块链在公共设施使用效率提升中的作用。在优化资源配置方面，区块链技术通过数据分析和挖掘，能够实现对公共设施使用情况的实时监控和精准分析。这使得管理者能够及时发现并解决设施使用过程中的瓶颈和问题，从而合理分配资源，提高设施的使用效率和服务水平。同时，区块链技术的去中心化特性使得数据共享更加便捷，有助于实现公共设施的资源共享和最大化利用。在鼓励社会参与方面，区块链技术为公众提供了一个便捷的参与途径。通过区块链技术，公众可以实时获取公共设施的使用情况和管理信息，从而对设施的使用和管理进行监督和评价。这有助于形成社会共治的局面，提高公共设施的使用效率和公众的满意度。同时，区块链技术的去中心化特性使得公众可以直接参与到设施的决策和管理过程中，提高设施的民主化水平。

3.6 虚拟现实技术

随着数字化浪潮的到来，数字革命已经从我们的现实世界延伸到虚拟世界。人们不仅可以通过网络进行通信、购物、学习、生产、游戏和社交，而且还可以使用微信、玩网络游戏、观看 3D 影视等。虚拟现实技术凭借其沉浸感将人类带入了一个全新的虚拟环境。头戴式显示器（HMD）结合跟踪系统，使沉浸式体验更加容易实现，大大推动了虚拟现实技术的发展，同时也带来了众多应用，让人眼花缭乱。

（1）VR。虚拟现象（VR）有不同的定义，其中一种定义是：虚拟现实技术是一种计算机仿真系统，可以创建和体验虚拟世界，利用计算机生成模拟环境，实现多源信息融合、交互式的三维动态视景和实体行为仿真，使用户沉浸其中。另外，VR 也指一种技术，可以仿真真实和虚拟世界，让人类沉浸在一个类似真实世界的三维空间中，产生立体感的视觉、听觉、触觉和嗅觉。它具有三个特征，即实时渲染（Real-Time Rendering）、真实空间（Real Space）和真实交互（Real Interaction）。

在过去几十年中，虚拟现实技术在游戏、影视、专业学习与训练、旅游、制造和军事等领域对人类产生了巨大影响。近年来，随着头戴式显示器（HMD）的普及和远程通信技术的发展，距离已经不再是问题。人们开始倾向于将虚拟现实融入真实环境中，这也催生了增强现实（AR）技术。

（2）AR。增强现实（AR）是一种技术，根据百度百科和维基百科的定义，它是一种实时计算摄像机影像位置和角度，并加上相应图像、视频和 3D 模型的技术。其目标是在屏幕上将虚拟世界叠加在现实世界上，并实现互动。增强现实技术通过直接或间接的方式与物理真实环境进行交互，其中的元素被“增强”，这种增强效果可以通过计算机生成或真实世界传感输入来实现，如声音、视频、图形或 GPS 数据等。显然，虚拟现实（VR）是基于个人计算机的，而增强现实与参与者的现实环境相关，因此可以说是面向移动计算的。

（3）混合现实（MR），也称为混合实境，它把真实世界和虚拟世界合并成一体，创造出一个新的环境。在这个环境中，物理对象和数字对象可以共存，并且可以实时交互。混合现实不仅包含了真实世界和虚拟世界的元素，还融合了增强现实和增强虚拟，借助沉浸技术使用户可以与周围的环境进行互动。

从广义上来说，虚拟现实包括 VR、AR 和 MR。然而，这三者之间存在明显的区别。VR 呈现的是一个完全虚拟的环境，与现实世界完全不同。AR 则是将虚拟元素融入现实世界中，使得真实和虚拟的界限变得模糊。MR 则被视为 AR 的增强版，它也融合了真实和虚拟元素，但 MR 通过摄像头让用户看到现实中难以察觉的细节。虽然 MR 的概念提出相对较晚，但它在某些领域的发展已经取得了显著的进步。《中华人民共和国国民经济和社会发展第十三个五年规划纲要》明确提出要大力推动包括 VR、AR、MR 在内的新兴前沿领域的发展，为这些技术的广泛应用提供了明确的方向。

3.6.1　虚拟现实关键技术

在这个虚拟的世界里，使用者会有一种身临其境的感觉，就像是在计算机创造的世界里一样。逼真的虚拟实境体验可以让使用者忽略现实世界，而将注意力集中在虚拟世界中的物体上。综合运用 VR 中的一些关键技术，可以有效地提升 VR 体验的效果，实现系统的目的。

3.6.1.1　三维建模技术

虚拟现实技术的核心内容就是建立一个虚拟的场景。三维造型既要具有真实感，又要具有良好的交互性，在影视、建筑、游戏等不同的行业中，3D 造型的侧重点和方法各不相同。一直到 21 世纪初，影像 3D 造型仍然是一种比较经济、灵活、应用较广的方式，其核心是先建立 2D 影像上的关键控制点，再进行 3D 建模。与传统的影像建模相比，3D 激光点云构建的精度更高，可实现毫米级别的 3D 模型重构，最大限度地还原现实场景。马赫鲁斯、施耐德等学者于 2019 年首次提出将 3D 模型应用于口腔教学与治疗，以提升学员的可视化学习能力，并让病人对治疗方案及疗效有更直观的认识。以数据获取为起点，以在计算机上完成可视化的交互式 3D 模型为终点，构成了一个完整的三维造型流程。

3.6.1.2　三维显示技术

人们生活在一个三维的空间中，而传统的显示器只能呈现出横向、纵向的 2D 平面，缺乏深度、广度等信息。随着光学、电子学和激光技术的不断进步，三维显示技术也随之进入了市场。目前，3D 显示技术大致可以分为四大类：立体电影、舞台全息、全息投影和体积三维。金恩将3D显示器视为一扇通往现实世界的窗户，让使用者能够感受到和现实一样的3D画面。伊利诺伊大学崔教授、高教授等学者于2017年首次提出了一种新型的可穿戴式近眼3D显示方案，与以往的方式比较，这种显示方式在适应性、画面动态范围及刷新速度等方面都有显著的优点。

3.6.1.3 三维音频技术

要让使用者完全沉浸于虚拟场景，就需要让使用者能够在3D空间中的任何一个位置都感觉到声音的所在。3D虚拟音频技术的核心是把声音信号传递到人的耳中，使人的听觉感受和人耳感受到的声音等效。布罗德里克等人在2018年的IEEE游戏娱乐媒体会议上提出了3D虚拟声音对于用户的重要意义，并提出了高品质的声音可以提升用户的虚拟体验。

他们提出，一种高质量的空间声音不但能让使用者更深入地进入虚拟世界，也是使用者获得周围环境资讯的一个重要途径。高精度、高效率的声学仿真是所有虚拟现实技术的基础，塞拉芬等人一直致力于在仿真精度与合理性之间寻找折中的方法。虚拟音频是一种具有沉浸感的虚拟环境，但由于存在多个感官的交互，其静态音效效果将不能正常发挥。声音的合成、传输、绘制等都是虚拟现实的一个重要研究方向。

3.6.1.4 体感交互技术

人体的运动、声音或表情等自然动作实现对虚拟世界的无接触互动，即体感交互。在VR训练中，体感交互是一个非常重要的环节，在VR训练中扮演着非常重要的角色。微软于2010年推出的体感交互产品“Kinect”，具有运动捕捉、手势和面部表情等多项功能，可以用于课程训练、游戏娱乐、虚拟试衣等方面。

在“Kinect”和3D人体运动捕获算法的帮助下，用户可以很自然地和自己的身体进行交流。体感交互的核心是感知的准确性和广度，通过增加感知的刺激来提升使用者的“存在感”。

3.6.2 虚拟现实系统分类

虚拟现实技术是一种新型的、具有高度互动性的虚拟环境，它可以帮助使用者更好地探索现实世界中所不能及的领域。其中，VR技术的关键在于增强用户的沉浸感和互动性。国外学者按照“沉浸”和“互动”的程度和使用方法的不同，把VR系统划分为非沉浸式、半沉浸式、沉浸式、分布式虚拟现实系统。

3.6.2.1 非沉浸式虚拟现实系统

用户通过键盘、鼠标、游戏手柄或触摸屏等多种方式与虚拟场景进行互动，这样的虚拟现实系统被称作非沉浸式虚拟现实系统（Non-Immersive VR System），也就是“桌面型”或“窗口型”。国外学者对非沉浸性VR系统的研究主要着眼于教学领域，并对其如何提升学习效果进行了探索。2008年，李（E. A. L. Lee）和王（K. W. Wong）等人的研究表明，非沉浸性的虚拟现实技术由于其可以模拟真实的场景而在当今的教育领域中获得了广泛的应用，从而极大地提升了教学的效率。

卡明斯和贝伦森在2016年着重于台式机虚拟现实的渗透。他们认为这样的系统也能在更廉价的设备上运行，比如个人计算机。由于价格低廉，计算机处理能力的突飞猛进，以及互联网的普及，非沉浸感的虚拟现实系统的使用已经大幅增加。

3.6.2.2　半沉浸式虚拟现实系统

半沉浸式虚拟现实系统（Semi-Immersive VR System），也就是将虚拟世界与现实世界进行重叠，实现两者之间的无缝隙联系，让用户在虚拟环境中获得一种“超真实”的虚拟体验。该系统通常具有以下基本功能，即把现实物体与虚拟物体组合起来，以交互式的、实时的方式运行；真实物体与虚拟物体都被追踪。2011年，卡尔米尼等人对AR技术、系统和应用进行了系统的研究，提出AR系统的目标是简化用户的生活，为其提供更多的虚拟信息，提高其对真实世界的认知与互动能力。

韦达霍德（M. D. Wiederhold）在2019年再次强调了该技术在教育、娱乐、艺术、科学等诸多方面的巨大潜力，而其真正的作用也只是刚刚为人所知。近年来，随着科技的发展，人们对虚拟现实的研究也在不断地向实用化方向发展。

3.6.2.3　沉浸式虚拟现实系统

沉浸式虚拟现实系统（Immersive VR System）通过让用户完全沉浸并感知虚拟环境，使其产生身临其境的感觉。一般有两种方式来实现系统功能：洞穴式自动虚拟环境（Cave Automatic Virtual Environments，CAVE）和头戴式显示器，配备运动传感器以协助自然交互。拉瓦尔（S. La Valle）在2016年的专著《虚拟现实》中认可了沉浸式虚拟现实系统的功能，他指出一旦用户沉浸在虚拟环境中，他们会产生强烈的身临其境感。

相比非沉浸式虚拟现实，研究人员克洛克（E. Krokos）等发现沉浸式虚拟现实可以提升用户的记忆能力。根据他们2019年的最新研究，用户更关注深度沉浸体验中附加任务的执行，而空间意识对用户的记忆至关重要。这种虚拟环境变得如此逼真，以至于用户很难区分虚拟世界和现实世界，不过也存在一定局限性，可能导致晕眩感。未来的研究应该关注解决这个问题。

3.6.2.4 分布式虚拟现实系统

分布式虚拟现实系统（Distributed VR System）通过互联网络连接，使更多的用户能够实时交互并分享同一个虚拟世界。虚拟世界不是独立存在的，而是在连接在网络中的多台计算机系统上运行。早在 1995 年，辛格（S. K. Singhal）和切里顿（D. R. Cheriton）的研究发现，分布式虚拟现实系统需要能够准确有效地远程呈现动画实体，远程主机必须实时显示用户的位置以支持用户之间的交互。进入 21 世纪后，分布式虚拟现实系统的应用研究成为主流。考夫曼（H. Kaufmann）认为在教育领域，分布式虚拟现实系统的应用非常广泛，可以方便远程多人学习。

3.6.3 虚拟现实系统组成

虚拟现实系统包含软件和硬件两个重要组成部分，如图 3.10 所示。软件主要有三维建模软件、虚拟现实开放平台、虚拟现实引擎等；硬件可分为输入和输出设备。综合使用软件与硬件，构建三维虚拟环境，提升用户沉浸感与交互感。

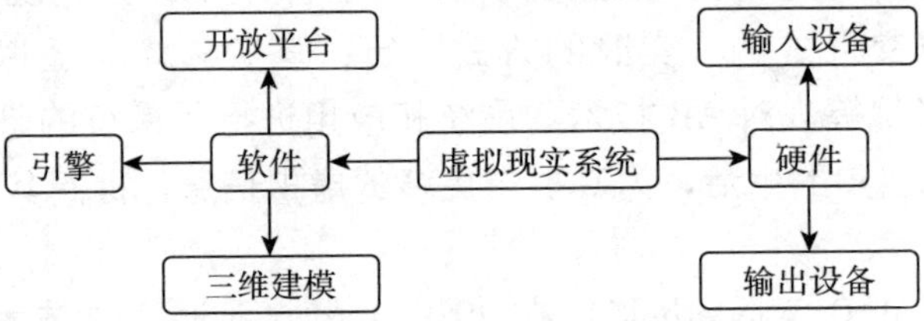

图 3.10 虚拟现实系统组成图

3.6.3.1 硬件组件

虚拟现实系统的硬件组件，包括输入设备（Input Devices）和输出设备（Output Devices）。输入设备用于连接用户和计算机，起到双方通信的桥梁的作用。常见的输入设备包括操纵杆、数据手套和运动追踪器等。输出设备则向用户呈现虚拟环境并提供反馈，包括视觉、听觉或触觉的显示。常用的输出设备，包括眼镜、耳机和头戴式显示器等。计算机驱动程序负责处理输入信息并生成适当的反馈，输出设备将这些反馈传递给用户。安（J. Ahn）等学者致力于提高虚拟现实设备的用户体验，并建议未来的虚拟现实设备需要考虑多用户虚拟现实环境和无线连接的问题。他们详细研究了虚拟现实在无线局域网上的可行性，并提出了一种高效的无线多用户虚拟现实通信方案。无线非接触式虚拟现实设备被视为未来技术发展的方向。

随着 VR 技术的快速发展，以及越来越低的设备价格，VR 硬件的市场也得到了快速的发展。如图 3.11、图 3.12 所示，HTC Vive 和 Oculus Rift 都是带手柄的头戴式显示屏。国外很多学者从不同的视角对这两种技术做了比较，如艾格等人引用了客观与主观标准来衡量 HTC Vive 与 Oculus Rift，结果显示 HTC Vive 的表现要比 Oculus Rift 稍好一些。博雷戈等研究人员对 Oculus Rift 与 HTC Vive 的头部追踪距离进行了对比，并对其工作范围与精度进行了对比。

图 3.11　HTC Vive

图 3.12　Oculus Rift

3.6.3.2　软件组件

虚拟现实软件有多种类型，主要包括 3 大类：三维建模软件、虚拟现实开放平台以及虚拟现实引擎。基于 2D 制图软件的三维建模方法，主要包括 3Ds Max、AutoCAD、Softimage 3D、Maya 等。虚拟现实开放平台（VR 开放平台）包含了 VR 软件开发套件（VR SDK），通过持续升级的 SDK，使公众能够更好地参与到应用开发中来。虚拟现实引擎是一个包含二维或者三维模型的绘制引擎、互动行为或者冲突探测的物理引擎的软件架构。从本质上讲，虚拟现实引擎是一个面向用户的、具有预先定义的互动和浏览的通用的开发平台。

3.6.4　虚拟现实技术在社会安全治理中的应用

3.6.4.1　公共安全应急响应领域中的应用

在应急响应领域，虚拟现实技术正逐步成为提升应急响应能力与效率的关键工具。通过构建高度仿真的火灾场景，虚拟现实技术不仅为应急人员提供了安全、可控的训练环境，还极大地增强了其面对真实火灾时的应对能力。

(1) 虚拟演练：安全高效的应急培训新模式。虚拟演练利用虚拟现实技术，将火灾现场的各种复杂情况精准再现，使参与者在无实际风险的环境中接受全面的应急响应训练。这一模式打破了传统训练受时间、空间及资源限制的瓶颈，实现了“全过程、全要素”的处置理念。在演练中，应急人员能够亲身体验灾情侦查、固定消防设施应用、人员疏散搜救、内部攻坚灭火及火场应急通信等关键技战术科目，从而加深对火灾应急响应流程的理解与掌握。通过让师生志愿者等扮演被困人员，虚拟现实技术还进一步提升了公众对火灾危险性的认识及自救互救能力。

(2) 情景模拟与风险评估：精准预测，科学应对。虚拟现实技术不仅限于训练，更在情景模拟与风险评估方面展现出巨大潜力。通过构建逼真的火灾情景，应急管理部门可以全面评估不同应急响应策略的效果，预测潜在的风险点，并据此优化应急预案。这种基于数据的决策支持，有助于在实际火灾发生时，快速、准确地作出反应，最大限度地减少人员伤亡与财产损失。例如，在大型商业综合体等复杂建筑结构中，虚拟现实技术能够模拟电气照明设备故障、人员密集流动等场景，为制定有针对性的应急措施提供科学依据。

(3) 案例分析：虚拟现实技术助力购物中心应急响应能力提升。以某大型购物中心火灾为例，该事件虽未造成人员伤亡，但暴露出了大型商业综合体在火灾应急响应方面的诸多挑战。通过引入虚拟现实技术，该购物中心能够模拟类似火灾场景，进行应急响应演练。在演练过程中，不仅发现了应急预案中的不足之处，还针对实际情况对应急流程进行了优化。这种基于实战需求的演练模式，不仅提升了购物中心的应急响应能力，更为其他类似场所提供了宝贵的借鉴经验。

虚拟现实技术在火灾应急响应领域的应用，不仅为应急人员提供了高效、安全的培训平台，还通过情景模拟与风险评估，为制定科学的应急预案提供了有力支持。

3.6.4.2 城市交通管理领域中的应用

在交通事故处理领域，虚拟现实技术的引入标志着事故处理与分析手段的重大革新。该技术不仅能够创建高度逼真的虚拟交通事故现场，还促进了数据可视化分析，为交通管理部门提供了前所未有的洞察力和决策支持。

(1) 虚拟交通事故现场的再现：通过虚拟现实技术，交通事故处理人员能够进入一个模拟的、高度互动的三维环境中，身临其境地观察事故发生时的情景。这种沉浸式体验不仅有助于精准还原事故发生的每一个细节，如车辆行驶轨迹、碰撞力度与角度等，还能让处理人员从多个角度审视事故，为事故责任的判定提供直观而全面的依据。对于公众教育与宣传而言，虚拟交通事故现场同样具有重大意义，它能够通过模拟真实事故场景，增强公众对交通安全规则的认知和遵守意识。

（2）交通事故数据的可视化分析：虚拟现实技术将复杂的数据转化为直观的图像和动画，使得交通事故的成因、趋势及影响因素得以清晰展现。通过对事故数据的深入挖掘和可视化呈现，交通管理部门能够更准确地把握交通事故的发生规律，识别出高风险路段、时段以及常见的违法行为等。这些数据支持不仅为制定有针对性的交通安全政策提供了科学依据，还有助于优化交通资源配置，提升道路通行效率和安全性。

3.6.4.3　环境保护与治理领域中的应用

在探索生态环境高水平保护与治理现代化的征途中，数字化技术的应用正逐步成为推动生态文明建设的重要引擎。通过深度整合虚拟现实等前沿技术，我们不仅能够在理论层面深化对环境保护的理解，更能在实践层面显著提升环保项目的科学规划与执行效率。

（1）虚拟环保体验：虚拟现实技术为公众提供了一个前所未有的互动平台，让环保教育不再局限于传统的说教模式。通过创建高度逼真的虚拟环境保护体验场景，参与者能够“亲身”漫步于受污染河流旁，目睹森林砍伐的触目惊心，或是体验生态恢复后的盎然生机。这种沉浸式的体验方式极大地增强了公众对环境保护紧迫性的认识，激发了社会各界参与环保行动的内在动力，为形成全民共治的环保新格局奠定了坚实的群众基础。

（2）环保项目模拟与评估：在项目策划与实施阶段，虚拟现实技术展现出了其独特的优势。它允许项目团队在虚拟环境中对多种环保治理方案进行模拟测试，直观对比不同措施的实施效果与潜在影响。这一过程不仅降低了实地试验的成本与风险，还大幅提升了项目的决策质量与执行效率。通过精准的数据分析与反馈，项目团队能够及时发现并解决方案中的潜在问题，从而确保环保项目在实施过程中能够最大化地发挥其生态效益与社会效益。

参考文献

［1］Weiss，P. L.，Jessel，A. S.. Virtual Reality Application to Work［J］. Work，1998，11（03）.

［2］Slater，M.. Immersion and the Illusion of Presence in Virtual Reality［J］. British Journal of Psychology，2018，109（03）.

［3］Pan，X.，Hamilton，A. F. C.. Understanding Dual Realities and More in VR［J］. British Journal of Psychology，2018，109（03）.

[4] Slater, M., Wilbur, S. A.. Framework for Immersive Virtual Environments (FIVE): Speculations on the Role of Presencein Virtual Environments [J]. Presence: Teleoperators & Virtual Environments, 1997, 6 (06).

[5] Bowman, D. A., McMahan, R. P.. Virtual Reality: How Much Immersion is Enough? [J]. Computer, 2007, 40 (07).

[6] Weinbaum, S. G.. Pygmalion's Spectacles [M]. Auckland: The Floating Press, 2012.

[7] Comeau, C. P., Brian, J. S.. Headsight Television System Provides Remote Surveillance [J]. Electronics, 1961, 10 (06).

[8] Heilig, M. L.. Sensorama Simulator: U. S. Patent No 3, 050, 870 [P]. Washington, DC: U. S. Patent and Trademark Office, 1962-08-28.

[9] Sutherland, I. E.. A Head-mounted Three Dimensional Display' [A] // ACM (Ed.) 1968 Fall Joint Computer Conference [C]. New York: ACM Press, 1968, 757-764.

[10] Krueger, M. W., Gionfriddo, T., Hinrichsen, K.. VIDEOPLACE—An Artificial Reality [J]. ACM SIGCHI Bulletin, 1977, 16 (04).

[11] Fisher, S. S.. Virtual Interface Environment [EB/OL]. https://ntrs.nasa.gov/archive/nasa/casi.ntrs.nasa.gov/19880014769.pdf, 2019-03-13.

[12] Furness, III. T. A.. The Super Cockpit and Its Human Factors Challenges [A] //Proceedings of the Human Factors Society Annual Meeting [C]. Los Angeles, CA: SAGE Publications, 1986, 30 (01).

[13] Lanier, J.. Virtual Reality: The Promise of the Future [J]. Interactive Learning International, 1992, 8 (04).

[14] Sega, R.. Sega VR [EB/OL]. https://segaretro.org/Sega_VR, 2019-04-11.

[15] Cruz-Neira, C., Sandin, D. J., DeFanti, T. A.. The Cave: Audio Visual Experience Automatic Virtual Environment [J]. Communications of the ACM, 1992, 35 (06).

[16] Boyer, S.. A Virtual Failure: Evaluating the Success of Nintendo's Virtual Boy [J]. The Velvet Light Trap, 2009 (64).

[17] Rothbaum, B. O., Hodges, L., Alarcon, R.. Virtual Reality Exposure Therapy for PTSD Vietnam Veterans: A Case Study [J]. Journal of Traumatic Stress: Official Publication of The International Society for Traumatic Stress Studies, 1999, 12 (02).

[18] Vincent, L.. Taking Online Maps Down to Street Level [J]. Computer, 2007, 40 (12).

[19] CBR Staff Writer.. Facebook Bets on Gaming Future with $2bn Oculus Acquisition [EB/OL]. https://www.cbronline.com/enterprise-it/software/facebook-bets-on-future-with-2bn-virtual-reality-startup-acquisition-260314-4203654/, 2019-04-13.

[20] ARPost. Key News and Events in the Augmented and Virtual Reality Technology World September 2018 [EB/OL]. https://www.arpost.com/2018/09/28/key-news-and-eventsin-the-augmented-and-virtual-reality-technology-worldseptember-2018/, 2019-04-14.

[21] Remondino, F., El-Hakim, S.. Image-based 3D Modelling: A Review [J]. The Photogrammetric Record, 2006, 21 (115).

[22] Jafari, B., Khaloo, A., Lattanzi, D.. Deformation Tracking in 3D Point Clouds Via Statistical Sampling of Direct Cloud-to-Cloud Distances [J]. Journal of Nondestructive Evaluation, 2017, 36 (04).

[23] Mahrous, A., Schneider, G. B.. Enhancing Student Learning of Removable Prosthodontics Using the Latest Advancements in Virtual 3D Modeling [J]. Journal of Prosthodontics, 2019, 28 (04).

[24] Geng, J.. Three-dimensional Display Technologies [J]. Advances in Optics and Photonics, 2013, 5 (04).

[25] Cui, W., Gao, L.. Optical Mapping Near-eye Three Dimensional Display with Correct Focus Cues [J]. Optics Letters, 2017, 42 (13).

[26] Broderick, J., Duggan, J., Redfern, S.. The Importance of Spatial Audio in Modern Games and Virtual Environments [A] //IEEE (Ed.) 2018 IEEE Games, Entertainment, Media Conference (GEM) [C]. Piscataway: IEEE Press, 2018, 1-9.

[27] Serafin, S., Geronazzo, M., Erkut, C.. Sonic Interactions in Virtual Reality: State of the Art, Current Challenges, and Future Directions [J]. IEEE Computer Graphics and Applications, 2018, 38 (02).

[28] Zhang, Z.. Microsoft Kinect Sensor and Its Effect [J]. IEEE Multimedia, 2012, 19 (02).

[29] Mengüç, Y., Park, Y. L., Martinez-Villalpando, E.. Soft Wearable Motion Sensing Suit for Lower Limb Biomechanics Measurements [A] //IEEE (Ed.) 2013 IEEE International Conference on Robotics and Automation [C]. Piscataway: IEEE Press, 2013, 5309-5316.

[30] Lee, E. A. L., Wong, K. W.. A Review of Using Virtual Reality for Learning [M]. Transactions on Edutainment I, Berlin: Springer Heidelberg, 2008, 231-241.

[31] Cummings, J. J., Bailenson, J. N.. How Immersive is Enough? A Meta-analysis of the Effect of Immersive Technology on User Presence [J]. Media Psychology, 2016, 19 (02).

[32] Carmigniani, J., Furht, B., Anisetti, M.. Augmented Reality Technologies, Systems and Applications [J]. Multimedia Tools and Applications, 2011, 51 (01).

[33] Wiederhold, M. D.. Augmented Reality: Poised for Impact [J]. Cyberpsychology, Behavior, And Social Networking, 2019, 22 (02).

[34] La Valle, S.. Virtual Reality [M]. Cambridge: Cambridge University Press, 2016.

[35] Krokos, E., Plaisant, C., Varshney, A.. Virtual Memory Palaces: Immersion Aids Recall [J]. Virtual Reality, 2019, 23 (01).

[36] Singhal, S. K., Cheriton, D. R.. Exploiting Position History for Efficient Remote Rendering in Networked Virtual Reality [J]. Presence: Teleoperators & Virtual Environments, 1995, 4 (02).

[37] Kaufmann, H.. Distributed Virtual Reality in Education [A] //IEEE Computer Society (Ed.) IEEE International Symposium on Distributed Simulation & Real-time Applications [C]. Piscataway: IEEE Press, 2007, 125.

[38] Ahn, J., Kim, Y., Kim, R.. Virtual Reality-wireless Local Area Network: Wireless Connection-oriented Virtual Reality Architecture for Next-generation Virtual Reality Devices [J]. Applied Sciences, 2018, 8 (01).

[39] Dokonal, W., Knight, M., Dengg, E.. VR or Not VR No Longer a Question [A]. Aulikki, E., Österlund, T., Markkanen, P. (Eds.) The 34th eCAADe Conference [C]. Oulu: The University of Oulu Press, 2016, 573-579.

[40] Egger, J., Gall, M., Wallner, J.. HTC Vive MeVisLab Integration Via OpenVR for Medical Applications [J]. PloS One, 2017, 12 (03).

[41] Borrego, A., Latorre, J., Alcañiz, M.. Comparison of Oculus Rift and HTC Vive: Feasibility for Virtual Reality-based Exploration, Navigation, Exergaming, and Rehabilitation [J]. Games for Health Journal, 2018, 7 (03).

[42] Kersten, T. P., Tschirschwitz, F., Lindstaedt, M.. The Historic Wooden Model of Solomon's Temple: 3D Recording, Modelling and Immersive Virtual Reality Visualization [J]. Journal of Cultural Heritage Management and Sustainable Development,

2018, 8 (04).

[43] Howard, C. E.. Department of Defense Invests in Delivering Augmented Reality Technology to Foot Soldiers [EB/OL]. https://www.militaryaerospace.com/articles/print/volume-18/issue-5/news/departmentof-defense-invests-in-delivering-augmented-realitytechnology-to-foot-soldiers.html, 2019-04-25.

[44] 云南省普洱市消防救援支队开展校园火灾逃生互动体验活动 [EB/OL]. http://www.mem.gov.cn/xw/jyll/202409/t20240920_501834.shtml.

[45] 又一商场突发火灾！[EB/OL]. https://www.thepaper.cn/newsDetail_forward_28811545.

[46] 智能监控的兴起：物联网如何彻底改变安全技术 [EB/OL]. https://www.fromgeek.com/telecom/653241.html.

[47] 数智赋能　向新而行：温州奋力推进公安交管工作现代化 [EB/OL]. http://www.legaldaily.com.cn/index/content/2024-09/20/content_9057529.html.

[48] 数字化赋能美丽中国建设 [EB/OL]. http://www.qstheory.cn/qshyjx/2024-09/07/c_1130199757.htm.

第4章　数字孪生五维模型及其典型应用

本章着眼于数字孪生五维模型及其应用开展论述。首先对数字孪生五维模型进行概述，然后分别对物理实体、虚拟实体、服务、数据和连接进行详细介绍。在此基础上，对当前数字孪生五维模型在十大应用领域进行探索。

4.1　数字孪生五维模型结构及标准

数字孪生的最重要任务是建立应用对象的数字孪生模型。Grieves 教授最初定义了数字孪生的三维模型，即物理实体模型、虚拟实体模型，以及物理模型和虚拟模型的连接。北京航空航天大学数字孪生技术研究所的专家学者在数字孪生三维模型的基础上，又增加了数字孪生数据和数字孪生服务两个新的维度，使数字孪生可以进一步在更多的相关领域落地应用。其模型表达式如下：

$$MDT = (PE, VE, Ss, DD, CN) \tag{4-1}$$

其中：PE 表示数字孪生物理实体，VE 表示数字孪生虚拟实体，Ss 表示数字孪生服务，DD 表示数字孪生数据，CN 表示各个组成部分间的连接。数字孪生的五维模型结构如图 4.1 所示。

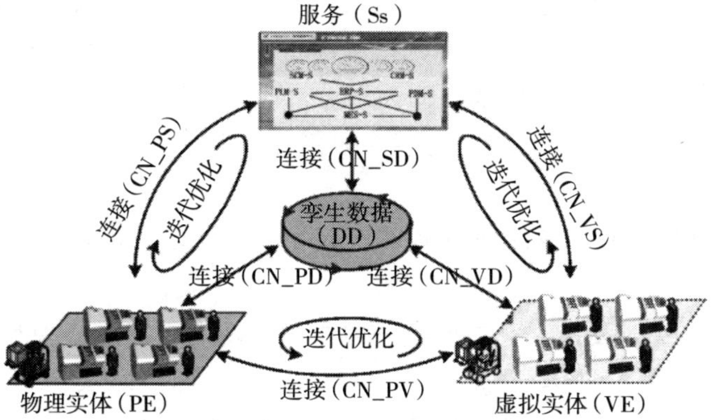

图 4.1　数字孪生五维模型结构

4.1.1　数字孪生物理实体（PE）

数字孪生物理实体是数字孪生五维模型构成的根本基础。建立数字孪生五维模型的基本前提是对 PE 的准确分析和有效维护，同时也是建立 MDT 的保障和前提。PE 本身具有良好的层次性，按照其结构与功能的区别，可以划分为三个主要层级，即单元级（unit）的 PE、系统级（system）的 PE 和复杂系统级（system of systems）的 PE。如果以数字孪生车间为例来剖析和解释 PE 的层级，单元级的 PE 就是指车间内的各设备，是系统中功能实现的最小单元；系统级的 PE 就是指根据产品的工艺及工序，由各个设备组合配置构成的一条生产线，该生产线可以完成指定零部件加工的任务；复杂系统级的 PE 可以看作由生产线组成的车间。这是一个包括物料流、能量流与信息流组成的系统。其中，物料流主要指原材料、半成品、外构件、组件、零件和部件，从检验、加工、装配、存储、运输、试验，直到产品出厂的全部过程。而能量流指的是能量在生态系统中的完整流动过程。例如，太阳辐射的能量可以转变为植物的化学能，通过食物链，可以使能量在各个等级消费者之间流动，这样也就构成了能量流。信息流的定义可分为广义定义和狭义定义两类。其中，广义定义指的是人们采用各种方式来实现相互之间的信息交流，可以从面对面的直接交谈，到采用各种现代化的通信媒介，其中包含了信息的传递、收集、储存、处理、分析和检索等渠道及过程。狭义定义指的是从现代信息技术发展、研究、应用的角度来看，在信息的处理过程中在通信网络和计算机系统中的持续流动。这样一个综合复杂系统，可以实现多个子系统之间的协调、组织和管理等功能。

对 PE 进行分层，需要根据不同应用需求和管控力度来进行，这是数字孪生分层构建的基础。例如，为了实现对单个设备的故障监测、结果预测和设备维护，可以针对单个设备构建单元级 PE。为了对生产线的进程调度、产品进度控制和质量控制等流程进行分析及优化，可以针对生产线构建系统级 PE。为了对各子系统和子系统间的交互和耦合的关系进行准确描述，可以针对整个车间运转构建复杂系统级的 PE，进而实现对整个系统级的演化进行高层次的数据分析与预测。

基于以上分析，数字孪生物理实体与数字孪生体之间也存在一定关系，主要表现为以下四点：

（1）体现为映射关系。一方面实一方面虚，两者之间形成相互映射。

（2）诞生的先后顺序。一般是先有物理实体，而后才会有数字孪生体。其中，物理实体是数字孪生体形成的基础，同时也是其基础数据的主要来源，而从另一方面看，数字孪生体又是对对应的物理实体的进一步拓展、放大与监控。这两者的融合趋势正在促进现代新工业的创新与发展。

（3）重要性的体现。如果没有物理实体也就无法完成实体工业的现实加工过程，也就无法生产出国家和社会民生所需要的物质基础。而如果没有数字孪生体，也就无法实现对实体工业设备运行的智能推演和智能控制，这一情况将阻碍新工业的转型与升级。因此，想要更好地推进社会的数字化发展，就需要坚持虚实结合的策略和方针，两者缺一不可。

（4）创新性的体现。这两者的结合可以让产品在研发、调试、生产等环节中都有更多的选项，并且节约更多的成本和投入，也使更多新工业、新模式、新技术的产生具备更大的可能性。

数字孪生物理实体的标准：

制定物理实体标准，主要指对物理实体的感知接入、决策执行和边缘端协作等主要方面进行规范，相关标准及主要内容如图 4.2 所示，主要包含以下几个方面：

（1）感知接入方面的标准规范。对于一个数字孪生系统中的人、机、物、环境等物理实体，规范它们的感知接入相关技术要求，保证物理实体信息获取与提交的兼容性和规范性。内容主要包括静态属性感知要求，如历史属性读取接口、固有属性感知接口等；动态属性感知要求，如感知装置安装部署、实时状态感知接口、感知接入时间敏感性、感知装置性能等。

（2）决策执行方面的标准规范。物理实体的运行优化、运行控制、故障自恢复、维护策略等决策执行相关技术要求，包括指令校验、控制指令格式、指令注入权限等控制指令接入方面的要求；响应时间、时序同步、执行效率等时间敏感性方面的要求；执行稳定性、执行精度、执行反馈等执行有效性方面的要求。

（3）边缘端协作的标准规范。这是对数字孪生系统中物理实体边缘端协作

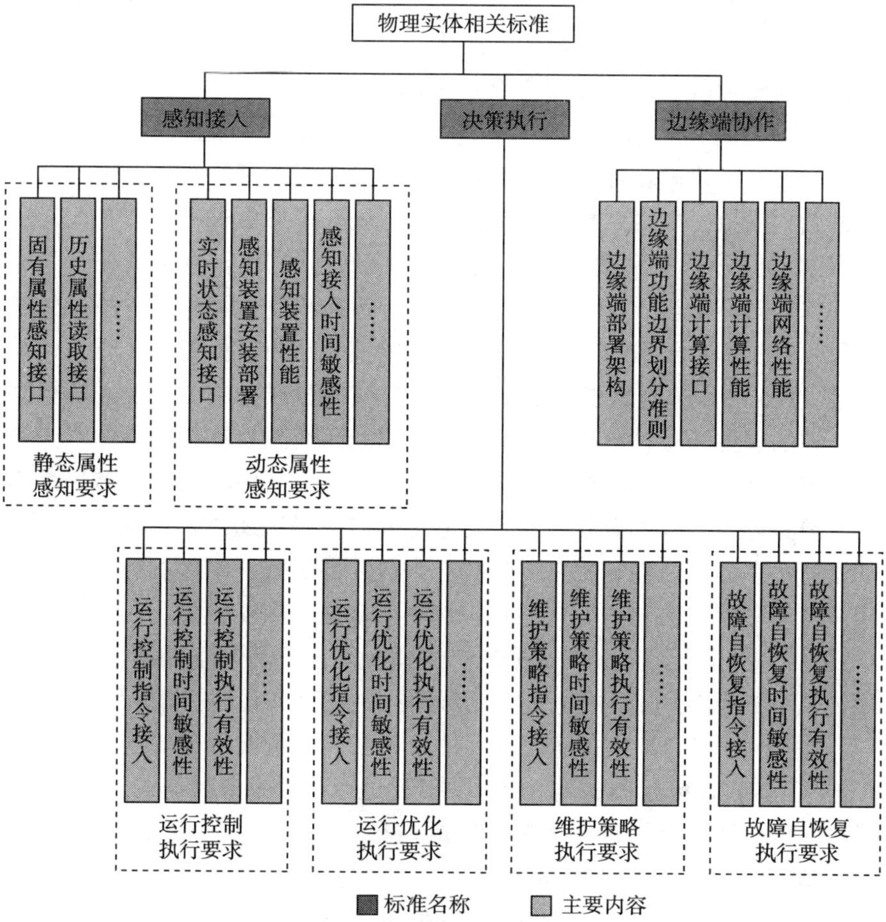

图 4.2　物理实体相关标准及主要内容框架图

方面的相关技术要求，主要包括边缘端功能边界划分准则、边缘端部署架构、边缘端计算性能、边缘端计算接口、边缘端网络性能等内容。

4.1.2　数字孪生虚拟实体（VE）

数字孪生虚拟实体模型从多空间尺度、多时间尺度对物理实体进行了描述和刻画，是对数字孪生物理实体的完整数据和模型映射。

如式（4-2）所示，VE 包括物理模型（Pv）、几何模型（Gv）、规则模型（Rv）和行为模型（Bv），这些模型能从多空间尺度、多时间尺度对 PE 进行刻画与描述。

$$VE = (Gv, Pv, Bv, Rv) \tag{4-2}$$

该式中，Gv 描述了 PE 的几何参数（如位置、尺寸、形状等）和部件相互关系（如装配关系）的三维模型，其与 PE 具有很好的时空一致性。这使得它对细节层次的渲染可以使其从视觉上更加接近 PE。Gv 可利用特定三维建模软件或数字化建模仪器设备（如三维扫描仪）来创建。

Pv 在 Gv 的基础上增加了对 PE 的物理属性、特征、约束等相关要素信息，一般可以运用三维建模软件等开发工具从微观及宏观不同等级尺度进行数字刻画或动态的数学模拟，如对结构、电场、流体、磁场等方面进行建模仿真分析。

Bv 则描述了不同颗粒度、不同空间尺度情形下的 PE，以及其在不同时间尺度下面临的外部环境与干扰，也包括在其内部运行机制共同作用下所产生的实时响应和行为。例如，随着时间的推移而产生的演化行为、性能退化行为、动态功能行为等。创建 PE 的行为模型是一个比较复杂的过程，主要涉及问题模型、决策模型、评估模型等多种子模型的构建，可以利用有限状态机、马尔可夫链、复杂网络、神经网络、基于本体等建模方法进行创建。其中，有限状态机是指一种用来进行对象行为建模的有效工具，它的主要作用是描述对象在其生命周期内所经历的所有状态序列，也包括它如何响应来自外界的各种事件。而马尔可夫链是指一组具有马尔可夫性质的变量集合，这些变量是离散随机的。

Rv 包括主要基于历史关联数据的规律和规则，是基于隐性知识的经验总结，以及相关领域的标准和准则等。这些核心规则会随着时间的推移而实现自增长、自学习和自演化，使 VE 具备实时的评估、判断、预测及优化等能力，从而能够对 PE 进行有效控制和运行指导，还能对 VE 进行一致性分析与校正。

通过对以上四类模型进行组装、集成与融合，即可以创建对应物理实体 PE 的完整虚拟实体 VE。同时，可以通过模型的校核、检验和确认等过程，来验证 VE 的灵敏度和一致性、准确度等数据，确保 VE 能够真实地反映 PE 的状态。除此以外，也可使用 VR 或 AR 等技术实现虚拟实体 VE 与物理实体 PE 的虚实叠加和融合显示，可以增强 VE 的真实性、沉浸性和交互性。

数字孪生虚拟实体的标准：

虚拟实体标准主要对模型描述、模型功能、模型组装、模型构建、模型运行、模型验证以及模型管理进行规范，相关标准及主要内容如图 4.3 所示，主要包括以下几个方面：

（1）模型功能与描述方面的标准。主要包括物理功能、几何功能、规则功能、行为功能、尺度功能、维度功能、时空粒度功能、性能描述、能力描述、模型封装、建模语言以及模型输入输出描述等方面，作用在于规范实体的物理、几何、行为、规则等多维多时空尺度模型的功能与描述相关技术要求。

（2）模型构建与组装方面的标准。主要用于规范物理、几何、行为、规则等多维多时空尺度模型的建立与组装方面相关技术要求，包括考虑模型性能的建

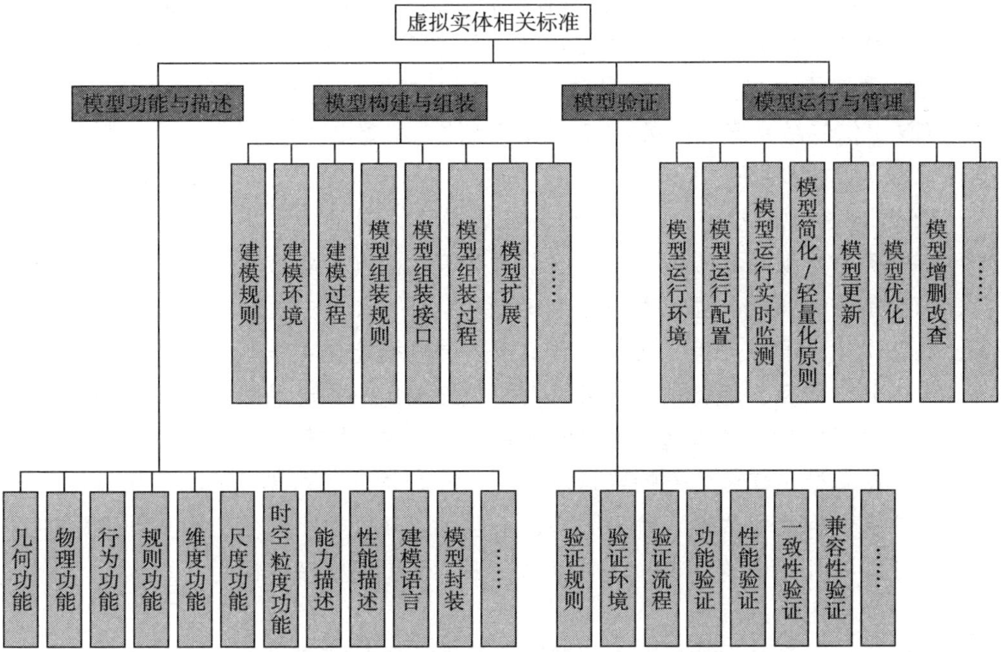

图 4.3　虚拟实体相关标准及主要内容框架图

模规则、建模过程、建模环境、模型组装接口、模型组装规则、模型扩展、模型组装过程等。

(3) 模型验证方面的标准。主要用于规范物理、几何、行为、规则等单个模型与组装模型的分层分级验证相关技术要求，包括单个模型和组装模型的验证规则、验证流程、验证环境、功能验证、兼容性验证、一致性验证、性能验证（主要包括粒度、质量、准确性、可用性、易用性等要素）等。

(4) 模型运行与管理方面的标准。主要用于规范模型的运行与管理方面的相关技术要求，包括模型运行配置、模型运行环境、模型简化/轻量化原则、模型运行实时监测、模型优化、模型更新、模型增删改查等。

4.1.3　数字孪生服务（Ss）

Ss，是指以中间件、工具组件、模块引擎等形式支撑保障数字孪生内部功能运行与实现的一类“功能性服务”（FService），这是对数字孪生应用过程中需要的各类模型、数据、仿真、算法和运行结果进行的服务化封装，也是以移动端 App 应用软件等不同形式来满足不同用户、不同领域、不同业务需求的“业务性服务”（BService）。其中，FService 为 BService 的最终实现和正确运行提供了技术及数据支撑保障。

FService 主要功能包括：面向 VE 提供的模型管理服务，如模型组装与融合服务、建模仿真服务、模型一致性分析服务、模型 VV&A 服务等；面向 DD 提供的数据处理与管理服务，如数据封装、存储、关联、清洗、融合、挖掘等服务；面向 CN 提供的综合连接服务，如感知接入服务、数据采集服务、协议服务、数据传输服务、接口服务等。

BService 主要功能包括：面向现场终端操作人员的操作指导服务，如设备维修维护服务、虚拟装配服务、工艺培训服务等；面向专业技术人员的专门技术服务，如设备控制策略自适应服务、能耗多层次阶段评估服务、动态过程仿真服务、动态优化调度服务等；面向管理决策人员的智能化决策服务，如风险评估服务、需求分析服务、趋势预测服务等；面向终端用户的产品服务，如虚拟培训服务、用户功能体验服务、远程维修服务等。以上这些服务对于用户来说是一个黑箱，它屏蔽了数字孪生内部的异构性与复杂性。通过移动端 App 和应用软件等形式向用户提供标准化的输入输出服务，不但可以降低数字孪生应用实践过程中对用户专业能力和知识的要求，还可以借此来实现便捷的按需使用。

数字孪生服务的标准：

数字孪生服务方面的标准主要对服务开发、服务描述模型、服务运行、服务部署、服务 QoS（服务质量）与测评、服务管理以及服务交易进行规范和标准化，相关标准及主要内容如图 4.4 所示，重点包括以下几个方面：

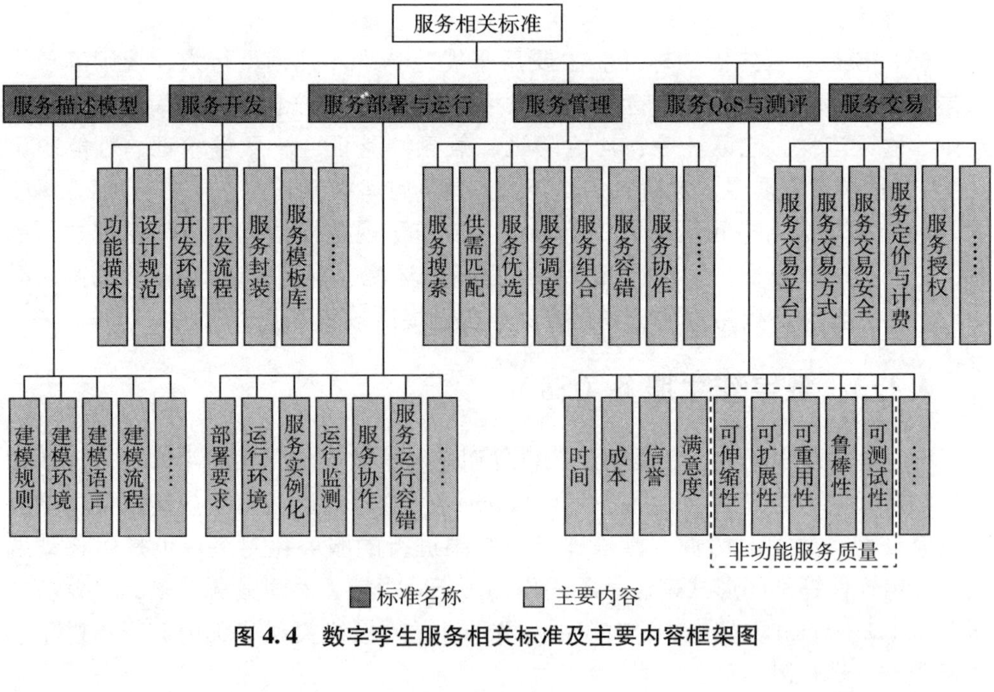

图 4.4 数字孪生服务相关标准及主要内容框架图

（1）服务描述模型方面的标准。主要包括建模环境、建模规则、建模流程、建模语言等方面，用于规范数字孪生实践中的服务描述和模型建模等相关技术要求。

（2）服务开发方面的标准。主要包括设计规范、功能描述、开发流程、开发环境、服务模板库、服务封装等方面，用于规范服务开发的相关技术要求。

（3）服务部署与运行方面的标准。主要包括运行环境、部署要求、运行监测、服务实例化、服务运行容错、服务协作等方面，用于规范数字孪生中服务的部署及运行等相关技术要求。

（4）服务管理方面的标准。主要包括供需匹配、服务搜索、服务调度、服务优选、服务容错、服务组合、服务协作等方面，用于规范服务全生命周期的过程管理相关技术要求。

（5）服务 QoS 与测评方面的标准。主要包括成本、时间、满意度、信誉、非功能服务质量（包括可扩展性、可伸缩性、鲁棒性、可重用性、可测试性）等方面，用于规范数字孪生的服务 QoS 与测评等相关的技术要求。

（6）服务交易方面的标准。主要包括服务交易方式、服务交易平台、服务定价与计费、服务交易安全、服务授权等方面，用于规范数字孪生的服务交易方面相关的技术要求。

4.1.4　数字孪生数据（DD）

数字孪生数据是数字孪生的主要驱动来源。如式（4-3）所示，DD 主要包括：VE 数据（Dv）、PE 数据（Dp）、知识数据（Dk）、Ss 数据（Ds）以及融合衍生数据（Df）。

$$DD = (Dp, Dv, Ds, Dk, Df) \tag{4-3}$$

在上述表达式中，Dp 主要包括体现 PE 的功能、规格、关系、性能等的物理要素属性数据，还有一些动态过程数据，如反映 PE 运行状况、环境参数、实时性能、突发事件等的数据。以上数据可通过特定传感器、嵌入式采集系统、数据采集卡等方式进行信息采集。Dv 主要包括与 VE 相关的重要数据，如几何大小尺寸、装配相互关系、实体位置等与几何模型相关的数据，还有材料属性、载荷属性、特征属性等与物理模型相关的数据，还有环境扰动、驱动因素、运行机制等与行为模型相关的数据，还有规则关系、约束关系、关联关系等与规则模型相关的数据，以及基于上述模型开展的行为仿真、过程仿真、评估、过程验证、预测、分析等的相关仿真数据。Ds 主要包括模型、算法、数据处理方法等 FService 相关数据，如企业管理数据、产品管理数据、生产管理数据、市场分析数据等与 BService 相关数据。Dk 主要包括行业标准、专家知识、推理推论、规则约束、常用算法库和模型库等内容。而 Dp 是针对 Dp、Dv、Ds、Dk 所进行的数据转换、分类关联、预处理、融合、集成等相关处理后所得到的一连串的衍生数据，通过融合物理实体数据和历史统计数据、多时空关联数据、专家知识库等信息数据得到的信息物理融合数据，从而获取并反映了更加全面和准确的信息，进一步实现信息的共享与服务增值。

数字孪生数据的标准：

数字孪生数据是驱动数字孪生系统运行的根本基础和保障。数字孪生数据标准主要是针对数字孪生系统涉及的数字孪生数据分类、表示、预处理、存储、测试、使用与维护进行的规范，相关标准及主要内容如图 4.5 所示，主要包括以下几个方面：

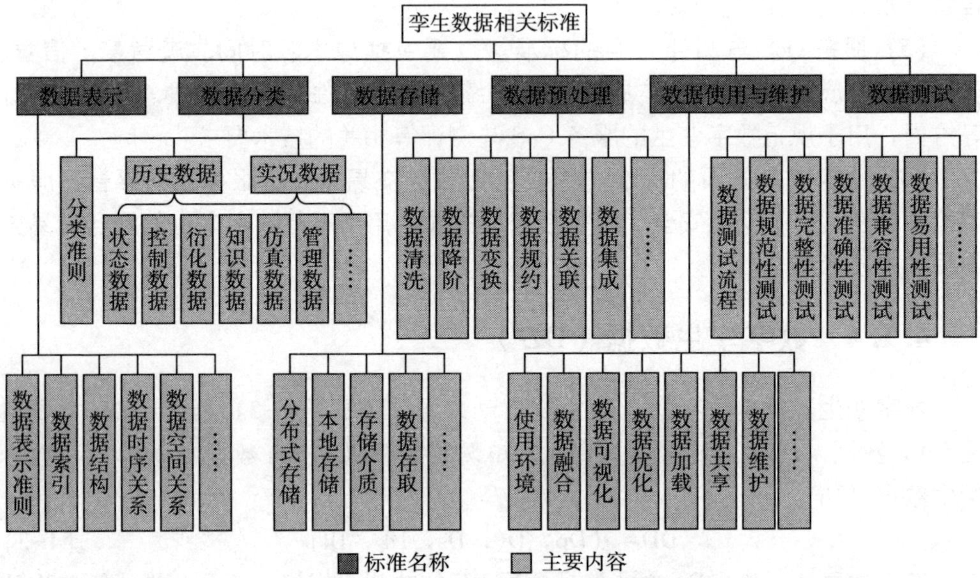

图 4.5　数字孪生数据标准及主要内容框架图

（1）数据表示方面的标准。主要包括孪生数据的数据索引、数据表示准则、数据时序关系、数据结构、数据空间关系等方面，用于规范数字孪生数据表示所涉及的相关技术要求。

（2）数据分类方面的标准。主要包括历史数据、分类准则和实况数据等，其中历史数据和实况数据包含虚拟实体、物理实体、服务产生的控制数据、状态数据、知识数据、衍化数据、管理数据、仿真数据等，用于规范数字孪生系统所涉及的各类数字孪生数据类别。

（3）数据存储方面的标准。主要包括本地存储、分布式存储、数据存取、存储介质等，用于规范数字孪生数据存储方面的相关技术要求。

（4）数据预处理方面的标准。主要包括数据降阶、数据清洗、数据规约、数据变换、数据集成、数据关联等方面，用于获取虚拟实体、物理实体，以及服务的原始数据之后，对其进行预处理等相关操作的技术要求。

（5）数据使用与维护方面的标准。主要包括数据融合、使用环境、数据优化、数据可视化、数据共享、数据加载、数据维护等方面，用于规范孪生数据在使用过程中所涉及的相关技术要求。

（6）数据测试方面的标准。主要包括数据规范性测试、数据测试流程、数据准确性测试、数据完整性测试、数据易用性测试、数据兼容性测试等方面，用于规范数据测试所涉及的相关技术要求。

4.1.5　数字孪生连接（CN）

数字孪生连接主要负责实现各个组成部分之间的相互连通。如式（4-4）所示，CN 包括 PE 和 VE 的连接（CN_PV）、PE 和 DD 的连接（CN_PD）、VE 和 DD 的连接（CN_VD）、PE 和 Ss 的连接（CN_PS）、Ss 和 DD 的连接（CN_SD）、VE 和 Ss 的连接（CN_VS）。

$$CN=(CN\_PD,\ CN\_PV,\ CN\_PS,\ CN\_VD,\ CN\_VS,\ CN\_SD) \tag{4-4}$$

在上式中：

（1）CN_PD 负责实现 PE 和 DD（数字孪生数据）之间的通信交互：可通过利用各种传感器、嵌入式采集系统、数据采集卡等对 PE 进行实时数据采集，通过 MQTT 等标准协议规范传输到 DD（数字孪生数据）。MQTT 是一种 ISO 标准下的基于发布/订阅范式的消息传输协议，可以实现消息队列传输。对应地，在 DD（数字孪生数据）中经过处理后的数据，可以通过 OPCUA 和 MQTTCOAP 等规范协议传输并反馈给 PE，以实现 PE 的运行流程优化。其中，OPCUA 是基于 OPC 统一架构的时间敏感网络传输技术，MQTTCOAP 是一种基于 REST 架构，应用于物联网计算机的协议。

（2）CN_PV 负责实现 PE 和 VE 之间的通信交互：CN_PV 与 CN_PD 的具体实现方法及通信协议类似，即将采集到的 PE 实时状态数据传输至 VE，以便用于更新和校正各类数字模型，将采集到的 VE 仿真分析等结果数据转化为相关控制指令传输下达至 PE 执行器，用以实现对 PE 的实时控制。

（3）CN_PS 负责实现 PE 和 Ss 之间的交互通信：CN_PS 与 CN_PD 的具体实现方法及通信协议类似，即采集到的 PE 实时状态数据传输至 Ss，用以实现对 Ss 的状态更新和优化。Ss 所产生的专业分析、操作指导和决策优化等结果会以移动端 App 或应用软件的形式提供给用户使用，并通过人工操作来实现对 PE 的精准调控。

（4）CN_VD 负责实现 VE 和 DD 之间的交互通信：通过 JDBC-ODBC 等数据库接口，一方面可以实现实时读取 DD 的关联数据、融合数据和生命周期数据，另一方面可以将 VE 产生的与仿真的相关数据实时地存储到 DD 之中，综合起来实现数据驱动的动态仿真。这种类型的数据驱动是把所有对 JDBC 的调用都传递给 ODBC，然后再让后者来调用数据库本地的驱动代码，也就是数据库厂商提供的数据库操作二进制代码库，实现以上功能。

（5）CN_VS 负责实现 VE 和 Ss 之间的交互通信：可以通过 Socket 通信协议、MQSeries 等软件接口来实现 VE 与 Ss 之间的双向数据通信，用以完成直接的数据收发、指令传递，还有消息同步等操作。其中，Socket 套接字就是对网络中不同主机上相关的应用进程之间双向点对点通信端点进行抽象，来实现网络数据通信。RPC（Remote Procedure Call，远程过程调用）是一种通信系统，它可以在各种广泛的硬件与软件平台之间提供异步的、可靠的、一次性的数据接收与发送。

（6）CN_SD 负责实现 Ss 和 DD 之间的交互通信：与 CN_VD 原理类似，也就是通过 JDBC-ODBC 等数据库接口二次开发，一方面可以将 Ss 的数据实时地存储到 DD，另一方面可以实时实现读取 DD 中的规则数据、历史数据、常用算法及模型来保证 Ss 的正常运行与效率优化。

数字孪生连接与集成的标准：

连接与集成方面的标准主要是对数字孪生虚拟实体、数字孪生物理实体、数字孪生服务以及相关数据库的数据连接与集成操作进行规范，相关标准及主要内容如图 4.6 所示，主要包括以下几个方面：

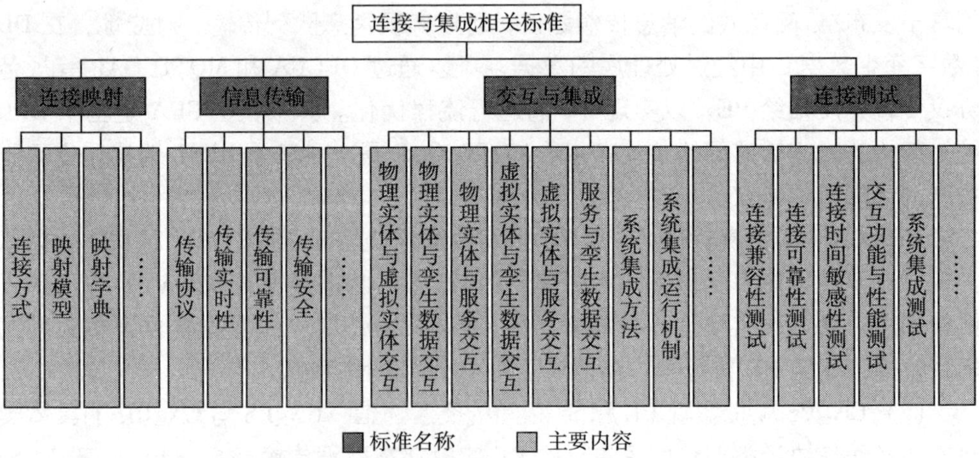

图 4.6　数字孪生连接与集成相关标准及主要内容框架图

（1）连接映射方面的标准。主要包含映射模型、连接方式、映射字典等方面，用于规范数字孪生中虚拟实体、物理实体、数字孪生服务等与相关数据库之间连接映射的相关技术要求。

（2）信息传输方面的标准。主要包括传输实时性、传输协议、传输安全、传输可靠性等方面，用于规范虚拟实体、物理实体、数字孪生服务等与相关数据库之间的可靠数据传输相关技术要求。

（3）交互与集成方面的标准。主要包括物理实体与孪生数据交互、物理实体与虚拟实体交互、虚拟实体与孪生数据交互、物理实体与服务交互、服务与孪生数据交互、虚拟实体与服务交互、系统集成运行机制、系统集成方法等方面，用于规范数字孪生物理实体、数字孪生虚拟实体、数字孪生服务与孪生数据之间的通信交互与系统的集成相关技术要求。

（4）连接测试方面的标准。主要包括连接可靠性测试、连接兼容性测试、交互功能与性能测试、连接时间敏感性测试、系统集成测试等方面，用于规范数字孪生物理实体、数字孪生虚拟实体、数字孪生服务与相关数据库之间的数据连接测试的相关技术要求。

4.2　数字孪生五维模型典型应用

基于前文对数字孪生的五维模型探讨，接下来进一步讨论数字孪生五维模型在卫星工程、船舶、车辆、电厂、飞机、复杂机电装备、立体仓库、医疗、车间等相关领域的应用。

4.2.1　数字孪生卫星工程

近年来，卫星互联网引起了社会各界的高度关注，在全球范围内形成了一定的发展热潮。卫星互联网基于低轨卫星通信系统建立，具有建设周期短、星座规模大、投入成本高、项目流程长的特点，这对卫星产业流程的研制、应用和管理水平都提出了全新的更高要求。为了应对卫星产业所面对的技术发展需求、产业升级需求和工程化需求等挑战，亟待提升卫星产业网络化、数字化、服务化、智能化整体水平。为此，可以将数字孪生引入卫星工程中，参照数字孪生五维模型，与卫星工程中的关键场景、关键环节、关键对象相互紧密结合，进而提出数字孪生卫星工程的创新概念。基于工程模型与现实数据，对物理空间的卫星工程开展实时的监控、模拟、反映等操作，而且借助管理方法、算法、软件、专家知识等对卫星工程项目进行同步的分析和评估，进而达到辅助卫星工程各阶段的管控与协同工作的目的。

（1）数字孪生卫星。卫星作为一种高成本的复杂航天产品，它的设计和总装等过程一直存在智能化水平低、数字化程度低等突出问题。同时，在卫星入轨后，其健康状态监控与远程维修维护也是一项难以解决的技术性问题。如果将数字孪生引入卫星的全生命周期管理中，可以实现如下功能：

一是借助数字孪生模型与系统仿真，可以辅助卫星的前期三维设计与功能验证；

二是可以结合设计模型与数字孪生总装平台配合使用，实现卫星总装的数字化和智能化；

三是可以基于数字孪生开展卫星故障预测与健康管理工作，借助实时传感器数据及在线运行数据，结合相关模型与算法，实现在轨卫星的状况评估、远程监控、定位故障原因、预测故障发生，并制定科学合理的维修策略。

（2）数字孪生卫星网络。鉴于卫星网络节点往往处于高速运行、链路动态变化的状态，对卫星网络拓扑结构的时变和重构提出了极高的要求。基于数字孪生构建卫星时变网络，借助高拟真的网络模型以及相关协议和算法，再结合卫星历史数据、当前状态数据配合相关专家知识库，就可以建立起与实际卫星网络相镜像映射的虚拟网络，并以此来实现对卫星网络行为的高精度的建模仿真，实现实时辅助卫星网络拓扑构建的目标。

（3）数字孪生空间信息网络。要实现在空间信息网络层面进行资源预分配、路由预设置、设备预维护的目标，最终实现空间信息网络的构建与优化，可以在卫星时变网络组网的基础上进行开发。这就需要整合相关资源，进而搭建数字孪生的空间信息网络平台，使其能够实现对整个网络状态的实时监控，并借助相关通信协议模型、高性能算法及特定仿真工具，对卫星网络场景与通信行为进行仿真，从而达到预定目标。

4.2.2 数字孪生船舶全生命周期管控

在全球制造业产业转型升级大趋势下，船舶行业的发展仍然面临着运维管控数字化水平低、设计能力落后、配套产业发展滞后等突出问题。而如果将数字孪生与船舶工业相结合，并参照数字孪生的五维模型，在数字孪生基础上开展船舶制造、设计、使用、运维等全生命周期的一体式管理，就有望有效地解决上述主要问题。

（1）基于数字孪生的船舶精细化设计。当前，船舶设计领域存在以下几点不足：一是缺乏充分、完整、有效的船舶全生命周期数据支持系统，因此无法形成有效的知识库来进行辅助设计决策；二是设计模型过于复杂，各学科的模型难以实现统一；三是缺乏精确高效的仿真方法，设计验证比较困难，而且周期长。针对上述突出问题，如果将数字孪生引入船舶前期设计中，首先，采集的大量船船数字孪生数据就能够支持设计知识数据库的建立，并辅助相关的船舶设计建模工作；其次，采用数字孪生建模技术和模型融合理论，预期能够为各学科模型的构建与融合提供科学有效的解决思路；最后，通过数字孪生高拟真的数字仿真环境，不但可以提高设计验证能力，还可以加快设计速度，并提高设计精度。

（2）基于数字孪生的船舶智能建造。当前，船舶建造的质量严重影响着产品的最终质量、性能、研制周期及成本控制。目前，在造船工业中，船舶的建造正处于数字化建造转型过程中，但仍然存在着原型设计与工艺设计脱节、二维工艺文件直观性差、零件管理复杂等突出问题。如果能够搭建基于数字孪生的船舶智能建造系统，将数字孪生的船舶设计与建造工艺仿真相结合，就可以实现对造船现场的数字化管理、实时监控和工艺流程优化，同时以三维化工艺文件的形式来辅助生产工人的操作，并将工人的长期装配经验和知识转化为电子化的知识库，可用于后续的制造工艺指导及操作仿真训练。

（3）基于数字孪生的船舶辅助航行。由于船舶的舱内信息相对比较封闭，舱外的环境也复杂多变，船舶航行时难以实现有效监控，同时，对于大型舰船来说，其正常航行运转需要船内多个子系统的协同配合，目前整体系统的调度也缺乏数字化的统一管控系统。针对以上现实情况，可以考虑结合数字孪生来搭建船舶辅助航行支持平台，一方面可以实现采集实时数据，用来监控船舶的各种实际状况，及时反馈给船员；另一方面还能够实现对船舶各系统的高效调度管控，并借助相关优化策略，来辅助船员控制航行。

（4）数字孪生驱动的船舶故障预测与健康管控。安全运维对于船舶运营意义重大，通过准确有效的运维方法能够很大程度上提高船舶的故障预测和健康管理的效率，从而降低成本。目前，关于船舶整体结构的健康管理与故障预测工作比较缺乏，一方面受限于实时数据的缺乏，另一方面也在理论方法上存在着大量的不足。如果建立起基于数字孪生的船舶健康管理与故障预测系统，就能够在动态实时数据采集与处理的基础上，实现故障现象的快速捕捉，定位故障的准确原因，同时实现设备状态的有效评估，并进行预测维修。

4.2.3　数字孪生车辆抗毁伤评估

车辆是一个涵盖机械设计、材料科学、控制科学等学科和技术的复杂系统，也是人类最主要的交通工具之一。基于其复杂性，车辆的壳体材料内部构造、零部件和功能在当今多样化的工作条件下，都有可能在工作的过程中出现一些异常状况。不同的毁伤源（如粉尘、碰撞、外部攻击等）可能会对车辆造成不同程度的负面影响，因此对车辆进行抗毁伤的性能评估是一项很重要的工作。对抗毁伤性能的评估通常采用的是物理模拟毁伤的方式，但是这种方式不但费用高，而且置信度差、精度低。可以考虑参照前文数字孪生的五维模型，提出一种基于数字孪生的车辆抗毁伤评估评价方法，也就是从结构、材料、功能及部件等多个不同维度对车辆的抗毁伤性能开展综合性评价。

基于数字孪生的车辆抗毁伤性能评估，主要方法是通过对实体车辆与虚拟车辆实时信息的交互通信与双向实时映射，实现虚拟车辆、物理车辆以及数字孪生服务的全要素、全生命周期、全业务数据的整体集成和数据融合，从而提供高效可靠的抗毁伤评估服务。参照五维模型，数字孪生车辆由虚拟车辆、物理车辆、动态实时连接、孪生数据以及数字孪生服务五部分组成。其中，物理车辆由实体车辆本身及其数据传感系统共同组成，数据传感系统从实体车辆中采集与毁伤相关的数据并根据通信协议传输到虚拟车辆空间，可以用来支持虚拟车辆的高精度实时仿真。将物理数据与虚拟数据进行实时精准融合，提取虚拟车辆抗毁伤性能的特征，并辅助车辆毁伤模型的构建。虚拟模型是一种多维度融合的高保真仿真模型，其中包含物理模型、几何模型、规则模型以及行为模型等，能够真实刻画与映射物理车辆的实时状态。动态实时连接，主要是指在现代信息传输技术的支持下，通过借助快捷、高效、准确的检测技术，来实现实体车辆、虚拟车辆和数字孪生服务等要素之间的实时信息交互通信。车辆抗毁伤性能评估需要整合车辆的历史数据和实时数据，并进行处理、分析和评估，从车辆的结构、材料、功能、部件等多维度进行综合分析。

基于数字孪生的车辆抗毁伤性能评估能够实现对车辆的结构变化、材料性能、功能运行以及部件完整性等进行精确的仿真，从而实现对车辆的抗毁伤状态开展精准预测与可靠性评估，对车辆的抗毁伤性能和毁伤情况得到更加深入全面的详细了解。除此以外，相关数据的积累也能够促进下一代车辆产品抗毁伤性能的进一步改进和优化。

4.2.4 数字孪生电厂智能管控

火力发电是我国最主要的发电方式之一。但由于火力发电厂设备需要长时间运行，并且存在温度高、粉尘多、工作环境复杂的问题，电厂设备不可避免地存在发生故障的风险。电厂设备的健康平稳运行，电力的稳定供给，以及电力系统的安全可靠是十分重要的问题。为了实现上述工作目标，一些科技企业开发了基于数字孪生的电厂智能管控系统，可以实现汽轮发电机组轴系的可视化智能实时监控、可视化大型转机在线精密诊断、地下管网可视化管理，以及可视化三维作业指导等特定应用服务。

（1）可视化智能实时监控系统。该系统基于实时采集的汽轮机轴系实时在线数据、历史运行数据以及专家经验数据等，在虚拟空间中构建了高逼真度的轴系三维可视化的虚拟模型，从而使用户能够实时观察汽轮机内部的运行状态。该系统不但能够对汽轮机状态进行实时评估，而且能够准确地预警并防止汽轮机超速、大轴承永久弯曲、汽轮机断轴、油膜失稳、烧瓦等典型事故。与此同时，该系统还可以帮助优化轴承设计、优化运行参数、优化阀序及开度，大大提高了汽轮发电机组运行的可靠度。

（2）可视化大型转机在线精密诊断系统。该系统通过构建大型转机虚拟模型，分析孪生数据监控结果，可以实现实时远程地显示元件状态、设备状态、故障描述、问题严重程度、提供处理方法建议等信息，能够实施对设备的远程在线诊断等操作。工厂的运维人员能够通过网络访问在线报警系统所发布的页面、动态网页和电子邮件，也能够通过在线运行的虚拟数字模型查询转机状态的详细情况数据。

（3）地下管网可视化管理系统。该系统运用激光扫描技术，结合所在区域平面设计图，可以快速建立起精确、完整的地下管网三维模型。利用该模型不但可以真实地呈现所有扫描部件、设备的尺寸大小、实际位置及管线走向，还可以将管线的属性信息、图形信息及管道上的油罐设备、重点连接头等关键信息进行录入。基于该数字孪生模型实现的地下管网可视化系统不但能够以三维形式显示，还可以实现对地下管网系统的编辑、修改和更新，还可以对地下管网有关属性、图形信息进行统计、分析、查询与检索等操作。

（4）可视化三维作业指导系统。该系统主要是基于重点设备的历史数据、实时数据和领域知识，以及三维激光扫描等技术，建立精确、完整的设备三维数字化模型。该三维模型不但可以与培训课程相结合和联动，生成生动活泼的交互式可视化培训教材，从而帮助工厂新员工较快掌握设备结构和使用，该模型还可以与设备检修作业的指南和指导书相关联，形成三维交互的作业指导书，非常有利于规范员工的作业操作，同时该系统还可以作为员工培训和考核的高效工具。

总之，基于数字孪生的电厂智能管控系统可以实现对关键设备的可视化管理、透视化监测，以及员工作业的精准模拟等实用功能。其故障精密远程诊断等功能也能够满足设备的远程诊断、状态监测、日常运维等的各项需求，并实现与最终用户之间直观的可视化信息交互。

4.2.5　数字孪生飞机起落架结构优化设计

飞机总体设计是飞机研制的重中之重，当前的飞机优化设计仍存在一些困难，如数据缺乏、变量耦合度高、指标获取难等问题。起落架是飞机的重要承力与操纵性部件，它承受着动态和静态的高负载，而且需要周而复始的工作，更是会对其结构产生破坏风险，所以研究和实现对起落架结构的优化设计方法，对于提升飞机的可靠性与安全性有着重大意义。北航相关数字孪生研究团队与国家飞机工业重点企业合作，以飞机起落架设计为研究对象，参考和借鉴数字孪生五维模型理念，探索了基于数字孪生的飞机起落架载荷预测辅助优化设计方法。其中，主起落架是起落装置中最主要的载荷部件，飞机在地面停放、滑行、起降时都需要其发挥重要作用。在前二点式起落架中，主起落架指的是装在机体重心后面的起落架。

在飞机进行着陆与滑跑的过程中，飞机的起落架和机身都将承受巨大的冲击载荷，特别是在垂直方向的冲击载荷是影响起落架结构疲劳和损伤的重要因素，这一点对起落架的设计也至关重要。垂直冲击载荷有众多影响因素并且相互之间高度耦合，其主要因素与载荷之间是一种复杂的非线性关系。以传统机理分析为基础的建模方法是很难建立起落架载荷的精确物理模型的。可以将数字孪生应用到载荷的预测预警设计中，方法是在建立起落架数字孪生的五维模型基础上，获得与载荷紧密相关的物理数据（如垂直速度、当量质量、攻角等）、虚拟数据（如缓冲器行程、缓冲器压力、效率系数等），还有融合数据，并利用现有的高效数据融合方法，就可以实现对载荷的准确预测，进而准确地预测飞机的冲击载荷。然后，就可以开展起落架结构优化计算研究，最终利用研究结果优化起落架结构达到提高可靠性、减轻重量、降低设计成本、提高设计效率等目标。在结构优化设计阶段，可利用数字孪生对设计方案进行使用评估，并形成改进反馈意见。当与来自用户的需求和相关意见结合后，如果经起落架迭代判断，显示无须优化设计可以认为无须重新设计。如果判断需要进行结构设计更新，就需要进行进一步优化设计。以往，传统的优化设计过程主要包括确定设计变量、建立目标函数、明确设计约束等方面。在五维模型理论的基础上，结合数字孪生的典型特点，利用数字孪生虚拟模型对已有的设计进行进一步迭代改进与性能测试。如果满足设计需求就可以最终形成新设计，如果不满足就需要重复进行优化设计步骤，一直到得到满足设计需求，而且具有可行性的新设计方案。

在采用数字孪生相关技术基础上，可以综合以往大量的实验数据、实测数据以及计算案例，开展产品设计使用仿真工作，并将以前的真实测试环境数据输入到起落架模型的改进和设计中。对一部分在以往起落架结构优化设计中需要大量人力、物力做实验才可以测得的实验数据，可以利用数字孪生五维模型进行准确高效的计算，从而极大地简化迭代设计步骤，大幅提升设计效率。经过一系列计算和分析后，如果结构优化设计的评估结果数据收敛，就可以最终生成起落架结构优化设计方案。

4.2.6 数字孪生复杂机电装备故障预测与健康管理

由于复杂的机电装备具有运行周期长、结构复杂、工作环境恶劣等典型特点，因此实现复杂机电装备的故障诊断、失效预测、维修维护，保障其可靠、高效、安全地运行，对整个电力系统都具有重要意义。故障预测与健康管理（PHM）技术，是指基于各类参数传感器和数据处理方法，并且对设备故障预测、状态监测、维修决策等因素进行综合集成，从而有效提升目标设备的使用寿命与可靠性的一项技术。但是，现阶段的 PHM 技术仍然存在一些亟待解决的问题，如数据不全面、模型不准确、虚实交互不充分等。这一系列问题产生的根本原因是缺乏信息与物理的深度融合。

针对这个问题，北航研究团队将数字孪生的五维模型理论引入 PHM 工作中，提出了基于数字孪生的 PHM 方法。该方法首先，对相关物理实体建立数字孪生的五维模型并进行模型校准。其次，基于数字孪生模型与交互数据进行系统仿真，并对照仿真结果对物理实体参数和虚拟仿真参数的一致性进行研判，并且根据两者的一致性与否，对突发性与渐发性两类故障分别进行预测和识别。最后，根据得出的故障原因及动态仿真验证的结果，提出维修策略的合理化建议。北航研究团队将该方法应用于风力发电机的健康管理上，并进行了如下应用探讨：首先，是在物理风机的电机、齿轮箱、轴承、主轴等关键零部件上面安装部署相关的参数传感器，并进行数据的实时采集与监测，积累数据。其次，结合风机的历史数据、实时采集的当前数据以及积累的领域知识，构建现实风机的几何—物理—行为—规则的数字孪生多维虚拟模型，实现对物理风机的虚实映射。最后，物理风机与虚拟风机开展同步运行与交互，用户方可以通过对风机物理与仿真状态的交互和对比、物理数据与仿真数据融合分析以及虚拟模型的验证，通过技术开发实现面向物理风机的故障预测、状态检测及维修策略提出等功能。这些功能可以封装成面向用户的服务，并以应用软件或移动端 App 的形式提供给用户。

基于数字孪生五维模型的 PHM 方法可对虚实交互、信息物理融合数据加以利用，应用虚拟模型仿真验证技术来增强故障预测与设备状态监测过程中的信息物理融合程度，从而提升 PHM 方法的准确性与有效性。

4.2.7　数字孪生立体仓库

自动化立体仓库集精准控制技术、仓储技术、计算机信息管理系统于一体，是一种高效自动存取的仓库，可以利用高层立体货架来实现货物的管理，是现代物流系统的重要组成部分。通常主要由出入库设备、存储货架、信息管控系统等部分组成。但是，目前用传统方法设计的立体仓库仍然存在一些缺陷，主要表现在仓库利用率低、出入库调度效率低、吞吐量有待提高等问题。因此，可以考虑基于数字孪生的五维模型，为立体仓库的远程运维、再设计优化以及线上共享仓库等问题提供有效解决方案。

（1）基于数字孪生的立体仓库再设计优化。通过建立立体仓库中每一个设备的数字孪生五维模型，可以依托设计演示平台实现接近物理实物的半实物仿真设计开发。利用开发工具平台，可以对仓库的货物布局进行三维场景设计，同时对运输设备、货架设备、机器人等物理设备等进行半实物仿真设计和验证，并在此基础上完成动作脚本编写、几何建模、信息接口与指令接口定义，从而实现模块化的功能封装和定制化的模型接口设计。

（2）基于数字孪生的立体仓库远程运维。借助整体立体仓库及其内含设备的数字孪生五维模型，可以搭建起面向最终用户的远程运维服务平台，可以实现基于数字孪生的立体仓库远程在线运行维护。通过建立与立体仓库完全虚实映射和数据互通的虚拟模型，借助实际立体仓库的实时数据信息，结合各类数据融合算法和方法，实现对立体仓库状态的实时监控，以及实时模拟与优化仿真。对仓库进行状态信息实时监控的同时，将货位管理、货存管理、预警管理、费用管理、作业调度、预测性维护等功能以软件模块服务的形式和渠道提供给不同需求的用户方。

（3）基于数字孪生的共享立体仓库。共享立体仓库首先将闲置的搬运设备、仓储设施、终端配送、货物运输、物流人力等仓储资源进行一体化整合与汇集，然后通过互联网上传到共享仓库服务管理云平台，在该平台上进行统一的调度与管理。该平台会利用其内部功能模块将这些资源以某种分享的形式按需提供给需要使用的用户方，以期达到效用均衡的目标。因此，基于数字孪生的共享立体仓库是连接仓储资源供需双方，进行的最优化资源配置的一种新方式。这种方式不仅节省了用户的资金投入，还减少了投资风险，缓解了存储压力，具有较高的柔性化特征。

基于数字孪生五维模型的立体仓库设计方案，不但可以节约设计成本，实现立体仓库的快速、准确设计，还便于仓库的个性化定制设计，具有很强的针对性和灵活性。在设计流程执行中，该平台可以实时接收传输的各类数据信息，便于设计方案的校对与更改，实现快速的迭代优化设计。设计人员可以通过远程运维服务平台，在线远程调度处理仓库信息，大幅提高仓库运行效率。由此可见，共享立体仓库可以实现仓储资源的最大化高效利用，既可以节省资源，又可以降低成本。

4.2.8 数字孪生医疗

随着经济社会的快速发展和人民生活水平的不断提高，人们越来越意识到健康的重要性。然而，对于患者“看病难”、疾病“预防缺”、手术“风险大”、医生“任务重”等老大难问题依然困扰着医疗服务行业的高层次发展。通过数字孪生与医疗行业的深度结合，有望成为改变医疗行业现状的一个有效切入点。在将来，每个人都将拥有自己对应的数字孪生体。结合医疗设备的数字孪生（如监护仪、手术床、治疗仪等）与医疗辅助设备的数字孪生（如轮椅、人体外骨骼、心脏支架等），数字孪生将可能成为健康医疗服务、个人健康管理的新的管理平台和新的实验手段。参照前文数字孪生五维模型，基于数字孪生的医疗系统主要由以下几个部分组成：

（1）生物人体。即自然人的身体，但是可以通过各种新型医疗检测和扫描器设备，以及一些装备传感器的可穿戴设备，自然人体进行动态和静态相结合的多源数据采集，为数字孪生虚拟人体的建立做好准备。

（2）虚拟人体。基于生物人体，通过各种设备和传感器，多通道采集的多维、多时空尺度数据，可以借助综合建模技术完美地复制出与生物人体相对应的虚拟人体。其中，几何模型体现的是生物人体的外形和内部器官的尺寸和外观。物理模型体现的是血管、神经、骨骼、肌肉等的人体组织的物理特征。生理模型体现的是脉搏、心率等生理指标和特征。生化模型是最为复杂的，因为它要在细胞、组织和分子的多种空间尺度，甚至在毫秒和微秒数量级的多种时间尺度上去展现各种人体生化指标。

（3）孪生数据。孪生数据既有来自生物人体的数据，包括核磁、CT、彩超、心电图等医疗检测和扫描仪器设备产生的数据，还包括尿检、血常规、生物酶等生化数据。还有虚拟人体的仿真数据，包括手术仿真数据、健康预测数据、虚拟药物实验数据等。此外，在时间维度上，还有历史数据、统计数据和以往医疗记录等。以上数据的融合将产生更为科学的诊断结果和治疗方案。

（4）医疗健康服务。基于虚实结合理念的自然人体数字孪生技术，可以提供的医疗服务主要包括专家远程会诊、健康状态实时监控、医生培训、虚拟手术验证与训练、药物研发、手术辅助等。

（5）实时数据连接。物理实体和虚拟实体的实时连接保证了物理与虚拟的数据一致性，也为诊断和治疗提供了根本的数据基础，一定程度上提高了诊断准确性和手术成功率。

基于人体数字孪生技术，医护人员和研究人员可以通过各类感知设备获取人体动态和静态的多源数据，并以此数据来预判人体患病的风险和概率。人们可以依据反馈的提示信息，及时了解自己的身体情况和可能风险，及时调整饮食及作息习惯。一旦通过数据分析，发现了可疑病症，基于患者的数字孪生模型数据，各地专家无须到当地，也无须见到患者，可以根据各类数据和模型，即可进行可视化远程会诊，确定病因后即可制定治疗方案。当患者病情较为严重，需要手术时，通过数字孪生可以协助术前拟订手术步骤和实施方案。医学学生可使用头戴显示器基于虚拟人体对手术方案进行预实施和验证，就好像置身于手术场景中一样。不但可以从多角度和多模块尝试手术过程，以验证手术方案的可行性，还可以不断改进方案直到满意为止。另外，还可以借助虚拟人体来训练和培训医护人员，用来提高医术技巧和手术成功率。在手术的实施过程中，数字孪生技术可以增加手术视角，并警示因为死角可能发生的危险，以及预测潜藏的出血风险，有助于医生临场的准备与突发事件应变。还可以基于虚拟人体进行新药物的研发，比如，结合分子细胞层次的虚拟人体模拟，来开展药物的虚拟应用实验和实际临床试验，这样可以大幅度地降低药物研发周期。

另外，数字孪生技术支撑下的医疗还有一个长期愿景，就是从孩子出生就开始采集数据，形成虚拟孪生的孩子。随着时间的推移，伴随着孩子同步成长，作为孩子终生的同步健康档案和医疗实验体。

4.2.9 数字孪生车间

车间是制造业的基础资源，实现实体车间的智能化和数字化是实现智能制造的关键一环。随着新一代信息技术的快速发展和深入应用，车间在信息系统构建、数据实时采集、数据集成处理、虚拟车间建模及推演仿真等方面获得了快速的发展。在此基础上，实现虚拟车间信息与物理空间的互联互通数据传递，并且开展进一步的数据融合将是数字车间的未来发展趋势，也是实现车间智能化管控与生产的必由之路。

基于上述考虑，北航研究团队将数字孪生，特别是数字孪生五维模型引入到车间中来，提出了数字孪生车间的全新概念，主要目的是实现车间物理空间与信息空间的实时信息交互与数据深度融合。根据五维模型，数字孪生车间也包括虚拟车间、物理车间、车间孪生数据、车间服务系统及相互间的数据连接。在多源融合的孪生数据驱动下，数字孪生车间的整体及各个组成部分能够实现迭代运行和双向数据驱动优化，从而达到车间计划、管理与控制的最优。针对数字孪生车间的概念和内涵，北航研究团队全面地研究了它的关键技术、运行机制、实现方法，信息物理融合理论与技术等。在此基础上探讨了数字孪生车间里的能耗多维分析及优化、设备健康管理、实时过程控制及动态生产调度的相关技术和方法。

（1）数字孪生车间设备健康管理。数字孪生车间的设备健康管理策略主要包括基于信息物理融合数据驱动的故障诊断与预测、物理设备与虚拟模型实时交互与比对的设备状态评估、基于虚拟模型动态仿真的维修策略设计与验证等步骤。基于数字孪生理念和技术，可以实现对车间设备故障原因的准确定位、性能退化的及时发现，还有对维修策略的合理性验证。

（2）数字孪生车间能耗多维分析与优化。在车间能耗分析方面，信息与物理数据间的相互校准与融合能够提高能耗数据的准确性和完整性，从而更好地支持全面的多维多尺度效能分析。在能耗优化方面，虚拟模型的实时仿真可通过与工艺流程、设备参数和人员行为状态等进行迭代优化来有效降低车间总体能耗。在能耗评估方面，可以使用基于历史孪生数据挖掘的方法，所产生的动态更新的规则与约束可以对现实能耗进行多层次和多阶段的动态评估。

（3）数字孪生车间动态生产调度。数字孪生具备提高车间动态调度可靠性与有效性的能力。其主要流程如下：首先，基于信息物理融合数据能对设备的可用性进行准确预测，从而可以有效降低设备故障对生产调度的负面影响。其次，基于信息物理实时数据交互，能对生产过程中出现的不利扰动因素（如紧急插单、设备突发故障、加工时间被迫延长等）进行实时行为捕捉，从而及时触发系统的再次优化调度。最后，基于虚拟模型的车间仿真完全可以在调度计划执行前对调度策略进行预先验证，以确保调度的合理性和有效性。

（4）数字孪生车间过程实时控制。对车间生产过程的状态进行实时全面的感知，以满足虚拟模型进行实时自主决策时对交互数据的需求。通过对车间中控制目标的评估与预测来产生相应的控制策略，并对控制策略进行仿真和验证。当实际的生产过程与仿真过程出现不一致的情况时，基于信息物理融合的数据对其不一致的原因进行分析和挖掘，并通过调控物理设备或通过校正虚拟模型来实现两者的同步性和双向优化。

此外，其他科研院所与高校也对数字孪生在车间管理中的实践进行了有益探索。例如，机械工业第六设计研究院构建了基于数字孪生的车间管控系统架构体系，并研究了数字孪生驱动下的物理车间与虚拟车间同步的生产模式；广州工业大学研究了基于数字孪生的智能数字车间快速定制的设计方法；东南大学构建了基于数字孪生驱动的复杂产品装配模拟仿真集成系统等。以上这些研究工作的开展有力地推动了数字孪生车间理论与实践的有利发展。

4.2.10　数字孪生城市

现代化城市是一个开放而庞大的复杂系统，具有基础设施密集、人口密度大、相关子系统高度耦合等突出特点。那么如何实现对现代城市中各类数据信息的实时监控，同时围绕城市的顶层设计、建设、规划、安全、运营、民生等多个维度对城市进行高效数字化管理，是现代城市建设的重要工作。借助数字孪生，参照前文数字孪生五维模型，以数字化手段构建数字孪生城市，实现城市管理决策的智能化和协同化，将极大地改变城市治理面貌，对重塑城市基础设施，确保城市安全有序运行具有重大意义。

（1）物理城市。通过在现代城市地面、天空、河道、地下等各个层面的传感器部署和建设，可对城市的实时运行状态进行充分数据感知和动态监测。

（2）虚拟城市。根据五维模型，通过数字化建模手段，建立与物理城市相对应的虚拟城市模型，在虚拟城市中可以模拟城市中的核心要素，包括交通、环境、人、事、物等全方位要素，以及其在真实环境下的行为仿真。

（3）城市大数据。城市中的基础设施、环境和交通活动的各类痕迹、对虚拟城市的模拟仿真，以及各类数字化城市服务记录等城市大数据的汇集，可以用于驱动数字孪生城市的发展与优化。

（4）虚实交互。现阶段的城市规划和城市建设以及城市中民众的各类活动，首先必然存在于物理空间中，同时在虚拟空间中也得到了极大的扩充。虚实城市之间的交互、协同与融合将重新定义现代城市的未来发展新模式。

（5）智能服务。通过数字孪生，可以对城市进行数字化规划与设计，从而用于指引和优化对现实物理域城市的生态环境治理、市政规划、交通管控等城市治理策略，也可以改善市民服务，将赋予城市生活更多“智慧”。

我国政府将数字孪生城市作为建设智慧城市的重要途径和手段，如关于雄安新区的规划纲要就明确指出，要坚持现实城市与数字城市的同步规划和同步建设，并要求致力于将雄安新区打造成为全球领先的数字城市建设样板。

截至目前，中国信通院已经成功举办3届数字孪生城市研讨会。会上通过研讨，对数字孪生城市的内涵特征、总体框架、建设思路、支撑技术体系等方面进行了详细研究。阿里云研究中心也发布了《城市大脑探索“数字孪生城市”白皮书》规划，该白皮书提出通过建立数字孪生城市，借助云计算与大数据平台的强大算力，结合物联网和人工智能等先进技术手段，实现数字城市运行的公共资源配置、生命体征数据感知、事件预测预警、宏观智能决策指挥等，通过数字孪生城市的建设赋予现代城市智能化“大脑”。

此外，从国外一些具有代表性的探索来看，新加坡政府已经与达索合作，目标是建立一个数字孪生城市，用来监控城市中的各类实体，包括从公交车站到建筑物的一切相关城市实体，期望借助数字孪生城市的数字化平台，实现对城市生命体状态的图形化监控、治理策略仿真优化、规划决策执行等功能。

综上所述，数字孪生是实现我国智慧城市战略的有效手段，借助数字孪生城市，可以有效提升城市规划的质量和水平，推动现代城市的设计和建设，辅助城市治理和运行，从而让城市生活与生存环境变得更美好。

参考文献

[1] 陶飞，刘蔚然，张萌，等. 数字孪生五维模型及十大领域应用［J］. 计算机集成制造系统，2019，25（01）.

［2］陶飞，程颖，程江峰，等．数字孪生车间信息物理融合理论与技术［J］．计算机集成制造系统，2017，23（08）．

［3］吕鹏．数字孪生城市：智能社会治理的基础架构［J］．国家治理，2023（11）．

［4］胡莉莉，潘铭，郝春霞，等．依托数字孪生推动城市治理数字化转型的路径思考［J］．信息通信技术与政策，2022（12）．

［5］胡萧．数字孪生为市域社会治理插上智慧翅膀［N］．南昌日报，2022-11-07（002）．

［6］向玉琼，谢新水．数字孪生城市治理：变革、困境与对策［J］．电子政务，2021（10）．

［7］裴爱根，戚绪安，刘云飞，等．基于五维模型的数字孪生树状拓扑结构［J］．计算机应用研究，2020，37（S1）．

第5章 数字孪生视域下的社会安全治理体系

数字孪生在社会安全治理中的应用场所主要是各类城市，随着国家城镇化的强力推进和智慧城市建设的大力开展，以智慧大脑、数字孪生基础建设为代表的数字城市社会安全治理得到迅速发展。

5.1 数字孪生社会安全治理要素与防控体系

数字孪生建设涉及多个生产生活领域，其中智慧城市建设及数字孪生社会治理就是一个复杂系统的应用场景。针对数字治理复杂系统的基本特征，充分利用数字孪生“由实生虚、以虚控实、虚实互动、共生演进”的特点优势，开展社会安全治理领域的全生命周期数字孪生治理。

5.1.1 数字孪生社会安全治理要素

数字孪生社会安全治理要素一般分为内部核心要素和外部支撑要素，其中内部核心要素包括4个方面，外部支撑要素包括5个方面，这9个方面的要素是数字孪生在社会安全治理中的基础条件。

5.1.1.1 数字孪生的内部核心要素

为数字孪生社会安全治理提供内部动力和数字基础的四大核心要素如下：

（1）基础设施。所有的数字孪生建设都是以信息基础设施建设为基础的，它为数字孪生提供物质基础。

（2）数据资源。城市运行的全行业全时空数据资源获取是数字孪生存在和运行的基础，数据资源好坏也直接影响数字孪生系统的存续和健康运行状态。

（3）数字平台。各类数字孪生城市建设都会配套建设一套城市级技术支撑平台，该平台将为数字孪生提供标准化的数据接口、操作系统、交互界面等基础支撑模块和应用功能。

（4）应用场景。数字孪生的应用场景非常广泛，可以应用于城市管理、居民生活、智能制造、商业运营、文化娱乐等领域，应用场景是数字孪生存在和发展的原动力，也是其最好的价值体现。

5.1.1.2　数字孪生的外部支撑要素

数字孪生社会安全治理的五个主要外部支撑要素如下：

（1）战略和机制。战略和机制的制定将优化数字孪生的政策环境，推动数字孪生城市规范、有序、健康发展。

（2）利益相关者。数字孪生城市重要的设计者、建设者和用户，是数字孪生城市生态系统的重要组成部分。它主要涉及地方政府、ICT（信息通信领域技术）服务供应商、市民、监管机构、城市运营商、地产开发商等诸多利益相关方。

（3）资本和商业。资本的参与和商业模式开发既是优化资源配置、提高数字孪生城市项目建设的基础，也是数字孪生健康发展的核心内容，没有足够的资金投入和持续的商业运行模式支撑，城市级数字孪生难以建设，也难以有效持续运行。

（4）标准和规范。标准和规范是数字孪生城市建设和运行所要遵循的基本文件，在数字孪生建设和运行过程中及时制定和发布相应标准和规范，使建设、运营和使用各方都有据可循，可以显著提升数字孪生的建设效率，提高数字孪生运行效果。

（5）网络空间安全。数字孪生是以网络为基础建设的，网络安全是数字孪生的基石。数字孪生建设和运行中数据汇聚、用户规模已然达到了前所未有的高度，网络安全的重要性更加突出。

5.1.2　数字孪生治理的基本规律

在数字孪生应用于社会安全治理中，同样表现出一些共性规律和典型特点。

5.1.2.1　多源异构下的数据融合

数据资源获取是实现数字孪生的基础步骤，通过各类传感器获取的数字在类型和特征上都各不相同。数字孪生以数据为基层元素，其渠道也会逐步多样化，其来源也越来越广泛，这也造成数据结构越来越复杂，一般来说，这些数据类型包括结构化数据、半结构化数据和非结构化数据，为了实现数字孪生对原始数据的管理和应用，数字孪生必须进行数据处理。

另外，数字孪生的特点是双向数据驱动，实现数字孪生应用的数据驱动精准映射，需要将物理实体和数字世界模型对象之间进行双向映射。这一过程首先需要采集各类原始数据后将数据进行融合处理，驱动仿真模型各部分的动态运转，有效反映各业务流程。因此，数字孪生多源异构下的数据融合是实现全时空全场景一体化的关键步骤之一，其首要任务是通过采用多种方法和工具进行数据处理和融合，进而实现对物理实体和数字世界模型对象之间的精准映射和动态监测。

5.1.2.2　数据驱动高保真全映射

数字孪生系统运行的主体是各类模型，它们通常是对现实世界的实体物质及其行为规律进行总结和描述形成的数学公式，包括三维几何模型、业务逻辑模型、行为方式模型和状态形式模型。数字孪生在各类模型的驱动下实现物理世界和虚拟世界的相互映射、相互影响和相互促进。也就是说，可以在虚拟环境实现全要素建模 1∶1 还原真实物理场景，而真实世界又受虚拟数字世界的影响。

5.1.2.3　闭环进化协助高效决策

利用数字孪生数据和模型进行决策主要包括两个方面：一是通过已有的历史运行数据和现实采集的当前数据对现行世界的运行状态进行评估和量化，描述其所处的阶段和目前的状态；二是通过在数字世界中持续对物理实体进行监测、推理、预测、试错与优化，最终形成最优值反馈给物理世界，再对物理实体改进结果持续进行监测、推理、优化、试错，形成物理实体与数字孪生相互进化的闭环，通过在虚拟孪生世界中的模拟实验行为，为现实世界安全高效运行提供高可信度的虚拟实验场，最终为实体社会管理提供最优决策依据，实现现实世界的科学化决策和高质量管理。

5.1.2.4　全生命周期资源动态化配置

数字孪生将各个运行阶段和各类运行资源进行数字化，并全程管理这些资源，无论是单元级还是系统级，在整个生命周期都可以监测各类资源利用情况，及时发现问题，按照资源优化配置模型，开展资源动态调度，使整个生命周期内的资源在单元内或系统内得到充分应用。

与此同时，从数字孪生概念、范畴和应用效果来看，也表现出一些典型特征：

（1）好交互性。在数字孪生中，物理实体与数字空间可以双向映射、动态交互、实时连通，可实现多种数据模型间的映射，并可实现多种数据模型间的转化、融合与“表达”。

（2）可扩充性。通过对数字化模型的集成、添加和替代，可以实现多尺度、多物理量和多层次的建模内容的扩充。

（3）拟实时性。数字化孪生需要数字化，也就是用计算机可以辨识和加工的方法来描述在时间上基本同步变化的实物形态。描述对象包括物体的外观、状态、属性、内部机制等，构成了物体实时状态的数字化虚拟体映射。

（4）强真实性。数字孪生的真实性是指数字虚拟物体与实物物体之间的接近程度。虚拟物体和实体不但要在几何上有很高的模拟度，而且要对状态、相态和时态进行模拟。此外，对相同的虚拟物体，其模拟的程度也会存在一定的差异。

（5）高闭环性。数字孪生中的数字虚体类似于程序算法加数据结构，数字虚体其实就是一段程序，这个程序主要用于描述和分析物理世界的内在规律和运行状态，从而对物理世界的运行流程、工艺过程、参数状态、实施效果进行实时监测和态势展示，同时通过历史数据和实时数据的演化预测，对现实世界的管理和运行进行优化决策。因此，数字孪生在物理世界和虚拟世界之间架起了一座无形的桥梁，形成一个闭环运行的共生体，相互促进。

5.1.3　立体化社会治安防控体系建设

社会安全风险的多样性和复杂性决定了社会安全治理必须坚持源头治理、综合治理、系统治理、多元治理，在深刻认识社会安全风险本质及其规律的基础上，确立科学的治理理念，构建完善的治理体系。立体化社会治安防控体系的构建和完善正是社会安全治理在实践中不断发展和总结的创新。

5.1.3.1　立体化社会治安防控体系的内涵

新时期立体化社会治安防控体系的建设需要准确把握开放、动态和信息化条件下社会安全威胁产生的变化规律，特别强调社会治安防控要有战略性、整体性、系统性，建设立体化社会治安防控体系对于完善国家治理体系、有效维护转型期社会稳定具有至关重要的作用。

在战略性方面，该防控体系始终将社会治安置于社会治理的顶层设计层面，指导社会治安运行机制有效运行。这意味着它不仅仅是一个单一的社会管理政策，而是从国家层面上进行的长远规划，旨在实现全面而持久的治安改善。

在整体性方面，立体化社会治安防控体系涉及范围广泛，既有国家层面指导，也有社会各方面力量参与。范围上不仅包括公安机关内部力量，也涵盖了社会各方面资源，需要各方面力量参与，通过整体规划和全面实施更有效地解决社会治安问题，形成稳定可持续的治安防控网络。

在系统性方面，立体化社会治安防控体系强调系统整体作用，各子系统通过有机组合完成整体系统功能。系统运行过程中这些子系统在各自的领域内发挥重要的作用，同时作为系统的一部分共同投入和努力，对整体发挥作用形成合力，以实现最佳的防控效果。

立体化社会治安防控体系的关键是处理好防控主体、对象和手段的关系，需要从多元化角度进行把握，协调防控体系各要素运行过程，整合各方力量和资源，运用多种手段和方法，多角度、多层次、多环节打击犯罪，开展全方位社会治理。社会治安防控工作是一项重大工程，它涉及打击、预防、管理、控制和服务等多个方面，只有各方面的协调衔接和良性互动，才能最大限度地保持社会的安全和秩序。构建立体化社会安全防控系统，是从社会管理走向社会治理、从单一面向走向多元新维度、从“空间一时间”防控走向“心理一社会”防控、从分散应对走向综合控制的构建过程。

立体化社会治安防控体系建设对于完善国家治理体系、有效维护社会稳定具有重要的作用。立体化社会治安防控体系不是一朝一夕的任务，也无法一蹴而就完成所有内容，需要各方面日积月累始终如一，也需要各种力量相互合作有机协调，更需要事随时变，根据时代变迁情况探索创新治理新途径。从国家到地方都需要把立体化社会治安防控体系建设纳入经济建设和城乡规划之中，通过持续投入推动公共安全基础设施建设完善。用总体国家安全观理念指导社会治理建设实践，在经济社会发展的全过程，综合运用行政、法律、经济和文化等手段，系统治理当前社会安全出现的问题，整体提升公共安全水平。

5.1.3.2 立体化社会治安防控体系的建设内容

新时期立体化社会治安防控体系建设，应该立足于社会安全治理的现状，重点强化社会面巡逻防控网络、城镇社区和乡村防控网络、社会单位和行业场所防控网络、区域警务协作网络、街面视频监控防护网络、信息安全防控网络这“六张网”的完善，建立专门机关工作同群众路线相结合，硬管控与软服务相结合，“点、线、面”相结合，“人防、物防、技防”和“打、防、管、控、服”相结合，数字孪生社会与物理现实世界相结合的立体化社会治安防控体系。

（1）社会面巡逻防控网建设。社会面巡逻防控网是立体化社会治安防控体系的主要组成部分，社会面巡逻防控网建设应做大做强巡警，整合交警、武警以及治安员、保安员、治安志愿者等巡逻力量；坚持警情引导、动态布警；完善巡逻机制，提高街面犯罪防范打击能力。

（2）城乡社区村庄防控网建设。社区是社会治安防控的基础和重要组成部分。加强社区防控网建设，就必须针对社区人口、经济、社会与治安的特点，遵循治安管理与治安防范社会化的基本思路，创新治安管理、治安防范的机制和方法，切实加强社区防控网建设。

（3）单位行业场所防控网建设。各种类型的单位是社会治安防控的基本单元。在机关、团体和企事业单位内部建立安全防控单位，是维护单位内部安全稳定，打击违法犯罪，健全社会治安防控系统的基础保证。在具体措施上，要求各机关、团体和企事业单位按照“预防为主，突出重点，单位负责，政府监督”的方针，健全机构，配齐力量，合理规划，落实措施，进一步加强本单位的安全保卫工作。

（4）区域警务协作网建设。区域警务协作是以多社区整体治安管控为目的，其中某一个区域的社会治安状态不能以其他区域的犯罪转移为代价，要避免各自为政，从整体上共同提高整个大区域的打防控效能，维持更大区域的长治久安。各个区域的社会安全治理必须跳出行政区划的限制，打通联防联治通道，形成区域治安协作的全局观念。区域警务协作就是在一定的区域范围内，根据社会治安问题的性质和特点，借助警务协作制度和平台，形成以一个行政区域为中心、周边行政区域联合协作、共同参与，不同地区之间、不同部门之间协同行动工作局面的一种警务工作方式，是社会治安防控体系建设的重要组成部分。

（5）视频监控网建设。视频监控网络是以安全防范和视频技术为支撑构建起来的综合治安防控系统。根据部门业务需要，该系统将重点单位、关键场所、敏感区域、治安复杂区域、重要路口等汇集的影像资料，进行收集整理和分发应用，最终服务于案件办理、指挥调度等业务。在当前社会流动性日益增强的形势下，视频监控网建设对于公安机关加强违法犯罪的实时控制、协助查破案件都具有重要作用。

（6）信息网络防控网建设。随着信息社会的发展，信息网络对社会治安秩序构建的影响越来越明显，不法分子利用互联网进行违法犯罪活动的趋势日益明显，网上网下问题交织叠加，各类风险容易聚积迸发，虚拟信息与网络空间安全防控已经成为社会治安防控体系建设的重点方向。在此背景下社会治安防控体系的构建就必须坚持网上和网下的协调统一，按照相应法律法规、行业标准、技术规范、行业自律要求进行建设完善，并通过行政管理、公众监督、舆论引导、社会教育等手段开展信息网络管理，促进信息网络空间安全整体治理水平的提升。

5.2　数字孪生社会安全治理架构体系

基于数字孪生技术的社会安全治理体系与其他信息化体系一样有着复杂的架构体系，通常由基础硬件层、基础网络层、基础数据层、建模及计算层、功能模块层、应用硬件层、行业应用层构成，如图5.1所示。每一层都需要考虑相应的安全问题，如设备安全、数据安全和网络安全等。整个体系中涉及多种核心技术，包括但不限于物理建模、场景渲染、规律建模、仿真计算、物联网、区块链、大数据、云计算、人工智能、系统工程、5G通信等。

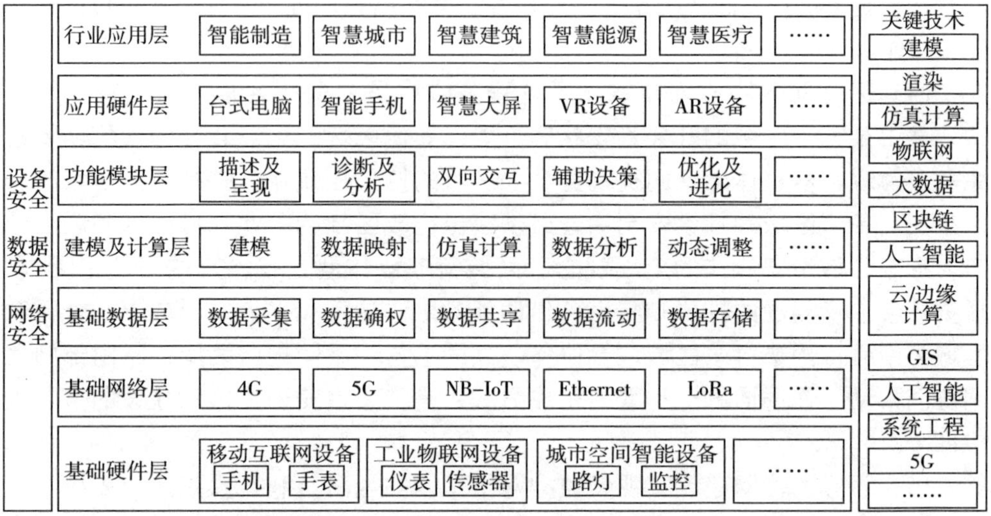

图5.1　数字孪生社会安全治理架构体系

5.2.1　基础硬件层

基础硬件层主要包括各类智能设备、传感器、物联网的终端等。例如，移动互联网设备（智能手机、智能手表）、工业物联网设备（电子仪表、传感器）、城市空间智能设备（智慧路灯、视频监控、空气监测设备、噪声监测设备等）等。其核心是物联网芯片和传感器等硬件，用于数字孪生不同场景下海量多源异构数据的采集以及向网络端的发送。

物联网芯片与传统芯片相比具有明显的不同，尤其在商业化应用方面。相较于传统芯片通常使用于特定设备的计算功能上，物联网芯片使用场景则更加灵活，对技术的要求也更高，也更注重应用场景的针对性。作为推动传统设备向物联网终端转型升级的关键部件，物联网芯片受到了业界广泛关注，技术性能上涵盖低复杂度的单一功能芯片，也包括通用高性能运算控制芯片，通信形式上既包括诸如蓝牙、NFC等短距离通信也包括长距离通信芯片。近年来以物联网芯片为创新创业起点的各类芯片厂商如雨后春笋般成长和发展，同时传统的芯片厂商也纷纷在这一领域发力，将物联网芯片视为未来发展的重点方向。

传感器，是指用于检测并响应被检测物理环境的信息采集设备，其输入信息种类繁多，通常包括环境中的光、热、运动、湿气、压力参数，也包括声音、视频等复杂数据，而输出的通常是被转换为人类可读的显示在传感器上或通过传输至特定显示端进行显示的数据。传感器是物联网终端市场的重要组成部分，主要包括温度传感器、接近传感器、压力传感器、水质传感器、气体传感器、烟雾感应器和红外传感器等。

温度传感器最早常用于冰箱和空调设备控制，现在其应用已经扩展到各个行业。温度传感器的主要类型有热电偶传感器（Thermocouple Sensor）、电阻式温度检测器（Resistance temperature Detector）、热敏电阻式温度传感器（Thermistor Temperature Sensor）、半导体传感器（Sem-iconductor Sensor）和红外线传感器（Infrared Sensor）等。

接近传感器是一种具有感知物体位置和距离的设备，可以感知被检测对象的移动和存在与否等信息，并将其转化为电信号输出。接近传感器可用于检查停车场的停车位、检测附近产品所在位置等诸多场景。接近传感器的主要类型包括电感传感器、电容传感器、光电传感器和超声传感器。

压力传感器（Pressure Transducer）是能接收压力信息，并按照预定的规律或标准将压力转换成可输出的电阻、电流或电压信号的元器件或装置。压力传感器一般由压敏元件和信号处理单元组合而成。按测压原理分类，一般包括应变式压力传感器、压电式压力传感器、光导纤维压力传感器三类；按测试压力类型，一般分为表压传感器、差压传感器和绝压传感器。

水质传感器是一种用于检测水质和离子浓度的专用设备，其应用场景非常广泛，在公共环境水质监测、工业环境水质监测和农业领域水质监测都有广泛的应用，对于保障人类健康、保护环境具有重要意义。

气体传感器是一种能将某种气体体积分数转化为对应电信号的元器件或设备，其类型一般包括半导体气体传感器、电化学气体传感器、催化燃烧式气体传感器、热导式气体传感器、红外线气体传感器和固体电解质气体传感器。这些传感器各有特点，适用的应用场景也不尽相同。实际生产生活中，气体传感器在环保、安监、工业生产、居民生活等领域都有广泛的应用，对于保障人类健康、保护环境和保护生命财产安全都具有重要意义。

烟雾感应器是一种用于检测其周围环境中是否存在过量的烟雾、气体和火焰的元器件或装置，具体包括光学方法或物理方法两种检测方式。烟雾传感器的常见类型有光学烟雾传感器和电离烟雾传感器。

红外传感器是一种能够感应目标辐射红外线，并利用红外线的物理性质进行测量的专用元器件或设备。红外传感器基于光电效应或热效应工作原理的不同，一般分为光子探测器和热探测器。红外传感技术在科研、国防和工农业等领域得到了广泛的应用。

5.2.2 基础网络层

基础网络层主要包括各类网络通信技术，包括但不限于4G、5G、NB-IoT、Ethernet、LoRa等。本层的主要作用在于为基础硬件层各个设备采集得到的数据提供有效的传输通道。

4G通信技术（第四代的移动信息系统），目前移动用户使用量最多的还是4G网络，它是以3G通信技术为基础，经过不断持续优化创新发展而来的通信技术。4G通信技术融合了3G通信技术的优势，并逐步拓展出一系列自身固有的新特征，其中就包括重点发展应用的WLAN（无线局域网）技术。相较于3G通信技术，4G通信技术的新特性使其在生产生活的各种应用场景中具有更大的优势：一是更高的数据传输质量，4G通信技术在图像、视频等多媒体文件的传输能够实现原图和原视频的高清传输。二是更快的数据传输速度，利用4G通信技术下载应用软件、文件、图片、音频、视频等，其最高下载速度可达到每秒数十兆，高速度高质量的移动网络下载服务能够给用户带来更好的通信体验，这也必将推动移动互联技术的快速演进和应用场景的快速扩展。

5G通信技术（第五代的移动信息系统）与4G一样都是数字蜂窝网络。在这种网络形式中，供应商将服务区域划分成为许多被称为蜂窝的正六边形小地理区域。基于这些蜂窝网络，声音和图像的模拟信号在移动终端中被数字化，并由模数转换模块转换为比特流进行传输。在蜂窝网络中，所有的5G无线终端设备通过规定频率的无线电波与本地天线阵和低功率自动收发器（发射机和接收机）之间进行通信。其中收发器从公共频率池分配频道，这些频道在不同位置的蜂窝网中可以重复使用。本地天线则通过高带宽光纤或无线回程连接与电话通信网络和互联网连接。与所有的手机使用方式一样，当用户从一个“蜂窝”跨越到相邻的“蜂窝”时，他们的移动设备也将自动切换连接到新“蜂窝”网中的天线上。

5G网络的最主要优势在于其远高于以前的蜂窝网络数据传输速率，目前5G传输速率最高可达10 Gb/s，比当前的很多有线互联网速度要快，比上一代4G LTE（一种通信标准）的蜂窝网络速度快100倍。由于5G数据传输更快，所以5G网络不仅为手机、平板等移动终端提供服务，还将成为家庭或办公环境中的网络提供商，与现有宽带网络服务商竞争。同时，5G的另一个显著优势是低延迟（响应时间更短），目前5G网络的延迟低于1毫秒，相比而言4G网络延迟一般为30~70毫秒。低延迟的5G网络为实时互联互通和虚拟现实在线渲染提供了可能，也为虚拟现实新兴产业提供了更多可能。

NB-IoT称为窄带物联网，是为了满足日益增加的物联网终端接入发展起来的网络服务形式，技术上窄带物联网与现在的移动网络兼容，主要是基于 LTE 技术发展而来，同时共用现有网络基础设施。为了迎合物联网的发展，现在中国的三大运营商都在按计划部署自己的 NB-IoT 网络。

5.2.3　基础数据层

基础数据层主要包括数据采集、数据确权、数据共享、数据流动、数据存储等方面。其主要作用在于处理由基础硬件层产生并且由基础网络层传输的多源异构数据。

数据采集又称数据获取、数据感知，主要作用是从基础硬件层中的各设备和传感器等模拟或数字被测单元中自动采集信息。

数据确权的目的在于为数据共享、数据交易、数据资产估值做准备。数字孪生体之间由数据搭建沟通，因为数据具有电子化、易复制性及隐蔽性的特点，其相对物权、知识产权的保护而言是更加复杂的，所以数据确权在数字孪生未来发展中将扮演重要角色。

基于数据的采集和确权，可进一步考虑实现数据共享，使更多的数字孪生体更加充分地使用已有数字孪生数据资源，减少数据采集和确权等重复工作。由于不同数字孪生体的数据采集可能来自不同的数据源，导致它们的数据内容、格式和质量存在很大差异。这给数据共享带来了很多困难，有时甚至会遭遇数据格式无法转换或转换后信息丢失的问题。这些问题严重阻碍了数据共享和流动，影响了数字孪生体的应用和发展。所以数字孪生数据采集和使用标准的制定是非常关键的环节。

5.2.4　建模及计算层

建模及计算层主要包括建模、数据映射、仿真计算、数据分析、动态调整等方面。这一层主要关注数字孪生体虚拟模型的建立。同时将基础数据层的可信数据接入虚拟模型，进行数据关联和可视化处理，以便进一步对数据进行融合和初步的计算分析。

5.2.5　功能模块层

功能模块层主要包括描述及呈现、诊断及分析、双向交互、辅助决策、优化及进化等模块化功能。该层是数字孪生业务能力的核心支撑，针对不同的行业和应用场景，数字孪生侧重功能也不同。

5.2.6 应用硬件层

应用硬件层，主要是指用户使用数字孪生体时可能用到的各类设备，主要包括台式电脑、智能手机、智慧大屏、VR 设备、AR 设备、MR 设备等。根据数字孪生的使用场景及用户的不同，采用的硬件也不尽相同。目前主要硬件载体是台式电脑、智慧大屏以及智能手机。同时，AR 设备、VR 设备、MR 设备的应用也逐渐增加，由于其理论可操作性、体验感、真实感等方面与数字孪生想达到的最优状态一致，所以极有可能成为未来数字孪生应用的首选硬件。

5.2.7 行业应用层

数字孪生的行业应用，是指数字孪生技术可应用的诸多行业或场景，目前来看主要包括工业智能制造、智慧城市、智慧园区、智慧建筑、智能交通、智慧能源、智慧医疗等。在制造业领域，数字孪生技术主要应用于产品设计、开发定制、车间绩效管理、预测性维护、航空航天、汽车自动驾驶等方面；在健康领域，数字孪生相关技术主要应用于提高医疗机构运营的效率、改善个性化护理等方面；在供应链领域，数字孪生相关技术主要应用于包装材料性能预测、加强装运保护、优化仓库设计和运营绩效、构建物流网络等方面；在城市空间领域，数字孪生相关技术主要应用于智慧城市设计、智慧城市管理、智慧城市服务等方面。

5.3 数字孪生社会安全治理功能体系

5.3.1 高可视化真实还原物理社会

数字孪生社会治理最典型、最直观的特征莫过于数字表达的极致可视化，将物理世界 1∶1 还原，不仅是视觉上的 1∶1 还原，而且是对物理世界运行规则的 1∶1 还原，做到表里如一、全息镜像。新型基础测绘成果可为数字孪生社会提供必需的基础空间地图，通过虚拟三维建模或实景三维建模，并与基础空间地图地理坐标信息对应，形成数字社会的一张底图，物理世界的道路、河流、楼宇、学校、医院、公园、小区等各类实体以及所有设施部件，在数字模型中均可以逼真再现。

数据采集与可视化展示。数字孪生社会治理所有的数据采集均来自真实物理世界，数据采集内容包括街景影像、无人机倾斜拍摄、雷达车载扫描、卫星地图、GIS 数据以及建构筑物的 BIM 数据等。这些原始数据通过机器学习和自动化工具加工处理，可以快速实现 3D 建模，并能实现跨越 L1–L5 不同精度类型的现实场景还原。

L1 精度能从形状上区别不同建筑，但从外观颜色等方面，不体现具体差别；L2 精度是在 L1 的基础上，增加了材质、光照等；L3 精度是智慧城市的主打类别，基于 L3 精度建立的城市模型，通过叠加各类数据，包括政务大数据和社会数据资源，以及从传感器实时采集的物理世界运行动态数据，作为属性加载到各类地理实体，从而实现城市级的可视化运营管理；L4 精度模型的最大误差仅为厘米级，AI 训练和仿真一般是在这个精度级别完成；L5 精度能精确到毫米级别，满足未来更高阶的智能化运行需求。

特殊场景渲染。除了山川、河流、桥梁、建筑等地理实体的静态可视化展现，社会运行过程中发生的形态变化，包括光线的变化、气流的变化、季节的变化、时间的变化、早晚的变化等，以及各种灾害事件的发生，如火灾、洪水、雷雨等，作为数字社会主要载体的数字城市都能够根据城市地理信息库、单体资产库以及城市传感器监测、全景视频图像的拼接等各渠道进行数据分析和 AI 处理，可视化综合渲染不同场景，逼真再现灾害发生时的景象，实时反映城市的运行状态，为高效的应急管理提供支撑。城市的灯光秀在数字城市可同步呈现炫丽场景，所见即所得。

动态事件呈现。城市中流动的人，道路上奔驰的车辆，根据摄像头的视频数据，路口车辆抓拍数据，ETC 系统的缴费数据，以及人出入时的门禁数据，消费时的支付数据等，通过大数据集成分析，数字城市能够掌握城市中的人流、车流的运动轨迹，并同步再现人、车的流动情景，逼真度超过 90%，方可达到可仿真的水平。

城市运行中发生的各种事件，如楼宇里正在召开的会议、剧场里正在上演的话剧、马路上刚刚发生的一起车辆剐蹭事故等，都可以通过数据涌动进行捕捉，并作为实体的属性之一在数字城市表达或渲染出来。通过数字城市可以完全透视物理城市，使物理城市的前世今生尽在掌握之中，过去可追溯，当下知冷暖，未来可预期，城市精细化管理再也不是空谈。

5.3.2 智能定义重塑城市物理形态

数字孪生城市与现实世界城市的相互映射是数字孪生技术应用的关键，若要实现数字孪生城市对物理城市的精准映射和智能操控，物理城市必须具备可感可控的能力。发展城市数字孪生实现步骤上首先是构建面向未来智慧社会发展需要的新型信息基础设施，包括泛在标识感知体系、泛在互联接入体系、泛在边缘计算体系以及泛智能化的城市基础设施等要素。在此基础上，开展数字孪生应用将重塑城市物理形态，改变城市风貌，实现智能定义一切的目标。因此，推进城市新型信息基础设施建设将为数字孪生智慧城市的实现提供有力支撑。这些基础设施将作为数字化、网络化、智能化公共服务资源，向全社会有偿或无偿开放，具备泛在普惠、功能强大、随需而变、应时而动、灵活调度的感知能力、接入能力、计算能力、存储能力、执行能力，为政府和各行业开发智能化应用，为科研机构和高校开展科学研究提供强有力的支撑，尽显城市智能。

标识是泛在标识感知体系的重要一环。标识，是指城市中的实体，包括各种建筑物、构筑物、设备、城市家具等，它们都有唯一的数字化身份标识，可以是二维码、射频识别或其他编码。标识可以像门牌那样在实体上展现。城市里到处都是标识，标识的背后连着信息和服务。用手机扫描任何一个标识，都可获取相应实体可以公开的信息，有些服务性实体，如体育馆、电影院、医院、景区等，则可以直接进入服务界面，进行查询预订等相关操作。数字化标识使城市中的实体在数字孪生城市中均有唯一身份，有名有姓，是数字世界对物理世界实现精准映射和智能操控的基础，为城市设施的精细化管控以及支撑智能化应用开发、仿真和运行创造了良好条件。

感知是泛在标识感知体系的重心。数字孪生城市改变以往智慧城市建设各行业自建自用感知设施的方式，要求集约部署全要素动态感知的监测体系，以“统一布设、统一采集、统一管理、统一存储、统一利用”为原则，统筹部署视频监控、传感器等各类感知设施，形成集约化、多功能监测体系，满足全方位的监测需求。未来的城市可能出现以下场景：

一是多功能信息杆柱林立，遍布道路、公共场所以及园区、社区，上面部署LED路灯、高清摄像头、WLAN或基站、广告牌、交通指示牌、集成传感器、充电桩和紧急呼叫电话，具有照明、通信、监控、监测、充电、紧急呼叫等功能，通过载体共享节省用地，且所有设备共享能源电力和网络接入，易于管理和维护，而且能美化城市景观。地上是智能化前端设备综合载体的杆柱，地下则是覆盖干道支路的智能管廊，所有管线被纳入廊中，实时监控并在数字城市可视化呈现，确保城市生命线的安全。

二是大大小小的盒子无处不在，不妨称之为感知盒子，小的如魔方，大的类似视频监控箱，大小不一，按需配置，有的盒子挂在杆柱上，有的挂在建筑外墙，有的部署在无人机和特定车辆上，有的嵌入市政设施与其合二为一。这些盒子里可能是检测多个物理量的感知板卡，也可能是下联多个传感器的传感网关，还可能是微基站、摄像头和传感器的综合体，总之是集成化的功能可扩展的感知监测节点，广泛部署于天空、地上、地下、河道等区域，形成无所不在的末端感知能力，如水、电、气一样，成为城市不可或缺的基础资源，为城市运行监测等信息化应用备足资粮。泛在感知体系如图 5.2 所示。

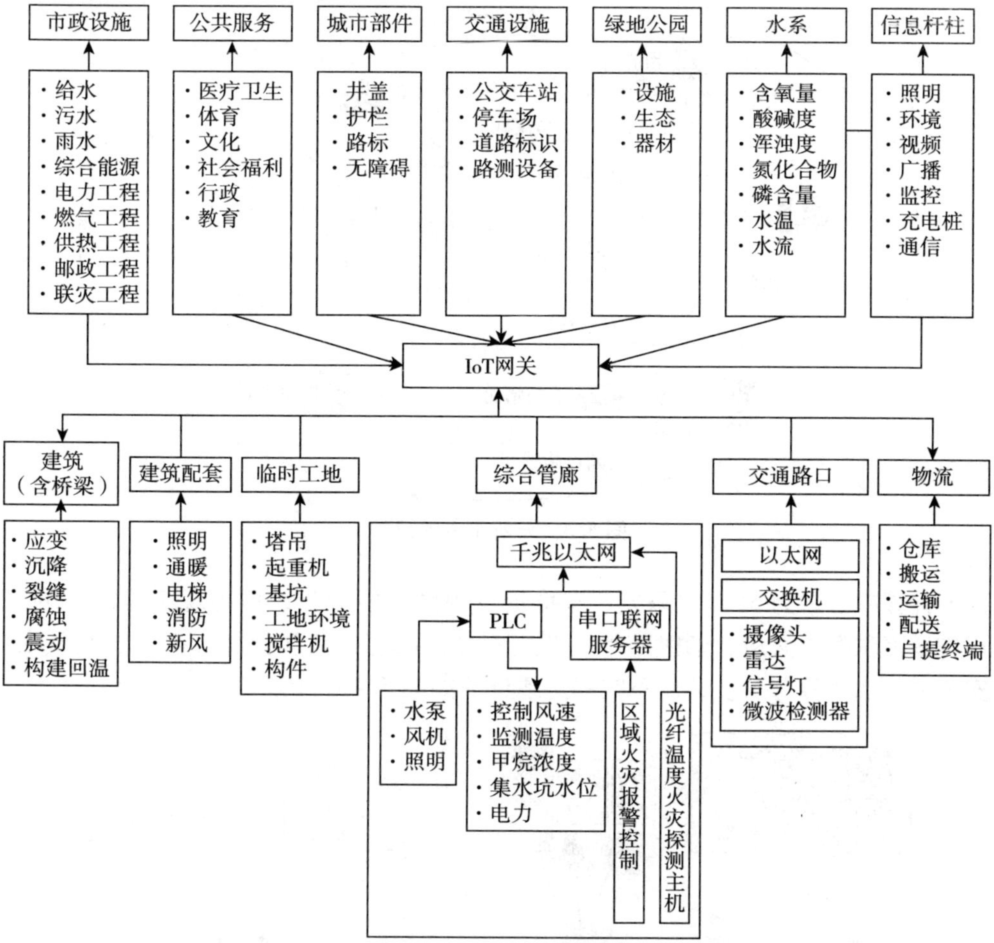

图 5.2　泛在感知体系

三是无人驾驶公交、无人驾驶环卫车、无人机和各类智能机器人将越来越多地涌现，成为浮动的感知载体、静态的感知盒子，与安装在车辆上的激光雷达、空中的卫星遥感共同构成空、天、地一体化的立体感知体系。

虚实互动离不开物联感知，数字孪生城市建设首先要由实入虚，只有全域传感设施部署和实时信息采集，才能实现两个孪生体之间的精准映射、全息镜像，布下天罗地网，使城市脉搏呼吸尽在掌握。无所不在的感知如图 5.3 所示。

泛在边缘计算夯实智能化基础。边缘计算和云计算以及超级计算一样，是城市计算能力和存储能力必不可少的一环，也是数字孪生城市的核心要素之一。边缘计算节点星罗棋布，小型节点设备可以挂在杆柱上或依附于市政设施，中型节点设备一般放置于遍布城市的运营商接入机房，边缘计算节点下联感知盒子、上

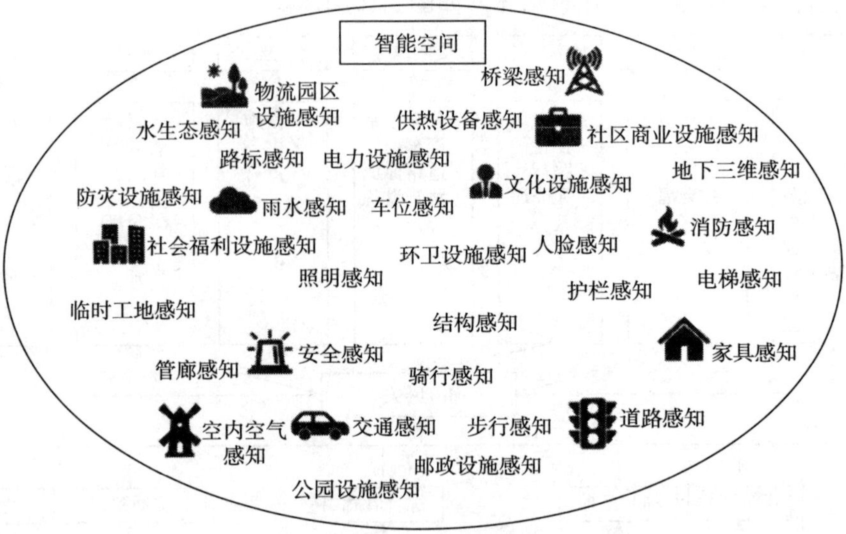

图 5.3　无所不在的感知

联云计算中心，为 5G、物联网、车联网、视频智能分析、虚拟现实等庞大的应用市场提供有求必应、随时随地、低成本高可靠的存储和计算服务，以及泛在、安全的边缘计算服务。无所不在的边缘计算如图 5.4 所示。

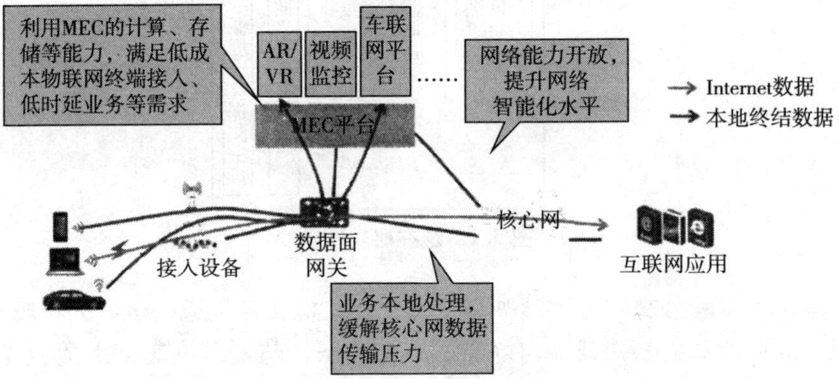

图 5.4　无所不在的边缘计算

泛智能化的城市基础设施催动公共资产数字复兴。城市公共基础设施涵盖了多个领域，包括信息设施、卫生设施、道路照明和安全设施、娱乐服务设施、交通设施以及艺术景观设施等。具体来说，信息设施主要包括指路标志、视频监控、通信和邮政装置等；卫生设施包括公共卫生间、垃圾箱和公共饮水器等；道路照明和安全设施则包括路灯、交通信号灯等；娱乐服务设施包括座椅、游乐器械、健身器材和售货亭等；交通设施包括巴士站点和车棚等；艺术景观设施则包括雕塑和艺术品等。这些设施都是城市生活中不可或缺的重要组成部分，在数字孪生建设中都将被升级为智能化终端和设施，使其具有唯一的数字身份标识，在城市大脑备案管理，实现智能信息服务跟进。此外，通过感知盒子内嵌或外挂，使其运行状态可被数字城市的城市大脑实时监测，其应用系统与城市大脑相通，可以被城市大脑远程控制启停。无人驾驶汽车、无人机和机器人作为设施智能化的特殊形态，将越来越多地涌现，在城市治理和数字生活的各个方面发挥重要作用。

5.3.3　全景视角实施数据驱动治理

传统的城市基层管理往往依赖于突击式、运动式的执法方式进行，各个部门各自为政，导致获取的数据不统一不兼容，使得城市管理难以从根本上解决数字化和智能化问题。数字孪生城市的出现彻底改变了这种状况，它可以通过大数据集成与协同治理，实现高效的城市管理。在数字孪生城市中，各类数据如城市基础数据、政务服务业务数据、运行数据等都将被集成并附加到地理实体上，而这些地理实体又被加载到城市信息模型中，形成模型、实体、数据的一体化。这不同于常规的智慧城市的大数据分析，数字孪生城市的数据分析具有全局性、可视化、与位置关联、支撑仿真试错等特点。通过这种方式，数字孪生城市能够实现城市管理服务的全面升级，提高城市管理的效率和水平，为市民提供更好的公共服务。

由于数据可复制可传播，因此数字孪生城市的数据可以很好地跨越地域、部门和行业边界，实现从全景视角分析和展示城市的运行态势和运行规律，如人口的流入流出、流动人口的构成、产业的兴衰与变迁、哪些新业态发展迅猛、居民的生活水平和消费能力、人们的出行习惯和兴趣爱好、城市交通的流向、公共服务资源和设施哪些最受欢迎、哪些地区的治安情况较差等。通过城市状态特征的抽取，管理者能够及时发现痛点难点问题，掌握发展动向，便于有的放矢、精准施策，补齐短板。例如，通过大数据融合分析和挖掘，可以预测公共服务需求并主动提供服务。同时，政府推出的政策和举措会在虚实迭代中通过深度学习不断优化和修正，从而不断提升百姓的幸福感，使城市变得更加美好。

实现数据驱动的全要素可视化管理。基于城市全时空立体感知体系的监测信息，实现城市运行状态自动研判，针对出现突发异常事件或预测的可能异常情况，自动启动预案，实现问题联动处置、需求有效应答和资源科学调配。基于全域视频数据和智能视频分析，可自动发现潜在隐患、交通事故、人流骤然密集现象、违规违章事件、环境卫生脏乱差等问题，结合通信基站数据，可以实现特殊人员追踪、车辆轨迹查询等。

视频监控系统不再是几十个割裂的单个画面，而是所见即所得，整个城市进行了完整的3D还原，既可以直接从全景视角观看园区的总体人流热力图，也可以直接查看和调取任意位置的详细监控画面。由于监控系统与安保系统做了底层的数据打通，因此针对异常情况，可直接从画面中调集最近的安保人员，安排其前往查看。例如，通过视频发现没有家人看管的学龄前小朋友，在没有围栏的水池边逗留超过15秒，智能分析认为有潜在危险，遂通知附近的保安马上到现场带小朋友离开。

5.3.4 柔性仿真虚拟试错物理执行

实时柔性仿真能力将是未来极为重要的能力，它将超越大数据，对真实世界产生更为深远的影响，数字孪生城市的真实价值正在于此。例如，城市早高峰和晚高峰的交通信号灯配时是否合理，是否需要被调整优化？对于这个问题，交通管理部门不可能提出100种措施并逐一试错。但在数字孪生城市的仿真系统中，却可以尝试1000种，乃至10000种方式，如增改某条道路、设计公交线路、优化信号灯等，让系统找到最优解，让决策变得更科学。再例如，一座城市上调公共停车场收费标准会对交通系统产生什么影响？在规划一座新城时，机场、车站、博物馆等重要基础设施的位置设定将如何影响人流走向，学校、医院、养老院、体育馆的选址是否合理，公共资源的空间布局是否平衡，楼顶太阳能的最大发电量，城市家具的最佳摆放位置，大楼突发火灾楼内500人在多长时间可以安全撤离等，这些仅凭大数据不足以解决的问题，正是实时仿真大显身手的领域。实时仿真方案如图5.5所示。

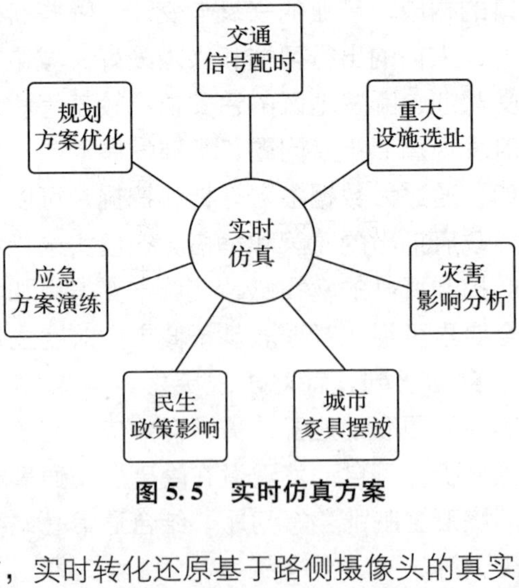

图5.5 实时仿真方案

在数字孪生城市，实时转化还原基于路侧摄像头的真实的交通数据流，自动生成虚拟交通流，在虚拟环境中实现交通流的镜像还原，目前可以做到还原匹配度高达90%。将非结构化视频数据转化为可追踪和分析的结构化数据，为交通的实时预测以及科学决策提供模型依据，由此实现提前预警、实时应对、决策分析及规划优化。

利用“数字孪生城市”开展城市规划建设和运行管理的模拟仿真，对城市可能出现的不良影响、矛盾冲突甚至潜在危险事件进行提前预测、智能预警，并制定出科学合理的对策措施和响应预案，从未来视角干预或改进城市原有的发展规划和运行轨迹，进而指引和改进真实城市的规划建设和管理运行，优化市民服务供给，赋予城市生活“智慧”能力。

无论是应用在无人驾驶训练、交通流预测上的实时仿真，还是应用在城市运行管理的系统仿真，都是在不断汇集和融入更多更全的数据，让操控、训练和模拟变得更加真实、准确。同时，这样一个集极致可视化和实时仿真于一体的环境，也在不断进行自我学习，通过数据的不断扩展丰富变得更加聪明，变得具有自生长、自优化的能力，功能越来越强大，最终实现城市级大系统仿真和大规模场景预测推演，实现更多在当前真实世界中不可想象的创造。

5.3.5 创新构建试验场和创新平台

数字孪生城市不仅是用于智慧城市治理的平台，更重要的是这个虚拟平台汇聚了海量的数据资源和几乎全部的技术资源，如果将数据、技术和能力开放出来，将为城市中的各类主体，如管理者、居民、企业等提供价值巨大的创新平台，支撑实现之前在真实世界不可想象的发明创造，大量新应用、新业态、新模式、新体验将涌现，虚实融合打开了一扇通向新世界的智慧大门。

数字孪生城市一方面集成了地理信息、政务数据、部件数据、事件数据、运行感知数据、社会数据等城市所有静态的动态数据；另一方面则汇聚了测绘和地理信息技术、传感和计算技术、大数据和人工智能技术、虚拟现实和可视化技术、控制技术和仿真技术等新一代信息技术。海量的数据和全方位的技术相结合，聚变出数据采集、数据集成、数据建模、数据可视化、数据仿真等主要能力，为各行各业开展规划建设、管理、服务以及技术创新提供了虚拟仿真、数据服务等全方位支撑。数字孪生城市依托数据和技术打造开放能力平台如图5.6所示。

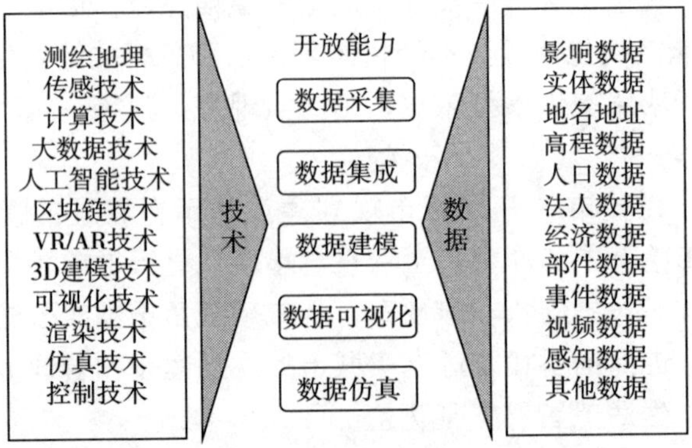

图 5.6　数字孪生城市依托数据和技术打造开放能力平台

未来的城市治理，将向全民参与共建、共治、共享的社会治理格局演进，数字孪生城市以虚拟服务现实的能力，为各种社会力量和各类市场主体在社会服务中发挥积极作用，在基层社会治理中发展基层自治能力以及全民共享治理成果创造了条件与空间。

基于数字孪生的服务创新将以全方位的数字孪生体构建为基础，其中主要包括服务的场所、主体和内容等方面的构建。同时，服务方向也由实体服务向着虚拟服务转变，即通过数字孪生技术构建出与实体场所和设施相似或映射的虚拟空间，并提供对应的虚拟服务。例如，虚拟学校、虚拟医院、虚拟养老院、虚拟大剧院等全新服务形式，使得人们可以在任何时间、任何地点享受到高质量的服务。虚拟服务既可以有效缓解我国公共服务资源不平衡、不充分的问题，也可以有效降低服务提供者的成本，提高服务效率和质量。此外，数字孪生技术通过对城市居民的行为习惯、兴趣爱好甚至三观进行精准画像，为居民提供个性化的工作、生活、娱乐、休闲等方面的服务，为迷茫的人提供方向指引，为困境中的人提供生活救助，为有困难的人提供帮助，为有愿望的人提供实现的机会，从而全面增强人们的幸福感和获得感。因此，数字孪生城市必将成为未来城市发展的方向，为人们提供更加便捷、高效、高质量的服务。

此外，数字孪生城市将培育面向城市管理、公共服务、产业发展和科技创新提供专业化高质量服务的数据服务新业态。例如，利用城市地理信息、三维模型资产信息、物联网信息和环境信息，为各行各业提供第三方的数据集成服务、场景可视化服务、数据可视化服务、仿真服务、云渲染服务等，新业态培育对于发展数字经济、促进创新创业、刺激信息消费具有重要意义。

5.4　数字孪生社会安全治理技术体系

数字孪生社会治理依赖于地理测绘信息和一体化感知监测体系建设，通过支撑泛在接入万物互联的网络设施采集数据，利用全域实景三维数字孪生模型发展而成的物理信息集成展示平台进行可视化管理。同时，数字孪生社会治理利用全域全量的数据资源、高性能的协同计算能力、支持深度学习的机器智能算法三个主要资源要素，集成开展智能化数字孪生安全治理，实现社会运行智能控制、民生服务供给、产业发展服务等各个系统协调高效运转。基于数字孪生技术的智能社会运行模式能够实现“全域立体感知、万物可信互联、泛在普惠计算、智能定义一切、数据驱动决策”的自我优化和内生发展。

以数字社会的主要载体数字城市为例，数字孪生城市八大基本组成要素如图5.7所示。

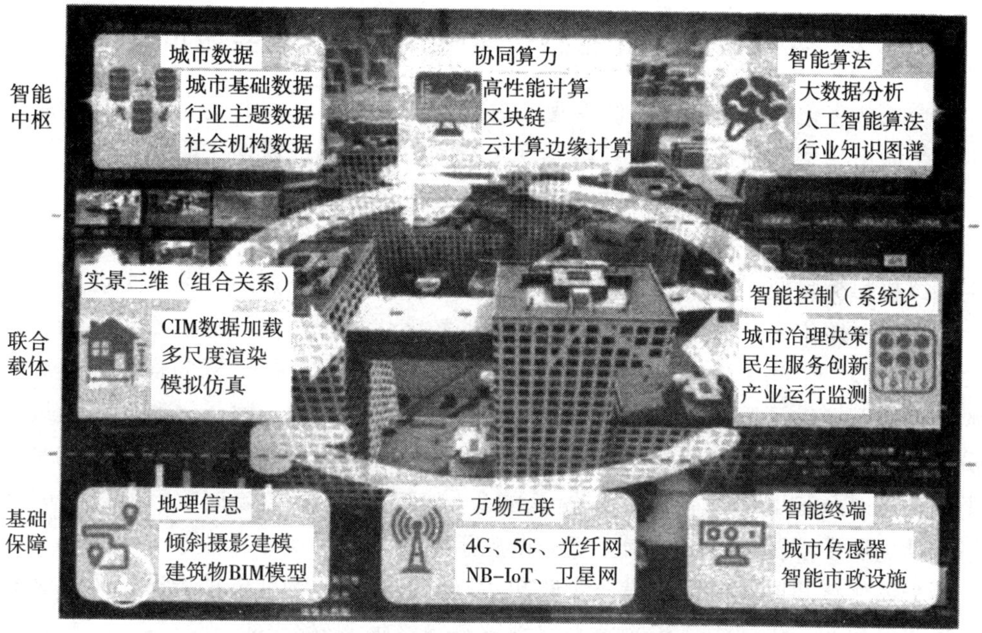

图5.7　数字孪生城市治理基本组成框架

5.4.1　新型测绘：地理实体信息实时更新秒级加载

地理信息测绘是构建数字孪生城市空间模型的关键基础，是表达空间位置关系的基础。城市信息大多数都与空间位置和定位有关，地理信息测绘技术广泛应用于城市交通、规划、应急、环保等各行各业。技术上数字航空数码摄影、低空无人机测量、低角度高分辨率遥感影像和倾斜摄影技术是构建城市智能化大比例尺数字地面模型的关键。数字航空数码摄影是 DLG 数字高程模型的主要数据来源，为城市规划设计和基础设施建设提供了详细的地面信息。低空无人机摄影测量载体作为现代空间技术低空飞行的主要测量手段，具有灵活、高效、安全等优点，它可以为城市测绘、土地资源调查、环境保护监测、灾害预测预警和指挥决策等提供高分辨率图像。低角度高分辨率遥感影像也是城市景观纹理的主要信息来源，通过低角度高分辨率遥感影像，可以获取包括建构筑物形状、大小、高度、材质等城市地表物体的详细信息，对于城市规划设计具有极大的参考意义。倾斜摄影技术则是将传统航空摄影与地面信息采集技术相结合，更准确地反映出被拍摄物体的实际参数，然后通过计算处理得到城市建构筑物的三维模型，从而弥补航空摄影采集的不足。以上这些技术的应用将为城市规划和城市设计提供更加详细、准确和高效的测绘数据支持。

5.4.2 全域智能：智能感知体系“读写”真实城市

全域数字化标识是实现万物深度互联的关键基础，它同时也是构建高精度数字孪生城市模型的前提条件。在数字孪生空间中，这种标识用于明确区分不同实体的身份，因而构成了实体在数字世界中的基础信息。数字孪生城市模型是一个涉及物理世界与数字世界之间完全对应、有机融合和持续演进的复杂过程。该过程的终极目标是驱动整个城市系统实现全面数字化和智能化。为了实现这一目标，必须对城市中的每一个实体进行精确的数字化标识。这种标识不仅有助于建立实体在数字空间中的唯一索引，还为实体之间的精准匹配、双向连接以及后续的管理控制提供了可能。在城市范围内，所有智能终端都被赋予了唯一的全局身份标识，就像人的身份证号一样，这种标识在数字孪生城市中将作为唯一的身份索引，可以系统地记录智能终端所有的身份信息。这使得数据能够实现实时采集、精确反馈以及远程终端操控等复杂应用成为可能。

一体化感知监测体系既是万物感知、万物互联、万物智能的媒介、入口和触点，也是数字孪生实现真实物理世界到虚拟数字世界转化的“连接器”。一体化感知监测体系主要包括感知设备、感知网络、感知平台等，设备层由包含物联网感知模块的智能终端组成，成为设备数据源；网络层建立极速传输网络，为城市各类传感设备提供更深、更广的网络覆盖，更可靠、更大量的并行连接，使感知数据可以从设备层高速传输到平台层；平台层汇聚所有感知数据，为城市大数据分析洞察提供支撑，进而为城市治理、民生服务、产业发展等提供综合数据服务。一体化感知监测体系在全域终端数字化标识体系下，通过感知元器件和互联互通设施，感知和传送城市环境、城市部件等监控对象的状态信息，并实现受控的反向的远程控制，最终实现真实物理空间和数字孪生空间的双向映射，达到万物互联、虚实交融的效果。

5.4.3　万物互联：泛在高速网络“连接”两个城市

为了支持数字孪生城市的有效运行，满足城市各类型使用场景的智能化运行需求，确保城市全时空智能化设施感知信息流动畅通无阻，必须构建一种地上地下全通达、有线无线全接入、万物互联全感知的数字孪生城市极速专用网络。通过这种专网才能够实现数字孪生城市与真实物理城市之间虚实交互、孪生并行的毫秒级响应，进而确保城市运行的高效性和响应的灵敏性。

泛在高速、多网协同的网络接入服务是“连接”真实世界与虚拟世界的保障，为实现万物互联奠定了基础。泛在高速、多网协同的网络接入服务主要是利用 4G、5G、WLAN、NB-IoT、eMTC 等多种网络技术通过相互补充与交叉部署，实现虚拟化、云化技术的立体无缝覆盖，为城市各应用场景提供无线感知、移动宽带和万物互联的接入服务，推动新一代移动技术与垂直行业的融合应用。同时，基于新型信息网络技术在空、天、地领域的各自优势，协同网络接入服务能够有效地解决城市场景中多维信息的获取、协同、传输和汇聚难题，实现城市资源、任务分发、组织管理的智能化统筹处理和最大化综合利用。最终，泛在高速、多网协同的网络接入服务将为城市各类用户提供一种实时、可靠、按需服务的泛在、机动、高效、智能、协作的信息基础设施和决策支持系统平台。万物互联的泛在无线接入网络如图 5.8 所示。

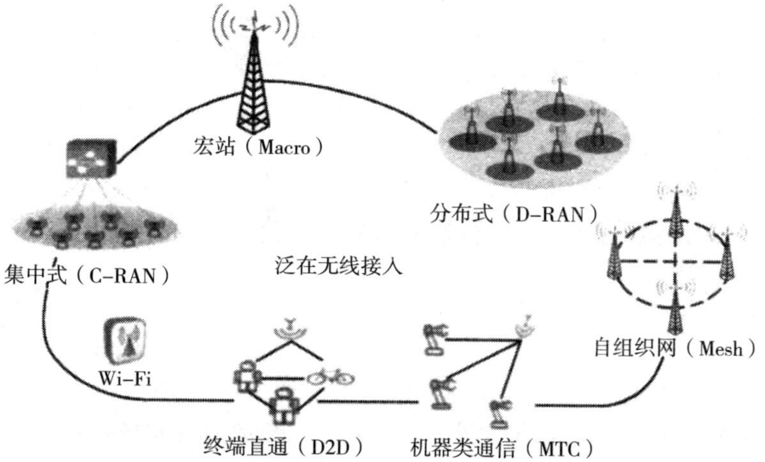

图 5.8　万物互联的泛在无线接入网络

数字孪生城市提出网络新需求。从安全、效率、成本三个方面考虑建立数字孪生城市极速专网。数字孪生城市提供了基于虚实融合技术能力的管理“一盘棋”、服务“一站式”的模式，这种模式与传统的智慧城市相比，有三个突出的特点。

一是对于安全性有着更严苛的要求，必须保证网络和信息的绝对安全，否则将可能使整个城市遭受毁灭性打击；二是物理世界与数字世界的虚实之间必须实现毫秒级响应，要求网络传输高带宽、低时延，网络资源虚拟化按需配置，可灵活调度和弹性组网，支持政府跨部门调拨公共资源、突发事件中的联动响应，以及应急抢险的及时性和准确性，满足城市管理和服务的高效率要求；三是满足百万级、千万级传感器和智能化设施的接入要求，海量的感知数据采集以及城市运行、政务服务、产业发展、管理控制等信息传输将带来巨大的通信传输成本。

因此，从安全、效率、成本三个方面考虑，必须建立数字孪生城市极速专网，在以往的信息化建设中政府各部门分别租用运营商专线的方式已不能满足需求。极速专网对于数字孪生城市的成败起到举足轻重的作用。

城市极速专网具有六大功能和优势：一是综合接入功能，提供包含宽带无线网、宽带有线网、视频监控、应急通信、政务外网等专业服务，帮助政府提高城市管理的运行效率、解决各种环境下的网络部署问题；二是融合指挥功能，借助极速专网，尤其是无线专网，实现跨部门、委办的指挥通信；三是感知数据传输功能，面向城市中无所不在的传感设备和智能化设施，采集传输动态运行数据，汇入城市数据资源体系，从而使城市大脑能够对包括民生、城市服务、安全、环保、工商业活动在内的诸多需求做出智能响应；四是专网专用，为用户提供更流畅的网络体验，避免公网环境下用户数陡增导致的网络拥塞，同时可让用户根据需要自主选择网络建设的疏密及带宽大小；五是网络基础资源共享，提高利用效率，避免重复建设及租赁带来的资源浪费；六是物理隔离，提高安全性，从接入到传输的物理隔离，降低了网络被非法入侵的风险。极速专网使数字世界与物理世界紧密连接，为城市管理以及人们生产生活方式的改变带来了深远的影响。

5.4.4 实景三维：数字孪生模型“描绘”前世今生

数字孪生模型是城市统一的“展示窗口”和“决策中心”。通过加载全域全量的数据资源，以 GIS 系统为基础结合 BIM 模型和 CIM 模型构建城市的三维数据空间，实现城市地上地下地理信息数字化。整合城市遥感数据、北斗导航数据、地理测绘信息、智能建筑等城市空间数据，在数字空间模拟仿真组建出与真实物理城市相互映射的数字孪生城市三维模型。

数字孪生城市模型集中呈现全域智能终端信息、城市运行状态、决策执行效果等，并且可通过操控系统远程控制城市的运行状态。同时，数字孪生城市模型还可以通过模拟仿真实验来预测和评估城市发展的可能性，为决策者提供更准确、可靠的决策依据。简而言之，是在万物互联、万物感知、万物智能的基础上，打破传统设计规则，在静止的二维平面中加入动态演示与模拟，由形态上的平面化、静态化开始逐渐向动态化、立体化、智能化延伸。

建立数字孪生城市模型需要三个步骤，分别为数据采集、数据建模、数据呈现与渲染。

数据采集主要包括静态数据和动态数据。静态数据有 GIS 数据（地理信息数据）、OSM 数据（开源街景数据）、栅格化数据等，如道路长度、建筑高度、实体属性等。动态数据主要来源于城市一体化物联网感知平台所收集的实时运行监测数据，如在时间坐标上的空气指数、交通流量、行人轨迹等。

数据建模主要是基于城市 GIS 地图，利用建模技术，按照地形层、水域层、道路层、建筑层、绿化层等顺序逐层加载和信息叠加组建而成的，并对建构筑物、桥梁、停车场、绿地等城市部件进行单体化、语义化处理。

数据呈现与渲染主要是对模型数据的实时加载模拟和真实效果渲染。例如，通过图形图像技术，实时模拟光源、聚光灯、箱灯、太阳光等多种光源类型，根据时刻和天气动态数据，如早、中、晚时间，云层高度、风向、边缘噪波尺寸等，对白天、夜晚，以及阴、晴、雨、雪等多种真实天气进行模拟；运用动态光追踪距离场阴影技术，实时计算模拟空间的阴影状态，最终模拟还原物理世界的动态运行情况。数字孪生城市模型技术架构如图 5.9 所示。

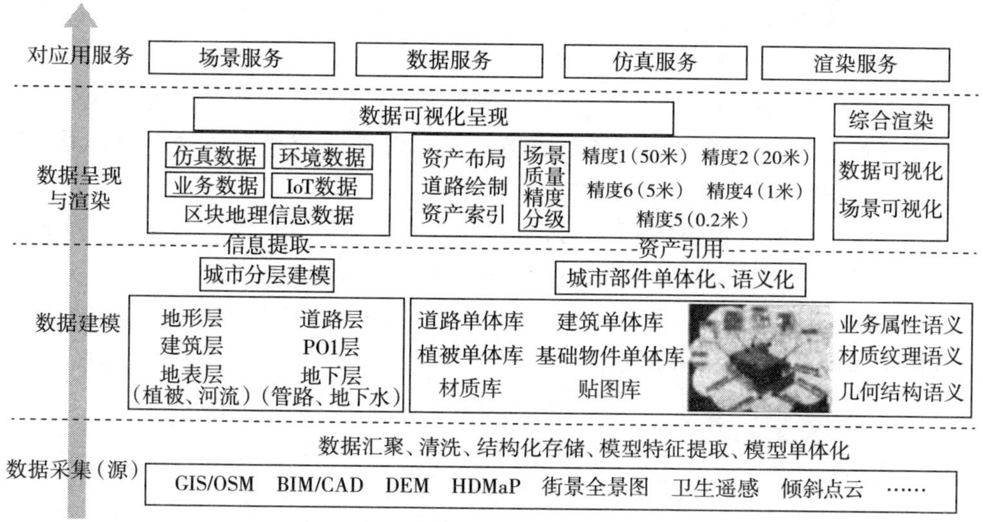

图 5.9　数字孪生城市模型技术架构

上述的三个步骤，都将在数字孪生城市的信息系统（云计算平台）中实现，最终通过综合城市大脑，利用 SaaS 平台，向城市管理者提供决策和管理服务；同时利用 PaaS 平台，向行业、企业和个体开发者提供数据服务、仿真服务、场景服务等各种服务。

5.4.5 多维数据：全域全量数据资源作为基础资产

多维数据通常包括三个方面：一是城市的语义信息，是指将城市的全部要素语义化，即将城市的几何属性、自然属性和社会属性全部以数据形式表征，使其能够被计算机所理解，从而形成统一的城市知识图谱。二是政府部门掌握的信息，这些信息涵盖了产权、户籍、法人、纳税、社保、教育、医疗、交通、电信等多个领域。根据统计政府部门掌握的信息有 80%与空间地理位置相关。三是城市运行产生的大数据，通常包括路况信息、导航信息、气象信息、车辆轨迹、人口流动、移动通信等。通过将物联网、传感器、监控点、移动终端等城市实时运行的多源异构数据利用语义方式与空间数据进行时空上的聚合，并向各政府部门和社会企事业单位提供基础服务，可帮助相关部门提质增效。

全域全量的城市数据是数字孪生城市构建的基础，为深度学习、自我优化功能提供“数据”要素（城市智能中枢三大要素之一）。在数字化标识和一体化感知监测体系下，整合城市基础数据资源、城市运行实时感知数据、政府部门业务系统数据、行业平台及第三方社会机构数据资源等多元数据，形成城市全时空全方位数据。城市全量数据包括基于统一物联网感知平台的智能终端数据、基于卫星遥感信息的城市地理信息数据、基于政府信息系统的城市管理业务数据、基于公用事业单位信息系统的业务数据、基于建构筑物和厂矿已有传感设施的设备运行数据、基于通信运营商和互联网服务提供商等商业信息系统的数据、面向手机、平板和智能车辆等移动终端的动态数据等。

通过统一的城市数据管理平台，经过数据的采集、汇集、清洗、分类、融合、共享等流程加工处理和应用，保障城市数据的一致性和可靠性，实现整个城市数据的快速定位和高效获取，为高效决策奠定数据基础。数字孪生城市全域全量数据资源体系如图 5.10 所示。

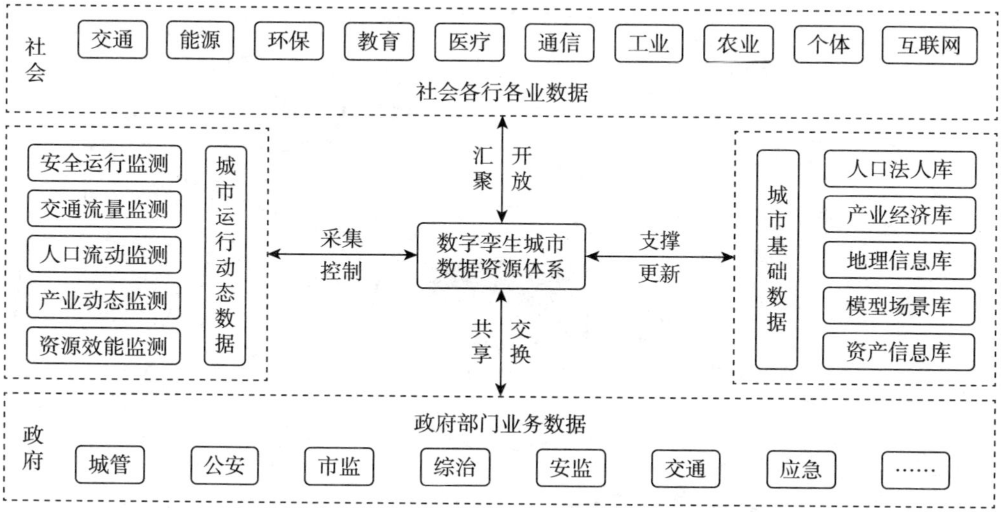

图 5.10　数字孪生城市全域全量数据资源体系

5.4.6　协同计算：高性能算力提供效率保障

高性能的协同计算是数字孪生城市构建的效率保障，为深度学习自我优化功能提供“算力”要素（城市信息中枢三大要素之一）。在数字孪生城市建设发展中，城市实现了高度数字化，数字化城市每日又会产生海量数据资源，高性能的协同计算能力孪生城市的算力支撑条件，构成上主要包括超级计算中心、云计算中心和边缘计算中心，在城市的所有网络节点中根据需求部署云计算中心和边缘计算设施，为孪生城市的高效运行提供运行决策。

在数字孪生城市中，针对智慧城市、城市大脑、物联网等大数据和大流量应用场景，为了满足更广泛的连接、更低的时延、更好的控制需求，云计算逐渐演变为一种更加全局化的分布式节点组合形态。同时，边缘计算作为云计算向边缘侧分布拓展的新触角，充分发挥其能够实时或更快速地进行数据处理和分析、可以显著减少传输数据节省网络流量、可以离线运行并支持断点续传等特点和优势。通过与云计算的紧密协同，从而满足各种需求场景，实现最大化的云边协同计算价值。

以自动驾驶为例，通过车辆获得的车辆周边感知数据和车路协同基础设施获得的路况数据，在边缘计算中心进行环境理解、导航规划、高精地图更新等数据处理及决策，然后在交通部门的云计算中心进行交通指挥控制。云边高性能协同计算架构如图 5.11 所示。

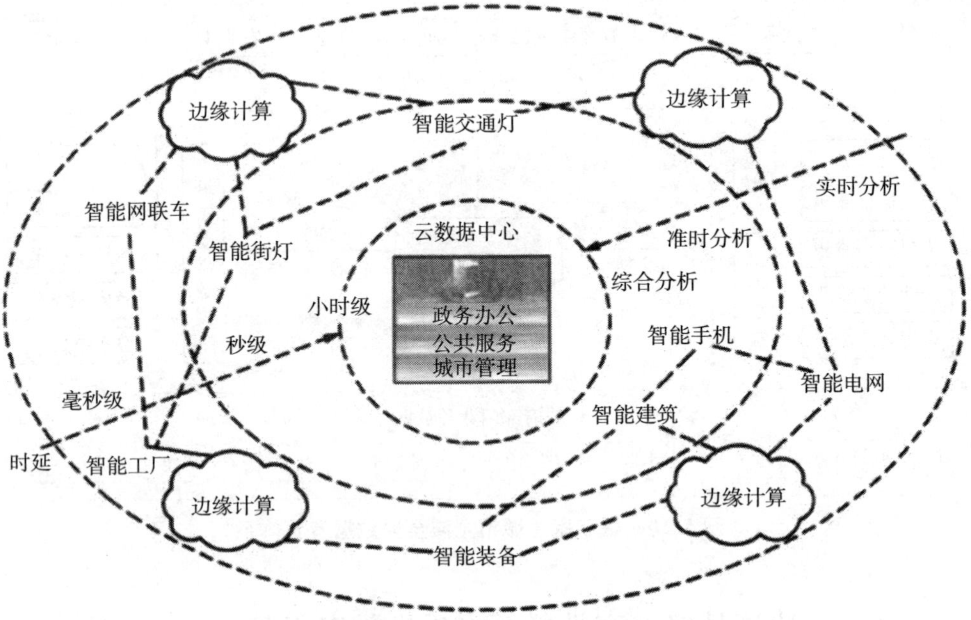

图 5.11　云边高性能协同计算架构

5.4.7　深度学习：城市智慧大脑“演绎”运行决策

基于深度学习的机器智能平台在数字孪生城市的构建和运行决策中发挥着至关重要的作用，为深度学习的自我优化提供了关键的“算法”要素，是城市信息中枢的重要组成部分。基于海量的城市数据和高性能计算能力，以深度学习算法为核心的机器智能平台全面融合大数据、云计算、人工智能、区块链等先进技术，实现了有效采样、模式识别、知识发现和规划决策等功能。另外，通过将人类智能和机器智能相结合，基于深度学习的机器智能平台将专业经验和数据科学有机融合，使机器学习驱动的交互可视分析方法得以迭代演进和不断优化。这不仅提升了智能算法执行的效率和性能，保证了数据决策的有效性和高效性，还逐渐将自身进化成为一种具有高度智能化和自主决策能力的“城市大脑”智能系统。

基于深度学习的机器智能平台能够适应不断变化的城市服务场景，为数字孪生城市的构建和运行提供强有力的支持。例如，运用大数据技术推动政企协同、定制化数据开发、大数据公共服务等场景服务；运用人工智能技术实现人工智能基础应用服务、自主无人系统智能支撑服务、群体智能协同服务等场景服务；运用区块链技术，提供基础数据安全可信的共享开放、简化金融物流供应链等业务流程等定制化区块链场景服务。

5.4.8 智能控制：运筹帷幄之中，决胜千里之外

对现实智能操控的应用体系是数字孪生城市的“总控开关”和“指挥中心”。应用体系全面集成城管、应急、安全、交通、环保、能源等系统，形成集城市运行态势监控、灾害预警、应急指挥、信息发布等功能于一体的数字孪生城市总控平台、运行指挥平台，在深度学习、仿真决策的基础上，实现城市资源的最优化配置和城市治理服务的智能化运转。

智能操控体系是数字孪生城市实现“由虚入实”的重要环节，它通过城市大脑实现全域设施智能化控制，使智能市政设施、交通设施、行业设施、无人机、无人车等前端设备达到扁平化的远程控制效果。智能操控体系在线上进行预演与操控，可根据全量大数据分析，自动触发相应预案，并根据操控效果不断优化操控预案。

智能操控体系和数据资源体系一起被嵌入数字孪生城市模型中，使模型、数据、软件融为一体，实现对城市的“一盘棋”治理。智能操控软件部署在数字孪生城市大脑中，以 SaaS 平台的形式服务于城市的智能化运行。以交通信号灯优先级机制（TSP）举例，为了保证公共汽车乘客快速到达目的地，装载了 TSP 系统的公交车在接近路口时，TSP 会自动索要优先通过权，信号灯会随即反应并做出相应改变，减少红灯时间或延长绿灯时间，提高公共汽车的路口通过率。

在数字孪生城市中，所有的现实场景都将在网络空间拥有相应的虚拟场景，应用体系对现实世界的控制，如交通信号灯的控制、远程开关照明路灯、远程开关风电机组等，由应用系统在虚拟世界发出指令，在现实世界中执行，而现实世界完成指令后的状态同时又在虚拟世界中可视化展现。基于泛在接入以及虚实互动毫秒级响应的极速网络，实现了两个世界的同步变化，突破了时空的界限。

智能操控体系从城市管理的角度对自动化技术、控制技术提出了新的要求，城市管理的复杂性，设施设备的多样性，系统之间的关联性，大规模、低时延、实时响应、协同联动，对自动化技术、控制技术的功能和性能两个方面提出了不同于行业领域的更高要求，将促进这些技术的演进发展，为其提供广阔的发展空间。

5.5 数字孪生社会安全治理实施途径

社会安全治理是数字孪生技术落地的综合应用场景，城市作为社会运行的主要载体，数字孪生城市必然成为社会安全治理的主要实践应用场所，现代城市规

划、建设、运行、管理和安全保障都离不开数字孪生技术的支持。

5.5.1 城市规划：通过实时仿真少走弯路不留遗憾

通过构建数字孪生城市模型，可以支持城市规划设计的模拟仿真与推演，从而实现规划方案的最优设计。在新城新区规划前，数字孪生城市的可视化图形展现能力可较早还原规划目标效果，助力“一张蓝图绘到底”，实现质量变革；在已有城市的基础上规划时，数字孪生城市的模拟推演仿真能力，可实时呈现新规划内容要素对城市运行效果的影响，制定最优化规划决策方案，实现动力变革；在城市规划的方法上，数字孪生城市的数字空间组件组装能力，可提高规划效率，实现效率变革。

5.5.1.1 质量提升：推动实现“一张蓝图绘到底”

2017 年 4 月 1 日，中共中央、国务院决定设立河北雄安新区。习近平总书记强调，建设雄安新区是“千年大计、国家大事”，规划建设要有长远眼光，在新区建设起步阶段，城市建设不必太急，稳扎稳打，雄安新区要“把每一寸土地都规划得清清楚楚后再开工建设，不要留历史遗憾”。习近平总书记指出：“新区首先就要新在规划、建设的理念上，要体现出前瞻性、引领性”，“要坚持用最先进的理念和国际一流水准规划设计建设，经得起历史检验”。在雄安召开的座谈会上，习近平总书记用“世界眼光、国际标准、中国特色、高点定位”为雄安新区规划和建设标定了时代高度。雄安新区规划编制是新中国成立以来，全国关注度最高、动用机构最多、涉及领域最广、集聚人才最多的一次城市规划编制。直到 2019 年，雄安新区除了基础性项目和保障运行的临时性建筑外，两年多时间里“未动一砖一瓦”，始终保持历史耐心，坚持“一张蓝图绘到底”，可见城市规划对于城市高起点建设、高质量发展的重要性。

数字孪生技术能够在数字空间中实现真实世界的一一映射，基于数字孪生城市模型和映射关系，可以全面了解城市的实际情况，掌握城市的运行规律，为城市规划提供有力的数据支持。通过数字孪生技术，可以在城市规划前期进行有针对性的分析和布局，通过快速的模拟和分析，以更低的成本和更快的速度推动城市规划的形成。基于数字孪生城市模型和“一张蓝图”，可以建立科学的评估体系和多学科影响模型，确保规划的合理性和可行性，避免不切实际的规划内容，减少设计时间和资源浪费。

在城市设计阶段，数字孪生技术可以进行先行数值模拟、空间分析和可视化展示，构建工程勘察信息数据库，实现工程设计信息的有效传递和共享。通过全面整合导入城乡、土地、生态环境保护、市政、建构筑物等多方面规划数据，在数字孪生空间实现虚拟建设，通过仿真叠加实验，发现和解决潜在差异和冲突，统一空间边界控制，形成多规合一的“一张蓝图”。同时，数字孪生技术可以对各种具体规划方案及详细设计结果进行模拟仿真和可视化展示，实现方案的优化和比选，为决策者提供更加直观、准确、可靠的决策依据。

5.5.1.2　动力增强：形成“全局最优”规划决策

数字空间制定全局最优化的规划决策。通过数字孪生城市模型平台，首先我们可以整合城市规划相关的各种类数据，包括静态信息如人口分布密度、绿地面积布局、地理空间位置、房屋布局、道路分布、停车位等，以及动态信息如交通流量、实时环境检测、空气动力学、温度变化、社交活动等。利用数字孪生城市模型平台，结合全量数据基础，我们可以构建反映城市运行规律的算法模型，再通过模拟仿真、动态评估和深度学习，评估城市规划方案的效果，有效避免规划设计走弯路，实现全局规划最优化目标。在交通规划方面，通过交通流量预测与模拟，我们可以优化交通基础设施建设和运行管理，改善城市交通状况。此外，在环境规划方面，通过事先模拟实验评估某块绿地对周边环境的影响，我们可以制定出更加科学合理的绿地规划决策。

科学有效地评估城市规划决策效益效果。基于数字孪生城市模型平台和可视化展示系统，我们可以通过定性或定量方式分析城市交通路况、人流聚集分布状态、空气质量趋势、水质变化指标等各个维度的城市数据。通过模拟实验挖掘和分析城市数据，使规划决策者和评估者能够快速直观地了解之前的规划决策对城市环境、城市运行等状态的提升效果，评判规划项目的建设效益，辅助政府做出更加科学合理的决策，避免走弯路和重复低效益建设，提高城市规划的效率和准确性。

5.5.1.3　效率提高：开启“积木式”规划新模式

在数字孪生城市模型平台中，城市的花草树木、砖瓦墙瓷皆可实现单体的数字孪生，数字孪生城市的实质是城市所有组成要素的数字孪生集合体，城市的一草一木、一砖一瓦就是一个有空间大小的数据块，集成了该物件的静态和动态属性数据。在城市规划时可实现“积木式”自由组装，模型自动模拟仿真组装后的规划方案效果，尤其是针对新城新区或城市大面积空地的规划，数字孪生城市平台可以作为城市规划的集成工具，类似搭积木式地开展规划布局，极大地提升规划的效率，开创绿色高效规划模式。

5.5.1.4　建设智能：智能化贯穿规划建设全过程

在数字孪生城市建设过程中，城市设计规划是必要的准备。可以通过如下方式进行规划：

(1)“数字城市”之辅助规划。传统的城市规划与设计是通过设计平面图、效果图、实景沙盘模型（根据地形图、航拍图片或实地地形资料，按一定的比例关系，用泥沙、兵棋和其他材料堆制的实景模型）和三维动画来展示规划设计成果；传统城市规划设计中计算机技术和仿真模拟在城市空间和城市环境模拟方面也有一定的应用，主要通过专业软件对规划图文资料的审查、复核、汇总等过程开展标准化和数字化的建设管理。在数字孪生模式的城市建设规划中，“数字城市”的建设能够将各种规划设计方案直接应用于虚拟三维环境，以动态交互的方式进行全方位展示，在虚拟的设计环境中分析设计的合理性，评价其对现实环境的影响，从而达到降低设计成本、提高设计效率的目的。数字城市辅助规划在城市地下空间规划、地下管线规划，以及工程地质、水文地质和环境地质分析等微观研究方面更是优势明显。同时，数字孪生辅助规划还通过系统集成，可以对 GIS 数据和其他相关信息时空信息进行存储、处理和分析。根据城市的运行现状、发展趋势、潜在容量等综合因素，利用不同的规律预测模型，展示城市长期规划和宏观调控的可能前景。

（2）“数字城市”之公众参与规划。对于数字城市规划建设而言，规划是手段，民众是主人，服务是目的。权尊民之贵、权为民之福、权谋民之利、权保民之安。城市规划应关心人、理解人、尊重人，要把群众利益放在首位进行考虑，有效推进公众参与规划过程，同时满足公众对城市知情权，并接受公众监督，因此建立了公示体系、畅通建议机制、落实反馈制度，数字孪生规划大有可为。具体行动上，可以通过“规划网站”不断展示规划成果，同时建设规划展馆和公告牌，开辟规划建议园地，公布规划参与方式，定期反馈公众关心的热点，保障公众参与简单直接，促进决策过程的民主化程度。

（3）“数字城市”之城市建设。随着计算机技术、网络技术、海量存储技术和 3S 技术（遥感技术、地理信息、全球定位系统的统称）的飞速发展，数字孪生城市规划的内涵和外延得到了更为广泛的拓展。数字城市的建设不仅聚焦于信息化建设，还包括制定各种规范和行业标准，以及推动城市文化的建设。数字孪生城市的发展速度不仅取决于技术进步，还与经济实力、文化发展和政策体系紧密相连。数字城市建设的基本目标是资源的高效整合与优化配置，以更好地推动城市的建设和发展。

（4）“数字城市”推进规划标准化、规范化。数字城市采用先进的信息化技术，对规划办公、审批、申报等流程进行了全面的优化和规范。通过建立统一的规划办公平台，实现规划信息的共享和协同办公，简化了申报流程，提高了申报效率；通过制定详细的审批流程和标准规范，加强了对申报数据的审核和管理，确保了申报数据的准确性和完整性，保证了审批工作的公正、透明和高效。

（5）“数字城市”推进工作智能化。地理信息系统（GIS）、办公自动化系统（OA）和网络通信系统（MS）作为数字孪生城市建设规划管理系统的基础信息平台，在规划工作中发挥着至关重要的作用。这些系统将城市规划和管理过程中的信息按照计算机和网络通信技术的要求进行规整，再利用城市管理信息系统进行传递和应用，从而实现城市规划管理信息系统的建设和应用。通过这些系统的应用，城市规划管理部门与城市建设部门之间可以建立有效的信息沟通渠道，使在线建设申请、规划审批等流程得以实现，城市规划设计布局分析、城市动态发展建设实施等任务都将变得简单方便，规划和建设工作也将变得更加智能和高效。

5.5.2　城市建设：变得像搭积木一样简单

随着城市化进程的加快，城市建设的规模和复杂度不断增加，以传统方式开展城市建设变得力不从心，数字孪生城市将有效应对城市建设和管理这一难题。

在城市建设阶段，建设参与各方能够基于数字模型对工程项目从图纸、施工到竣工验收的全过程进行监管，对重大项目的进度、资金、质量、安全、环保、原材料、劳务和协同协作进行数字化管理，从而实现动态、集成和可视化的全过程智能施工管理，确保重大工程项目按时、高质、安全交付。每个在建的建筑和基础设施，都有物理实体和数字虚体，可实时追踪、定位、分析工程施工、交付、监管等环节的质量，实现各建造方的实时沟通、多方协同，建设成果的模型预先比对、实体多轮迭代，确保城市建设提质降本、绿色低碳、保障安全。

5.5.2.1　透视每栋城市建筑的纹理

数字孪生技术在建筑领域的应用极大拓展了人类的视野，将相对封闭、隐蔽且重要的建筑内外部细节信息以数字化的方式精准呈现，为政府管理者、建筑开发商、居民用户等开展建设运维、监测监管、保护救援开辟了新的路径和模式。

传统的楼宇建筑是自成一体、独立封闭的空间，建筑图样以二维线条描绘为主，分为平面、剖面、立面等多个分立维度。在未来的数字孪生城市中，各类建筑都会广泛部署传感器、摄像头、红外探测器、门禁、智能水电气表等物联网设备，楼宇建筑的全部运行状态都可以用数据进行量化，通过BIM、数字虚拟仿真等技术进行三维立体建模并可视化实时呈现，实现“所见即所得”，同时结合地理信息系统（GIS）、大数据分析等技术，即可全方位、全角度、透明化、可视化实时呈现楼宇建筑的全量属性和真实信息，包括城市建筑的空间布局、大小、位置、颜色、光照、设施部件等，并且人与建筑模型之间能够形成互动和反馈。

对于政府部门，数字孪生技术能够让城市管理者看清全市的建筑空间布局，为开展土地规划、审批监管等提供决策依据；对于建筑开发商，可将BIM技术用于建筑施工、翻新改造、装饰设计等各个环节，通过模拟仿真看到后期效果，及时修正建设方案，避免施工浪费和工期延长；对于物业公司，依托数字孪生技术能够动态监测空调、电梯、门禁、照明等设施的健康状态；对于公安和消防部门，能够通过数字孪生模型精准掌握楼宇结构、户型、层高、出入口、消防设施位置等信息，便于迅速开展消防安全救援。

数据表明，在全社会主要能耗中，建筑能耗占全社会总能耗的比例超过40%，传统建筑业规模巨大、能耗和排放高、管理复杂，尽管物联网、大数据等技术在建筑行业已被广泛应用，但每栋建筑仍然是孤立的个体，“信息孤岛”问题普遍存在。未来，数字孪生城市里的每栋楼宇建筑都将是智慧化的“生命体”，不同的建筑能够互联，人与建筑能够交互，建筑自身能够进行数据分析和自我学习。

通过在建筑内部署智能计量表，实时采集建筑内的水、电、气、热等能耗数据，所有数据将实时汇聚到城市大脑进行智能分析，并以热力图、表格、数字仪表盘、GIS、动态图等形式可视化展现，便于管理者掌握不同类型用户的能源需求和使用情况，对不同能源用途和区域进行分时段分项阶梯计量，从而实现对全市建筑能耗的“全天候监测”和“一张图管理”，及时对能源进行动态分配，并为管理部门开展能耗异常监测预警、远程诊断、巡检维修提供支撑。在智慧建筑内的房间、过道等区域广泛部署照度、红外、温度等传感器，能够根据自然光强度、室内温度、人员进出情况自动调节照明设施、空调系统，加强热量循环利用，减少电力消耗。厂房、车间等建筑通过数字化技术能够实现水电用量实时监控、能耗分析、异常报警，推动企业节能减排、按需错峰使用，并为开展能源评估、能源审计、能效认证等提供支撑。

在建筑物健康监测方面，数字孪生技术同样大有可为。桥梁隧道作为城市交通运输干线，对城市的发展起着重要的支撑作用。我国公路桥梁数量多里程长，其中不乏世界级跨度和规模的桥梁，它们是关系到国计民生的关键基础设施，一旦发生垮塌事件，将造成难以估量的生命和财产损失。因此，除了桥梁本身的结构设计、材料使用、施工质量外，桥梁的日常健康监测、养护维修同样是至关重要的任务。通过在桥梁关键部位安装震动、压力、变形等传感器，实时采集桥梁结构应力、载荷、形变、环境状况等数据，结合断层扫描、智能巡检等技术，可实现对桥梁健康状态的实时监测和预测维护。

在建筑遗址复原方面，利用3D测绘、航拍、激光扫描等技术能够完整采集建筑物的三维尺寸、内部空间结构、颜色样式等数据，通过数字化建模、仿真渲染，结合全息投影、AR/VR等即可全方位立体化呈现古建筑的遗址原貌，未来可用于古建筑文物保护、遗址复原等方面。法国是目前全世界在文物保护工作方面走在最前沿的国家之一。早在2014年，历史学家安德鲁·塔伦就用激光扫描仪对巴黎圣母院大教堂进行了扫描测量，每个扫描点都包含几何位置、颜色、类别、强度值等信息，扫描精确度在5毫米以内，形成了一个包含超过10亿个点的三维图像，并进行了完整的数据存档，可以高度还原现实世界，为下一步开展修复工作提供了有力支撑。

此外，基于数字孪生技术的建筑可视化管理还能够为楼宇安防和应急救援带来创新变革。通过搭建BIM模型，楼宇建筑数据精细到构件级，智能门禁、车闸、视频监控、无线烟感、红外探测器、消防喷淋系统等设备实现全面互联，多角度、分层次、全方位采集视频图像数据、物联网基础数据、人脸数据、车辆数据、入侵报警数据、消防险情数据，实时监测城市建筑全生命周期的运行状态，智能化分析结果并以热力图、雷达图、标签等形式实时呈现在虚拟空间中，形成对重点关注人员、车辆的智能化跟踪监控。

一旦发生消防事故、治安事件，城市大脑便向公安、消防部门“秒级报警”，同时通过数据分析制定救援方案，精准定位火情、案件发生位置，可视化呈现楼宇消防通道、消防栓、消防管网、消防应急箱、灭火器等设施运行情况与位置，自动启动消防喷淋系统、警报系统、逃生路线指引系统、逃生救援设备等，推动实现火灾风险预测精准化、火灾防控智能化、灭火救援智能化，最大限度地保障公共安全。

5.5.2.2 一张图看清城市管网经络

城市地下管网和综合管廊是承载水务、燃气、热力、电力、通信线路的综合载体，犹如城市的“毛细血管”和“经络系统”，遍布城市的每个角落，为人们的生产、生活提供基本保障，是维持城市正常运行的“生命线”。

国内城市大都部署了种类繁多的地下管线，管理体制和权属复杂，地下管线现状不清，规划设计不完善，后期使用过程中“马路拉链”问题突出，加上排水防洪体系不完善，许多城市一旦遇到大雨，容易出现严重内涝，就会导致交通、通信、电力中断，由于井盖密集，道路需要反复开挖，也会严重影响市民的交通出行和正常生活，并造成一系列人身和财产安全隐患。

当前，我国各地综合管廊建设进入有序推进阶段，在规划设计、土建施工和运营管理方面进步明显、成效显著，但面向地下管廊系统的数字孪生技术研究和应用仍处于初级阶段，大部分内容仍然集中于工程设计和施工、环境监测、安全监测、管廊本体监测等，缺乏基于数据融合的综合地下管网安全运营与智慧管控。

数字孪生技术能够实现管网运行监测、运维管理、决策分析、应急指挥一体化统筹决策、一张图运维管控，可极大地提升城市管网运营的质量和效率。

第一，通过在综合管廊、地下管网空间部署各类传感器、监控设备，实现对城市燃气、给排水、热力、电力、通信等城市管网及本体的实时监测，各类多源异构数据可以统一汇聚到城市大脑中枢。

第二，依托 BIM、3D GIS、物联网、大数据、虚拟仿真等技术，可以全面整合物联网采集数据、视频监控数据、空间地理数据，建立城市管网三维模型，实现对管网异常报警、环境参数、设备状态、视频图像等信息的三维可视化监控与集中展示。

第三，利用人工智能、深度学习技术对城市管网环境数据、设备运行数据、空间位置数据、视频监控数据、管廊管线参数等进行智能分析，建立风险安全评估模型，及时发现问题，事前预测风险，定期开展应急演练模拟，保障城市管网系统的安全高效运转，提高城市公共安全和人民群众的幸福指数。

第四，当出现问题或故障时，搭载人工智能模块和机械手的智能巡检机器人将进行自主巡查，巡查和维修等影像数据实时回传，准确判断和控制廊内设备的开关状态、进出口节点的异常情况，对重要仪表进行智能识别和读数，并自动生成巡检报告，供管理人员随时查看和审核。

第五，建立基于数字孪生的安全运维体系，实时监测气象、地质等自然灾害预报信息，管廊环境、设备以及管线异常信息，人工巡检异常信息，一旦出现紧急事故，城市大脑能够可视化集中展示所有管廊环境、设备状态数据、现场视频数据、气象信息、交通信息，应急资源和救援力量分布信息、应急队伍实时位置信息等，可以进行态势标绘，并根据应急预案进行联动处置。

5.5.2.3 让城市建设像搭积木一样简单

数字孪生技术能够打通规划、设计、建设、管理之间的数据壁垒，改变传统模式下城市规划、设计建设、管理运营脱节的状况，推动建筑行业建造施工流程和建筑工地管理模式的深刻变革，实现城市建设“一张蓝图绘到底”，为建筑业的智能化发展提供更多可能。

建筑行业在我国经济体系中占据重要地位，是国民经济的重要物质生产部门和支柱产业之一。我国建筑市场规模庞大，基建总量和建设速度居于世界前列，为国家的经济发展作出了巨大贡献。然而，建筑行业也是一个安全事故频发的行业，如何加强施工现场的安全管理、降低事故发生的频率、杜绝各种违规操作和不文明施工、提高建筑工程质量，是各级政府部门、业界人士和广大学者面临的重要研究课题。

建设阶段是城市规划设计的实施阶段，建设质量和技术先进性直接影响到后期城市运维管理的复杂程度。当前，各地城市建设中普遍存在工程项目体量大、专业众多、参建方多、行业监管手段不足等问题。项目施工、监理、建设各方对项目的施工质量、安全、进度等信息的获取不全面、不及时，导致信息不准确、不对称，难以保障各方有序协作、科学决策。因此，如何提高建设阶段的施工质量和安全管理水平，是当前亟待解决的问题。

数字孪生城市建设的核心理念在于，物理世界的实体建构筑物与数字空间的孪生模型之间的同步规划、同步建设，桥梁、道路、楼宇等每个建筑和设施都包括物理实体和数字虚体两个部分，通过建立基于 BIM、虚拟仿真等数字孪生技术的工程项目建设监管系统平台，建筑的所有建造过程、各阶段建设成果都会同步映射到数字孪生空间中，建设施工方和行业管理部门能够基于数字孪生模型平台对工程项目从图纸设计、现场施工到竣工交付的全过程进行动态监管，既包括传统的数字化辅助设计和审图、质量和安全监管、绿色环保施工监管、数字化辅助竣工备案等流程推进，以及对重大项目进度、质量、安全、绿色施工、资金、原材料、劳务等的协同协作进行数字化管理，也包括基于数字孪生模型开展的仿真实验、效果评估与反馈改进等智能化演进，从而推动建筑行业管理从粗放型监管向效能监管、规范监管、联动监管和智能监管转变。

一提到建筑工地，你可能首先想到的是漫天飞扬的尘土、杂乱无章堆放的建筑材料、嘈杂的施工噪声……随着物联网、人工智能、BIM 等技术的发展和应用，智慧工地已经成为现实，目前已有不少城市开展了智慧工地建设。

智慧工地是综合利用物联网、BIM、虚拟仿真、可视化等技术，以工程项目参建各方人员的身份电子化和签名数字化为基础，对施工过程中涉及的“人、机、料、法、环”等多种生产要素进行实时动态监测、数据挖掘分析、预测预警，实现人员定位、工地电子地图管理、项目管理、劳务管理、安全管理、环境与能耗监测、BIM 管理等功能，最终实现施工过程、管理过程、施工结果的全面数字化、可视化管控。

5.5.3　城市治理：像绣花一样精细的城市治理

在社会信息化、经济全球化的今天，城市聚集了越来越多的社会因素，随之而来的城市治理问题在城市尤其在大城市中愈加严重。随着数字孪生城市的建设，城市治理将依托数字城市精准管理物理城市，通过虚拟服务现实、数据驱动决策，使城市治理像绣花一样精细，为现代化治理体系和治理能力的构建奠定坚实基础。

5.5.3.1　一花一草一木皆可数字孪生

城市部件是指位置固定在城市管理公共区域内的城市基础设施，城市部件管理一直是城市治理的重点和难点：一方面，随着城市的快速发展和智慧化水平提高，各类城市部件数量呈现爆发式增长态势，部件管理复杂度也快速上升；另一方面，城市部件部署广泛，地上、地下、水中、建筑物内外等各个角落都有分布，空间位置复杂，权属台账不清晰，维护管理不到位，而且故障具有突发性和随机性。而传统的城市部件管理手段和方式相对单一，对于路灯、井盖、水管等城市公物的损坏、偷盗、移运等违法行为，往往需要通过市民举报或基层管理者定期巡查等方式发现问题并上报，再经有关部门核查才能解决，存在信息表述不清晰、传达不准确、处理流程慢等问题。

数字孪生城市的建设目标是要在数字虚拟空间中建立一个与现实物理世界能够虚实映射、交融互动的数字孪生世界，现实世界中的各类物理实体都在孪生空间中有完全对应的数字孪生虚体，所有城市部件的真实状态都能实时同步映射到虚拟空间中，城市管理者只需要对数字虚体进行操控，即可实现对物理空间实体的智能化管理，从而极大地降低城市部件管理的复杂度，减少人力资源投入，提高问题的发现和处置效率。例如，路灯的开关不需要人工控制，而是由光线的强度来自动调节；城市植被绿化能够根据土壤、空气温湿度情况进行自动灌溉；环卫工人无须现场巡查即可掌握每个垃圾桶的容量情况。

随着 NB-IoT、LoRa、eMTC、5G 等技术的快速发展，物联网正在由点至线、由线至面地向社会各领域全面渗透，未来会像无线宽带、水电气一样，成为城市基础设施的重要组成部分，无缝覆盖城市的每个角落，真正实现万物互联。基于标准统一的城市部件数字编码标识体系，我们能够为各类城市部件、基础设施甚至是动植物等生命体赋予独一无二的“数字身份证”，并通过城市物联网平台进行统一管控。

对于蜂窝物联网设备，目前可采用 IMSI 的编码方式。IMSI 是移动通信中进行身份认证的编码方式，资源较丰富，可延续至物联网领域继续使用，我国共计有 1 万亿个 IMSI 资源，当前 IMSI 的实际利用率为 3%~4%，能够满足 300 亿~400 亿个终端设备的编码标识需求，结合 eSIM 等技术即可建立对物联网终端的管理能力，并实现对码号资源的全生命周期管理。对非蜂窝网接入的设备，遵循唯一性、兼容性、安全性和实用性的基本原则，建立异构兼容的城市级物联标识解析体系，实现不同标识的互联互通，这其中就包括公共标识之间（如域名、Handle、OID、Ecode、NIOT 等）、行业共性标识之间（如药品电子监管码、汽车零部件编码、动力电池编码等）以及公共标识与私有标识之间等多种业务场景。

要实现对城市一花一草一木的数字孪生，像绣花一样精细地开展城市治理，必须空、天、地全方位立体部署海量物联感知识别设施。对于地上空间，可通过将定位芯片、摄像头、温湿度传感器等部署在多功能信息杆柱、路灯等载体上，或者在垃圾桶、井盖、停车位、水电气计量表、消防栓等设施上安装传感器芯片模组，实现对城市部件的智能化感知。对于地下空间，可在地下管廊、隧道、地下通道等区域部署温湿度传感器、水位传感器、震动传感器、视频监控等设备，保障地下设施的安全。

其实，不仅仅是城市部件，在不远的将来，花草树木等有机生命体同样可以实现数字孪生。例如，通过在果树中安置生物传感器、定位芯片等设备，打造数字化虚拟果园，实时采集果园温湿度情况、土壤肥沃程度、果树健康状态、果实成熟度等数据，果农足不出户即可在系统中查看每棵果树的生长情况，一旦发现长势不佳或存在缺水、缺肥、病虫害隐患等问题，系统就能够及时推送预警信息，提供解决方案，并通过自动化设备进行远程调控。此外，通过对果实色泽、外观形态、重量等数据的智能化分析，系统还能够为果农推荐优质健康的果实，制定采摘和分类方案，实现从果实生长、采摘、存储到定价销售的全过程数字化管理。

5.5.3.2 洞悉数字空间下的城市运行态势

城市是个非常庞大且复杂的综合体，城市运行态势涉及政治、经济、文化、生活等方方面面，对于城市治理者、决策者和普通居民而言，要想清晰、直观、动态地了解城市每个角落、每个领域、每个时段的运行状态，是一件非常困难的事情，而数字孪生城市的建设为这一切提供了可能。

随着物联网、大数据、人工智能、虚拟现实、CIM 等技术的发展，人们已经有能力围绕城市运行监测、管理、处置、决策等领域，建立虚实映射的数字孪生城市平台（如城市数据大脑、城市智能中枢等），实现对“人、地、事、物、情、组织”等城市总体运行态势的实时监测、分析决策、可视化呈现。目前，国内外部分城市打造的城市运行一张图、大屏显示系统、领导管理驾驶舱以及市民体验展示中心，都是朝着这些目标的努力探索和尝试。

(1) 城市运行一张图。依托城市三维模型、地理时空信息平台、动态视频监控等，融合物联网感知、大数据挖掘、人工智能分析以及业务应用系统，能够打造精准、动态、可视化的数字孪生城市一张图系统，全方位展示市政、警务、交通、电力、商业等各领域的综合运行态势，并根据不同主题分级、分类、分层呈现，统计数据既可以加载于城市综合运行态势页面之上，也可以单独形成专项数据统计分析主题页面，揭示数据在不同维度下的运行状态，帮助用户从不同的角度观察现状、分析规律、预测趋势。

(2) 大屏显示系统。传统的大屏显示系统以视频数据直接还原为主，在数字孪生城市应用场景中，大屏显示系统不再只是一个终端显示单元，而是支撑数据可视化的重要节点，能够对数字孪生城市建设中产生的大量数据进行整合、分析、呈现和资源共享，让管理者直观掌握城市安全、应急管理、城市交通、电子政务、智慧教育等各个领域的数据指标，从而合理调配资源和科学决策，提升城市综合管理水平。大屏显示系统能够实现 4K 激光屏、LED 屏、电脑、手机、多媒体触摸屏、电视等多种终端统一交互、多屏联动，结合 VR/AR 等技术提供沉浸式体验，多屏拼接技术能够根据客户不同的应用场景和使用需求，自由布置多块屏幕，显示不同定制内容，支持多种画面布局方式和多画面同步显示，既可重点关注专项事件态势，又可全面掌控城市整体运行态势。

（3）领导管理驾驶舱。领导管理驾驶舱是一个为决策层和管理者提供“一站式”决策支持的管理信息中心系统，它以独立驾驶舱的形式，通过各种常见的图表（速度表、音量柱、预警雷达、雷达球、热力图）形象标示出城市运行的各项数据指标，并可以对异常关键信息进行预警分析和决策辅助。数字孪生城市建设，可面向政府管理者和决策者搭建领导管理决策驾驶舱，将城市运行的核心数据以数字仪表盘、数字沙盘、立体投影等形式全面呈现，直观展示政府在宏观经济、产业发展、投资贸易等领域取得的成就。

（4）市民体验展示中心。未来，各城市可在数字孪生城市建设的基础上，搭建市民体验与展示中心。展示中心聚焦数字孪生城市的运行情况，通过电子沙盘、宣传片等形式，提供包括交通灯智能控制、城市突发事件应急响应、城市视频监控和刑侦分析、城市三维管网展示、建筑能耗监测分析等在内的展示服务。体验中心聚焦数字生活体验，围绕市民生活场景进行设计，提供线上和线下两种体验形式，线下体验包括智慧照明、智慧消防、智能家电、服务机器人、家庭安防摄像头、家庭远程医疗服务等，线上体验基于虚拟现实技术，借助 VR 眼镜或头盔实现沉浸式虚拟体验和 3D 交互。

5.5.3.3 虚实互动让城市治理顽疾无所遁形

数字孪生城市大脑紧密围绕城市信息模型和叠加在模型上的多元数据集合，充分运用智能化技术手段处理海量异构多源数据，揭示那些人类难以直观洞察的城市复杂动态规律、城市问题间的隐秘联系、自组织的潜在结构及其对城市对系统的影响机制。基于这些深刻认知，我们可以构建全局优化的决策策略，有效应对城市中的各种棘手问题，进而构建一种全局统一、协同高效的治理模式，以实现城市的可持续发展。

当前，城市治理问题日益多元化、复杂化，随机性事件和不可控问题仍然存在，传统的城市治理模式面临很多瓶颈，如问题发现不及时、信息传递滞后、管理方式单一粗放、治标不治本等。此外，传统智慧城市的控制指挥中心功能比较简单，基本上仅承担城市大数据的综合分析和决策职能。人们希望综合运用感知识别、视频监控、图像智能分析等技术，打造城市“天眼”，从而实现对市容市貌、生态破坏、交通事故、警情灾害、违建违章、损坏公物等城市问题的自动发现、智能预警、可视化展示、资源调配、快速处置。

基于数字孪生的城市大脑不仅具有数据涌动、知识发现、实时诊断、智能辨识、态势认知等多元数据分析能力，而且拥有模拟仿真、深度学习、自我决策等更高级的能力，更重要的是数字孪生城市大脑具备反向控制城市智能化设施实体和相关主体（如人、车）的能力，可以使城市自然资源、道路资源、电力资源、医疗资源、政务资源、警力资源等及时调配，问题得到快速处理。例如，当街头发生打架、斗殴、盗窃等违法行为时，智能摄像头能够迅速捕捉相关画面，通过特征提取、人脸识别和数据比对，锁定相关人员的基本信息，快速形成相应处理流程预案：一方面自动报警，与警务中心实现联动，快速将发现的问题派送至就近警力；另一方面启动附近警报和数字大屏，曝光违法行为，并对相关人员起到威慑、制止的作用。

在城市资源优化配置和智能调度方面，传统的城市治理以条块化管理为主，缺乏“全景式”“一盘棋”的管理高度、广度和深度，而数字孪生城市大脑采用“城市信息模型+城市全要素数据+人工智能”的治理模式，能够有效补齐这个短板，使城市管理更加智慧、高效、精准。通过政治、经济、文化、社会、人文、历史、地理、生态、环境、气象、交通等全要素数据聚合，可全景展示城市公共设施资源的分布情况、运行状态、实时效率、能源消耗情况、城市突发事件情况等，构建人流热力图、交通热力图、城市画像、人群画像，实时全景呈现地铁线路、旅游景点、图书馆、博物馆、公园、医院、道路等运行数据，并根据后台计算平台形成智能决策治理方案，如疏导城市人流、指导警力部署、远程调控能源、指挥应急调度、推送交通诱导等。

在城市环境治理方面，可通过建筑几何数据、声学传感器数据、专业分析模型以及可视化渲染分析城市噪声，自动判别噪声的来源、强度及成因；通过电信信号强度数据、网络时延数据、专业分析模型以及可视化渲染进行通信网络规划部署，解决通信管线反复开挖、各类线缆缠绕悬挂等问题；通过温湿度数据、二氧化碳及氧气浓度数据、水质和土壤监测数据、渣土车和垃圾车定位数据、PM 2.5 数据、风力风向数据、光照数据、气象模型等进行城市环境模拟分析，预警预判城市污染、环境破坏、自然灾害等问题。

在城市交通方面，集成地理信息、GPS 数据、交通拥堵数据、人流车流数据、摄像头画面等多种数据源，利用专业分析模型以及可视化渲染进行道路交通模拟仿真，对可能发生拥堵的路段进行热力图趋势研判，提前制定治堵疏堵方案，部署警力加强引导管制，智能调控交通信号灯时长，保障城市交通的顺畅运行，同时也为后期城市道路规划设计和施工改造提供决策参考。

在城市安全方面，通过道路桥梁几何数据、建筑震动传感器数据、专业分析模型以及可视化渲染进行洪水分析，模拟地震、洪水等自然灾害对桥梁道路、楼宇建筑的破坏和影响，从而有针对性地进行加固改造和逃生路线设计引导；通过城市虚拟网格化管理，系统集成地理信息、视频监控、警力警情等数据，多维度可视化呈现全市“人、地、事、物、情、组织”等综合态势，帮助管理者实现对社会治安、消防应急、交通状况、突发事件等领域的智能决策分析、智能预测和预警，最终形成自学习、自组织、自优化、自调控模式。

5.5.3.4 吸收借鉴城市综合治理的成功经验

在数字孪生从理论走向实践的过程中，都有哪些成功和值得借鉴的经验，又给我们的生产和生活带来了怎样的改变呢?

（1）智慧城市可视化。智慧城市可视化是数字城市建设的重要载体，也是智慧城市建设的组成部分。具体表现为融合城市地理、政服、经济、建设等数据资源，将城市管理各个领域的核心指标与空间信息进行整合，形成跨领域、跨平台的管理场景，从全球角度控制城市业务，打造新一代智慧城市IOC，为城市治理、经济规划、政府服务、应急指挥等提供有效支持。

（2）基于数字孪生的统一管理视图。基于数字孪生理念，针对城市公共设施、建构筑物、道路、绿化、能源电力、公共安全、地理水文、旅游产业等公共服务管理对象，构建集采集、监测、预警、诊断、分析于一体的智慧城市控制窗口，支持跨组织部门、跨地区、跨行业的统一管理。

（3）结合业务流程的全新消费场景。通过整合城市实体对象、关系网络和活动数据，创建智慧城市知识图谱；基于城市管理的业务场景、运行流程和多领域数据资源的整合，为城市主要管理领域提供一种新的特殊管理场景，带来专项领域管理新模式。

（4）直观高效的决策支撑平台。从城市管理宏观视角出发，梳理城市关键生命体征，聚焦城市重点领域及重大事件，结合城市三维场景管理视图，为城市管理决策层提供决策支撑，辅助管理层现场决策指挥。

5.5.4 城市交通：虚实交互新模式，刷新交通管理与服务

随着经济飞速发展和城镇化大力推进，城市规模快速扩张，人口向城市快速集中，许多城市面临人口密度大、交通拥堵、公共资源紧张等系列“大城市病”的困扰。如何高效配置和利用资源，精准地缓解交通拥堵，提升公共资源利用效率，提高道路通行效率，优化城市生活体验，成为众多城市的痛点和难点。数字孪生城市通过全域覆盖的感知体系、全网共享的数据资源体系、全时空便捷可用的城市大脑支撑平台、全过程可控的城市远程操作系统，实现了数据驱动的城市资源配置和交通道路预警、应急救援力量和行驶路线定制和信号联网优化，带来面貌一新的交通管理和服务。

5.5.4.1 全域感知、实时预警，交通态势的“预言家”

全量数据监测，重现并超越现实交通场景。交通大数据是指与交通相关的数

据（如路网运行特征、车辆信息及运行状态、居民出行特征以及人流、客货流信息等）互相关联、融合，形成庞大的数据网，具有全样本性、全出行链、全周期、细粒度、互联互通等特性，涵盖交通基础数据、动态运行数据、交通调查数据、城市背景数据四个方面。城市交通产生的数据规模十分庞大，以往的技术手段很难实现全量数据的采集、汇聚、处理和融合。

数字孪生城市通过各类智能化终端，不仅全量采集多源交通数据，重现和记录实时交通状况，而且可以实现交通数据的可调用和互操作。数字孪生城市通过集约式感知终端，如遍布的智能信息杆柱，全天候实施采集城市道路及周边公共区域的气象数据和视频监控数据；通过嵌入式感知终端，例如建筑、道路、桥梁、隧道等大型设施内部敷设的传感器等，采集交通设施的物理参数、道路通行状态数据；通过独立式感知终端，如道路视频监控、RFID 以及其他传感器节点，还包括智能手机、智能无人车等私人设备，采集个人出行、车辆运行、位置轨迹等信息。数字孪生城市能够实现对城市交通场景和通行状况的数字化认知，实现交通数据的随时可调用和互操作，为数据驱动的交通管理奠定坚实基础。

图像智能分析，最大限度地释放城市视频数据价值。传统交通感知技术手段主要依靠道路埋藏的线圈、视频监控和微波监测。其中，视频数据具备实时监控、调查取证等价值，其重要性尤为突出。但是传统的视频监控系统主要是对道路重点区域、背街小巷、繁忙路段交汇点、隧道口、主要道路、公共大桥等部位进行重点监视，往往只能看到某段道路或某个地点的部分实况；另外，在路段视频中调取录像进行查看时，往往做不到全视野、无盲区的交通监控，不能直观地辨别所拍摄的车辆号牌、颜色、类型，有时难以为交通案件及时提供有价值的线索。

城市大脑支撑平台是数字孪生城市的重点。城市大脑通过人工智能赋能，具备强大、快速、高效、准确的机器视觉识别能力，可实现城市视频精准识别，消除城市视频识别的盲区，解决视频数据采集的盲点，成为城市级视频识别的关键基础设施。城市大脑接入城市视频监控，通过图像智能分析，能够快速识别行人、车辆和设施的状态，实时展示违章违建、道路遗撒、交通事故等状况，并且不受天气情况和像素质量的影响，为行业系统、区县中枢（及其应用）提供智能化支持。

其工作原理在于，通过视觉分析和道路、人流、车流等数据的机器学习，掌握城市交通体征检测，通过调整各路口信号灯的时长，实现交通流量仿真，直到总体通行时间最短，仿真后再进行沿线信号灯的控制。同理可进行公交线路优化，根据各条线路的公交拥挤度调整班次或路线，以实现运力平衡。此外，可对所有无人驾驶车辆和无人机（执法、巡检、跟踪、配送）的状态和运行轨迹实时监测并动态展示，确保各主体安全运行。

专业模型推演，高效协同计算实现精准道路预警。城市大脑支撑平台具备强大的业务知识库，包含行业语言、专业模型，能够实现交通运输、气象预测、城市防汛、环境保护等各行业领域核心理论模型的现实推演，科学预判城市事件，有效辅助决策。

在交通需求产生阶段，通过交通需求预测模型，基于交通调查数据，运用定量分析方法，考虑交通流的时变特性、出行者的个人行为等，实现对城市交通需求的合理预测。在道路通行阶段，通过实时交通数据采集，结合交通路网指数模型，分析车辆的动态位置和运行速度信息，量化反映路网的畅通或拥堵指数，对道路通行情况进行预测，对可能出现的拥堵情况进行预警；同时，综合公路隧道和桥梁检测评价模型、出行者用户均衡模型、系统最优推荐模型等，为交通管理者的决策提供科学依据。

5.5.4.2 精准定制、信号优化，为应急救援护航

联网配时优化，个性定制弹性绿波带。城市紧急车辆优先通行，将路权实时分配给有迫切需要的市民，一直是交通服务的重点问题，也是城市居民生命财产安全的重要保障。在道路资源紧张的城市，尤其是中心城区拥堵频发的城市，如何为紧急救护和应急救援车辆开辟“绿色通道”，始终是城市管理者所关注的焦点问题。

数字孪生城市为紧急救护和应急救援车辆畅行提供了新方案。城市大脑能够智能分析各种应急救援车辆的通行需求，对车辆到达交通路口的时间实现秒级精准预测，通过自动调控交通信号灯，显著缩短应急救援车辆的通行时间，从而有效提升政府部门对应急事件的处理效率，打通全自动绿色通道，提高城市的安全感。

实时交通引导，虚实互动提升治理实效。在人工智能、云计算、大数据、物联网等新一代信息技术的发展下，交通数据分析、仿真模型、拥堵预警的手段方式都发生了鲜明的转变，而如何将仿真结果、预警分析、数据结论等准确、高效、合理地用于现实世界，提升交通管理效率，改善交通服务体验，实现立竿见影的应用效果，是新一代信息技术赋能交通运输的价值所在。数字孪生城市为我们提供了路径。

数字孪生城市中的核心能力平台能够运用深度学习、数据挖掘等信息技术，将部分交通问题转化为程序可解的数学问题，通过计算机程序设计快速解决交通问题。同时，核心能力平台中的业务知识库，能够将抽象的、数字化的计算机语言，转化为具象的具有符号性、规则性、明确性的交通语言，如信号灯的颜色、通行与禁行的符号、停车诱导的语句、换乘指引的语句、小客车出行引导的语

句、让行播报的语句等，从而真正将虚拟世界的程序结果转化为通俗易懂、易于操作的交通语言，为现实世界的交通管理和服务提供有力的辅助。

5.5.4.3　全城视野、全局规划，寻找治理拥堵的最优解

全景精准量化，洞悉城市交通态势。城市区域路网结构复杂，交通流量实时动态变化，如何从全局角度出发，全面准确量化城市交通运行态势，避免交通决策以点代面、以偏概全，是交通拥堵治理领域的难点问题。数字孪生城市模型能够为此提供解决方案。

在数据采集汇聚阶段，数字孪生城市通过全要素数据聚合，准确抓取城市交通体征，进行城市交通画像；在数据处理阶段，数字孪生城市具备高效协同的计算能力，能够同时分析处理并发多源的城市数据，包含道路线圈监测数据、视频监控数据、微波监测数据等。通过全要素数据汇聚、模型与数据协同运行，数字孪生城市可以实现对城市交通动态体征的新洞察。目前，杭州成为全球首个基于人工智能技术，精确显示实时在途车辆动态数据的城市。

全盘路况治理，全局规划出行方案，担当治理拥堵的总指挥。数字孪生城市模型担当治理拥堵的总指挥，从道路供给侧持续提升交通供给能力，通过交通仿真优化路网结构，合理布局公共交通车辆规模和行车路线，提高道路承载能力和全局通行速度；从道路需求侧合理配置交通需求，对道路行驶车辆通过出行播报、交通诱导、导航引导等方式，为其规划高效的行车路线，规避大规模交通拥堵，提升城市全域的通行能力。

5.5.4.4　实景重现、车路协同，开启智能驾驶新体验

高度自动化的工具链系统重现实景路况，数字孪生让无人驾驶成为可能。如何应对复杂的路况场景，提高无人车辆的自适应能力，保障车辆安全稳定行驶，一直是智能驾驶的痛点。智能驾驶的完全实现需要完成感知、决策和执行 3 个环节的自动化，数字孪生能够实现这 3 个层面的技术增强。

数字孪生城市中的城市全域感知体系和城市大脑能力平台，具备强大的感知终端和精准的图像识别能力，提升了感知的全面性和精准性。同时，数字孪生平台具备完整的工具链仿真系统，能够实现对地形、道路、交通标识等的静态仿真；光线、天气、交通流等的动态仿真，摄像头、雷达、超声波、红外等的传感器仿真以及汽车行驶动力学仿真，重现甚至超越了复杂多变的现实交通场景。利用逼真度高、场景丰富的数字城市仿真平台，对智能驾驶车辆进行训练和测试，可以大幅度压缩训练成本，提升训练效率，提升智能驾驶的决策执行力和安全稳定性。

数字孪生城市建设加速交通设施智能化，车路协同开创新体验。交通系统是人类进步的先行官，出行体验的提升不仅要依靠车辆的智能化，也要依靠新型化

的交通基础设施，力求实现交通基础设施网络、信息通信网络、能源供给网络的三网融合，强调车与路、车与车的信息互通和车与行人的智能沟通，实现车路协同。如何实现交通基础设施的智能化是车路协同面临的难题。

数字孪生城市建设推动着城市基础设施、城市主要部件的智能化，也加速了交通基础设施智能化的进程。国际上提出了“模块化道路铺装”，将整个路面切割为若干个相同的六边形模块，能够快速维修和替换，为未来无人驾驶和道路规划留足空间，打造灵活的城市交通系统。国内已有部分城市开启了智慧高速公路建设，在公众服务、路网监测、应急处置、大数据分析等方面取得了较大的进步。

5.5.4.5 陆海空天、智慧联运，实现交通管理智能化

一个城市交通的便捷程度，在一定程度上反映了城市的发达程度，所以建设数字孪生城市必然涉及城市交通管理。

(1) 轨道交通。基于数字孪生可视化技术，整合跨平台运营数据，提升轨道交通服务质量，降低安全风险，推动轨道交通实现数字化升级。

①轨道交通线网综合管理平台。以轨道交通线网为主线，整合客流、列车运行、供电、设备、报警、天气等多维数据，构建线网、线站相互集成的多维数据显示平台。提供“一网”多级演练能力，通过线网图从宏观上准确控制轨道交通运营状态。通过线路网络图的钻探能力对线路站进行精细管理。

②客流实时监察管理。整合车站进站闸门数据和视频监控数据，将其连接到综合管理可视化平台，通过数据汇总分析自动生成人员流动热力图。利用该系统可以实现对拥挤场所的及时报警，连接视频监控查看实时人流，并对其进行引导疏散。

③轨道交通监控可视化管理。打破传统专业监控设备的隔离壁垒，构建基于场景的监控管理模式，采用更直观、友好的演示形式。

借助各种类型监控系统的可视化集成功能，实现设备与设备、数据与数据的联动，提供报警影响范围、报警关联、报警根本原因分析等报警处理和数据分析功能。

④供电监察管理。实时采集用电设备信息，便于发现和及时处理异常用电，可以检查和控制用电情况，有效节约用电。

具有强大的综合数据分析能力，通过对用电的分析和优化，识别问题和故障，保证用电系统正常运行，提高系统运行水平。

⑤资产可视化管理。将各车站的设备连接到一个平台上，对分散的设备数据进行统一管理，并以三维方式显示设备。

同时，可以通过一个平台多方向显示设备配置信息、监控信息、报警信息和空间信息。

（2）智慧地铁。基于数字孪生可视化技术，打造由数据驱动的地铁站点智慧运营新模式。

①地铁线网一张图。在三维城市场景中，地铁线路的分布趋势是可视化的。不同的线路用不同的颜色表示。不同的线型分别表示投产、在建和规划三种不同的状态。

信息板显示线路名称和始发站信息；点击具体线路，就可查看该线路的基本信息，并高亮显示该线路上的所有车站；单击站点就可以转到该站点场景。

②地铁运营可视化大屏。在三维场景的两侧，以图表、仪表板、热力图等形式显示整个地铁运营的统计信息。大屏上各条线路的顶板显示当天的客运量和出入客流，车站以热力图的形式反映客流；指示器信息随 3D 场景的变化而变化。图标统计信息包括运行状态下的线路情况，具体为路网、客流、车站、车辆、速度、里程等统计指标。

③站点站厅可视化管理。对站台场景的实际布局进行精细建模，包括站台、车站大厅、车辆、轨道等。

显示平台空间布局和设备分布情况；支持在 3D 场景中查看车站大厅的检票机、安检机的分布和工作情况；点击设备模型，就可查看检票机、安检机的基本信息和故障信息。支持在站台层查看车站空调室、监控室、配电室、信息室和指挥中心的位置。

④地铁车辆进出站模拟。直观呈现车辆进出车站的动画场景。当获得进站车辆的控制信号后，数字场景中的车辆显示进站。待车辆停稳后，先打开站厅屏蔽门，再打开车门；接收到出站信号后，先关闭车门，再关闭屏蔽门，车辆离开车站。

（3）智慧港口。以数字孪生可视化技术为核心，整合多渠道数据资源，打造港口信息枢纽，实现信息服务产业化，优化港口各环节作业，为港口企业决策提供参考依据。

①打造港口运营数字化底座。基于自主开发的数字孪生引擎，打破港口数据孤岛现状，通过统一数据接口，对港口内离散的监控系统、设施管理系统、智能运输系统等各类业务系统进行数据整合。

打通港口物流、人流、信息流、业务流、资金流等数据，统一管理物流公司、航运公司、港口公司、货运代理、船务代理、司机等各方的数据，夯实港口运营管理的数字基础，为港口运营管理提供基本保障。

②实现港口管理统一化协作。支持从对象、事件、性能等多个维度，对港口资产、人员、货物进行立体化监管，帮助客户实现统一化协作管理。

支持实时监控港区安全态势，动态判断集装箱运行状态，掌握港区能耗和污染控制情况，提高调度人员的整体控制能力，提升安全人员对异常突发事件的监控和处理能力，保障运维人员多维设备运行维护保障能力，整体增强港区运行协同能力。

③辅助港口运营科学化决策。基于数字孪生技术实现港区物理世界在数字孪生空间的镜像，打造可视化运营管理平台，为不同层级的管理人员和操作人员提供从宏观到微观的港区运营态势图。

从安全、高效、环保等维度提供港区一张图，便于用户从繁杂的业务数据中进行管理聚焦，从而有效辅助港区提升科学化、智慧化的经营决策水平。

（4）智慧航运。以数字孪生可视化技术为核心，助力航运业实现互通互联，打破信息孤岛，构建数字经济新航运模式，为航运业务协同提供全局管理视角。

①运营管理平台高效化。运营管理平台收集了航道管理的各种要素，并统一了之前离散的水下航道、航道水文、海峡两岸设施和航行船舶数据。

为导航公司和监管部门提供三维、动态的渠道信息，并应用于不同的业务场景，提高渠道运营的稳定性、安全性、效率和便捷性。

②实现监管服务一体化。基于航运管理相关部门的需求，为监管部门提供渠道设施建设动态、航运公司异常情况等关键信息，为航运企业提供日常运营所需的渠道运营状况和船舶货运计划，打造集监管和服务于一体的综合管理平台。

③辅助宏观决策科学化。基于数据可视化技术、物联网技术，面向航空公司和监管部门实际决策业务需求，平台辅助用户从不同维度进行科学化宏观决策，通过航道一张图快速掌握航道设施现状，进行船舶动态定位。

结合可视化图表即时判断航道状态变化趋势、船舶货运量变化情况，从而更好地进行态势研判和决策制定。

④航运安全管控可视化。航道标准化、数字化、实时更新的电子地图是利用地理信息系统和现代信息技术，对航道的基础地理信息数据（如航标、水深、航行障碍物等）和船艇航行停泊数据，进行整合而成的。

打开电子航道图，船员可以直观地了解航道深度、浅滩、障碍物、锚地面积和周围船只位置等，从而快速掌握航道和港口信息，优化航线设计，避免船舶误入航道浅水区，降低航行安全风险。

（5）智慧机场。以数字孪生可视化技术为核心，通过优化整合数据，助力机场实现业务协同与敏捷创新，高效支撑机场数字化转型。

①全局精准可视。采用机场三维全景、机场站坪监测、机房机位可视化分析等新的管理方式，打造物理机场与数字机场二维一体的数字世界地图。

对进出港的航班、旅客、行李、车辆、物资等进行集中化、精细化、可视化、协同化、智能化的运行与管理。

②一体高效协同。充分发挥智慧机场在统一指挥、协调调度、发布信息方面的核心功能和作用，与空管建立信息互通、席位融合、协同放行等的协调管理机制，最大限度地保障机场和航班的安全稳定运行。

集成捷运、行李等各辅助系统，让机场的资产配置和物流运行更加直观，实现对所有机场服务对象的管理及相关监控信息管控的协调一致。

③应急快速处置。基于三维地图和可视化技术，对消防应急内容等信息在机场“应急消防一张图”上进行统一管理，并基于大数据和物联网对其进行自动分析，实现智能辅助决策。

与高速公路、铁路部门建立应急信息协同共享与高效传递机制，实时接收路况信息推送，实现应急保障“空铁联运”。

5.5.5　城市安全：数字孪生城市让犯罪无所遁形

安全是城市居民的基本诉求之一，无法保障居民安全的城市发展是空中楼阁。传统的公共安全防范与治理多是依靠“人治”，随着数字孪生技术的深度应用，城市中的部件、事件、人员状态随时可感可知可控，人—机共治的格局将逐步形成。

5.5.5.1　智能风险预测防患于未然

智能干预是数字孪生城市的主要功能特征之一，即通过模拟仿真计算，尽早发现城市中可能产生的不良影响、矛盾冲突、潜在危险等，再通过模拟实验和方案优化，以未来视角干预当前的发展轨迹和运行状态，优化城市规划、设计、管理和服务，赋予城市“智慧”大脑。智能干预的对象包括人、物、事等所有城市主体，智能干预的实现建立在对这些对象的状态实行精准感知以及对未来发展趋势的科学仿真分析两大基础之上。

城市异常问题的自我发现。通过感知监测或视频监控图像，加上图像智能分析和识别，实时展示（生态破坏、环境卫生、各类警情、灾害、违章违建、道路遗撒、交通事故等），并可视化展示，在一张图上标注多发地带，提醒过往行人并进行资源的优化配置。例如，合理分配警力，将警力多分布在警情多发地带；当视频监控拍摄到打架斗殴、抢劫盗窃、人流突然密集、交通事故等视频图像时，通过机器学习进行自动识别，及时地将识别后的警情位置、视频资料、周边情况等资料显示在城市数字孪生模型上，并自动或人工启动相应处理流程预案，通知执法者进行处置。数字孪生模型通过对警情类型和区域的深度学习和分析，对警力资源的空间分布进行配置优化，为警务指挥和行动提供辅助决策。

随着在行人重点识别领域对精确初始化、遮挡（包括侧面）、大角度、低光照、大运动、关键点检测稳定性等问题的技术突破，基于现有城市视频监控体系开展个人身份识别、行为识别，并进一步进行异常行为预警与预测将成为公安防护的利器。例如，通过数字孪生城市的全方位视频图像分析功能，能够实现跨摄像头的犯罪嫌疑人追踪。展望未来，数字孪生城市将打造一个 24 小时在线的“智能警察”，实时监测城市全域治安事件，整体提高城市治安防范能力，全面提高社会安全水平。

5.5.5.2 天网恢恢、不疏不漏的态势感知

为了加强城市治安防控，提升城市治安管理水平，相关部委共同建设实施了“天网”工程。该工程利用图像采集、传输、控制、显示和存储等一系列设备，对特定区域进行实时监控和视频图像信息记录。通过天网工程建设的视频监控系统，可以实现对刑事案件、治安案件、交通违章、城管违章等图像的自动识别和分类，为城市综合管理、预防和打击犯罪、应对突发公共安全事件等提供可靠的视频数据支持。随着“天网”工程的不断推进，一张覆盖城乡的巨型视频天网正逐步成形。然而，随着“天网”覆盖面的增加，软硬件设备（尤其是前端设备）的支出也迅速攀升。数字孪生城市这一新兴技术理念的出现，将极大地推动“天网”工程降本增效。

在传统建设模式下，监控摄像头的型号选取、布设位置等都具有一定的粗放性、随意性，对于错综复杂的三维城市空间环境而言，单纯依靠人工测算分析获得的视频安防监控系统布设方案难免出现监控死角，这让不法之徒有机可乘。通过将摄像机的关键性能参数（如彩色/黑白、分辨率灵敏度、CCD 靶面大小、扫描制式、供电电源类型、信号同步方式、工作所需照度等）集成到数字孪生城市之中，在设备型号库、资金池等给定约束条件下可针对特定拟监控区域，基于空间光路可达性分析、视频监控成像质量分析、不同天气/光照条件下监控能力分析等，形成最优的摄像头布设方案。此外，引入自动驾驶巡逻车、自动驾驶无人机等可移动智能化监控装备，打造全时全域、动态灵活的视频监控体系，使“天网”工程以最高性价比达到最优成效，让不法分子无处遁形。

5.5.5.3 人机协同让“雪亮”更“透明”

为了提高城乡综合管理水平，将治安防范工作延伸到人民群众的身边，国家实施了“雪亮”工程。“雪亮”工程以县、乡、村三级综合治理中心为指挥平台，以社会综合治理信息化为技术支撑，以网格化管理为基础，以公共安全视频监控网络为核心的“群众安全防控工程”建设项目。“雪亮”工程通过三级综合治理中心的建设，发动全社会的力量和人民群众一起监督和参与公共安全的预防工作，真正做到治安防控“全覆盖，无死角”。正因为有人民群众的参与，项目工程才得名为“雪亮”工程。

让“雪亮”工程真正“雪亮”起来的根本方式是将以“人”治“机”的模

式转变为以“机”治“机”的模式，即让计算机去处理海量数据，提炼形成高价值信息，进而与人协作，形成“人—机”共治的新格局。在数字孪生城市技术体系下，城市所有的部件、事件均已实现由物理空间向数字空间的精准映射和实时同步，结合“雪亮”工程采集到的视频信号，可以开展更精准、迅速的 AI 监看，在海量视频数据快速涌入的情况下，依靠流数据处理、分布式计算等技术手段，即时发现城市部件的损毁、城市事件的异常，大幅提升监看效率和精度。

5.5.6　应急指挥：数字孪生开启应急“智”理新时代

随着我国经济社会的发展，城市的规模快速扩大，企业工厂越来越多，火灾、水旱、地质灾害、安全生产等时有发生，相关应急系统平台滞后，新技术手段缺乏，给人民生命财产带来了巨大的损失。当前，以物联网、大数据、人工智能等新技术为代表的数字浪潮席卷全球，数字孪生技术应运而生，深刻影响着应急管理，开启应急“智”理新时代。

5.5.6.1　应急仿真预案更加贴近实战

应急演练是指在想定的突发事件情境下，按照应急预案规定的职责、内容和程序，在特定的时间和地点组织人员进行应急响应和现场处置的训练活动，其目的是提高各级领导干部的危机意识，提升指挥引导人员的现场处置能力，增进广大人民群众的安全知识，检验各行业各级应急预案的科学性和可操作性，提高社会整体综合应急能力。经过多次实践验证，应急演练在应对突发事件中发挥了重要作用，在突发事件发生时经过应急演练的人员能够迅速反应、冷静应对，有效减少人员伤亡和财产损失，并且能够帮助社会迅速恢复正常状态。因此，应急演练是提高社会综合应急能力的重要环节，也是保障人民生命财产安全的有效措施。

然而，一些企业和单位为了演练而演练，把演练当“演戏”，“演”的成分多于“练”的成分，难以达到检验预案、锻炼队伍、提高突发事件应急处理能力的目的。

应急仿真演练利用先进的数值仿真、虚拟现实、增强现实和地理信息技术，通过模拟各类自然灾害、重大事故灾难以及灾害中的人员行为反应等，在虚拟环境中再现灾害或事故的真实发生和发展过程。仿真演练还可以通过虚实结合方式，在仿真中增加语音命令和手势指引，实现人在回路的实时输入和反馈输出，模拟实际突发事件应对的可能过程。根据不同的训练目标和任务，应急仿真演练提供了多样化的虚拟场景，模拟各种灾害和突发事故，创造出逼真的虚拟环境，用于进行多层次应急响应训练，提高人员在应对真实突发事件时的反应速度、协调能力和处置能力。

应急仿真演练有以下五个特点：

第一，根据不同的训练目标和任务，可设置不同的演练场景，摆脱对现实的环境依赖，不受时间场地限制，节约成本；

第二，可依据现实场景制造一个逼真的虚拟仿真环境，用户自行设置突发事件，通过虚拟演练提升现实的作战水平；

第三，采用人机交互的方式参与到演练中，多人协同操作，提高演练的真实性和可操作性，实现不同角色训练的目标；

第四，记录并能回放整个演练过程，为训练总结、处置预案生成等提供手段；

第五，根据预案演练的结果，对已有应急预案及相关角色进行考核。

应用案例：武警交通部队应急救援模拟演练系统。

针对部队练兵任务少而实战演练成本过高的问题，武警交通部队推出了一套"武警交通部队应急救援模拟演练系统"。该系统采用数值仿真技术、虚拟现实技术、信息可视化技术，构建想定的事故场景，如海啸、地震、泥石流等自然灾害以及火灾、交通等人为灾害，受训者沉浸在三维的虚拟环境中，多部门协同应对各种可能的突发情况，实现增强应急指挥能力、丰富士兵协同应战经验、提升部队实时作战水平的目标。

演练系统在武警交通部队综合信息网的基础上，由综合信息数据库、导演组客户端、演练组客户端和评估组客户端四个部分构成。应急救援模拟演练平台技术架构如图 5.12 所示。

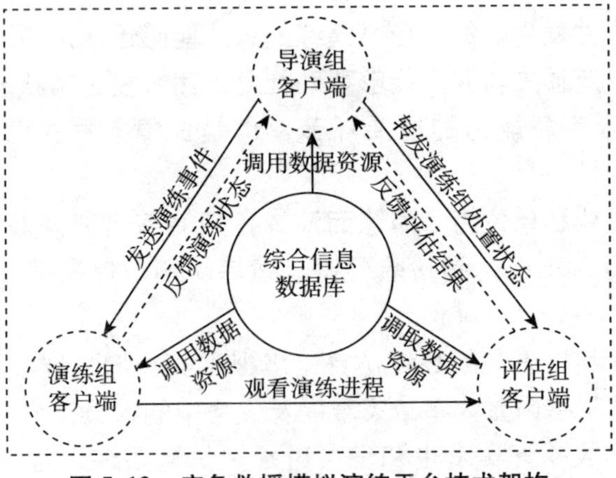

图 5.12　应急救援模拟演练平台技术架构

综合信息数据库在整套系统中处于核心地位。它为导演组客户端提供一个集气象、地形、灾害类型等各种数据库于一体的"试题库"；为演练组客户端提供各种可利用的应急信息和设备信息，以便受训者实施各种应急动作；为评估组客户端提供模拟演练中救援时长、物资消耗等数据，以便对模拟效果进行评估。

导演组客户端在模拟演练中扮演发起者的角色，主要有两个任务，即为演练前的任务设定和演练中的临机导调，在险局、困局和变局中检验和提高部队快速反应和应急处置能力。

演练组客户端即演练中的受训者，其完全沉浸于设定的模拟场景中，对导演组客户端设置的各种紧急情况做出应急反应。

评估组客户端即演练中的评价者。评估分为主观评估和客观评估两个部分。其中，客观评估是根据综合数据库提供的各类数据形成评估指标体系并进行打分，主观评估是由专家组对受训者整体能力做出的评价。

5.5.6.2　应急资源管理：让应急资源空间布局更优化

应急资源的保障能力是衡量应急管理能力的重要标准，因此优化配置应急资源成为应急管理的核心任务。合理、高效的应急资源配置不仅对突发事件现场应对具有关键作用，同时也体现了国家应急管理科学技术水平和政府部门应急处置能力的高低。作为应急活动的核心力量和领导者，政府掌控了大量的应急资源，就应该提升应急资源有效管理和科学利用的能力和水平。以数字孪生技术为基数，通过先进的科技手段和管理方法，政府能够全面掌握应急资源的状况，确保在应对突发事件时能够迅速、准确地调配资源，提升应对效率。

2006 年 1 月 8 日，国务院印发了《国家突发公共事件总体应急预案》（以下简称《总体预案》），要求“有关部门要按照职责分工和相关预案做好突发公共事件的应对工作，同时根据总体预案切实做好应对突发公共事件的人力、物力、财力、交通运输、医疗卫生及通信保障等工作，保证应急救援工作的需要和灾区群众的基本生活，以及恢复重建工作的顺利进行”，同时要求“要建立健全应急物资监测网络、预警体系和应急物资生产、储备、调拨及紧急配送体系，完善应急工作程序，确保应急所需物资和生活用品的及时供应，并加强对物资储备的监督管理，及时予以补充和更新。地方各级人民政府应根据有关法律、法规和应急预案的规定，做好物资储备工作”。

当前，国内应急资源管理面临诸多挑战，需要借助新技术和新方法进行改进。为了改进应急资源管理，依靠数字孪生创新应用技术优势开发了应急资源管理可视化平台，借助 GIS、三维模型、图表、热力图等多种方式来展示应急资源的详细信息，包括地点、数量、特征、性能、状态等，以及人员和队伍的训练和准备情况。这些技术手段可以帮助迅速调集救援资源，实现应急物资信息的实时统计、迅速调集和优化配置。通过这些技术手段的应用，可以更好地应对突发事件，减少灾害损失，保障人民的生命财产安全。

应用案例：可视化应急资源管理系统。

可视化应急资源管理系统以地理信息（GIS）可视化技术为基础，实现对区域范围及周边相关救援资源、医疗、工程抢险、治安保卫、交通运输、后勤等相关联动单位信息的管理，建立应急资源管理系统，实现应急资源信息录入、修改、查询、统计等基本功能以及可视化管理功能。对于应急救援资源信息的管理采取了“平时记得准、战时调得到”的模式。

系统的主要功能有以下四种：

（1）应急资源统计。通过对应急指挥管理机构、应急救援力量、应急物资设备、应急运输资源、应急通信资源、应急专家学者、应急医疗资源、应急资金、应急避难场所等资源的全面管理，能够实现对各级、各企业应急资源的集中掌控。

（2）应急资源三维可视化展示。通过与地理信息系统和重大危险源系统的深度融合，能够清晰地展示应急资源的整体分布情况。在二维或三维地图上，只需点击某个重大危险源，即可查看其附近的应急资源配置情况。这种对接方式有助于迅速定位和调配资源，提高应急响应的效率和准确性。

（3）应急资源优化配置。通过采用地理信息技术、虚拟现实技术以及导航定位技术，结合遗传算法、神经网络算法等先进的模型求解方法，结合想定突发事件场景研究并实现应急资源优化配置全过程的仿真模拟方法。利用模拟结果，可以分析改进模型的可靠性，优化全域资源配置的科学性，提高应急资源配置效率。

（4）应急资源调度管理。自然灾害和事故灾难发生时，能够第一时间在电子地图上定位事故地点，系统能够快速查询事故发生地点附近的救援力量（包括应急、公安、急救与企业救援资源力量等），以及交通和建筑的分布情况；能与应急救援指挥系统、应急预案管理系统无缝结合，应急预案和应急资源能够做到数据相关、逻辑相关，以便相互调用。

5.5.6.3　实时灾情沙盘：让应急指挥大厅与现场“零距离”

传统应急指挥系统借助通信网络、智能分析、地理信息系统等技术手段，并将通信调度、视频监控、视频会商、动态环境等各类信息资源进行有机结合，构建了一个全过程的可视化集成指挥体系。这一体系不仅覆盖本地区，还具备跨区域、多部门联合指挥的能力，能够快速、准确地掌握突发事件的发生和发展情况，这大大提升了应急响应和决策指挥的效率和水平。然而，传统应急指挥系统在快速、全面获取灾情和全面、立体、准确展示态势方面，仍存在响应慢、不直观等问题。

基于数字孪生创新应用的实时灾情沙盘，利用虚拟现实技术、地理信息技术、数据压缩技术、网络技术等诸多高科技手段，模拟出一个高逼真度的全三维虚拟环境，并将天空、地面、地下、河道等各个层面的传感器获取的数据精准映射，实现了对实时灾害情况的充分感知、动态监测。

实时灾情沙盘是对现在已有的电子沙盘的革新和改进，它除了继承传统电子沙盘全部功能和效果外，对灾情态势展示、方案推演优化、指挥决策辅助等更具有立体直观的应用效果，恢复了实物物理沙盘的展示效果，提升了电子沙盘的智能化决策支持功能。

参考文献

［1］马特．数字孪生变革：引爆企业数字化发展［M］．中国经济出版社，2023.

［2］高艳丽，等．数字孪生城市：虚实融合开启智慧之门［M］．人民邮电出版社，2019.

［3］江帆，石晓丽，唐力勇．数字孪生与数字治理［M］．中国宇航出版社，2023.

［4］郭沙，等．数字孪生：数字经济的基础支撑［M］．中国财富出版社有限公司，2021.

［5］寇丽萍．社会安全治理新格局［M］．国家行政学院出版社，2018.

第6章　发展与展望

社会安全治理既是社会治理的重要领域，也是国家安全体系的重要组成部分。党的十九届四中全会强调指出，必须“坚持专群结合、群防群治，提高社会治安立体化、法治化、专业化、智能化水平，形成问题联治、工作联动、平安联创的工作机制，提高预测预警预防各类风险能力，增强社会治安防控的整体性、协同性、精准性”。党的二十大报告指出：“……完善网格化管理、精细化服务、信息化支撑的基层治理平台……加快推进市域社会治理现代化，提高市域社会治理能力……”这为我国推动和创新社会安全治理指明了方向。当前，如何推进传统社会安全管理模式向现代社会安全治理模式转变，已成为学术界和实践部门共同关注的重要课题。

新时期社会安全治理工作应充分利用信息技术，推动社会安全治理工作朝着智能化方向发展。在国家安全政策指引下，以社会安全治理工作体系的完善和信息科技的利用为具体路径，合理推动新时期社会安全治理工作开展，可不断促进平安和谐社会建设，让公众安居乐业。随着人工智能和机器学习、大数据等技术的快速发展，数字孪生技术得到广泛的应用，机器人、航空航天、新能源等许多行业均开始持续关注和探索数字孪生的技术体系、关键技术以及应用潜力，同样诸多学者也在探索数字孪生技术在社会安全治理领域的应用，为推进社会安全治理技术进步提供了新的发展方向，但数字孪生所描绘的美好前景与社会安全治理现实技术水平间依然存在着巨大的鸿沟，很多基础性的技术要求仍不具备，本章将对数字孪生技术在社会安全治理领域应用的挑战和发展做简要介绍。

6.1　社会安全治理领域数字孪生技术应用的挑战

长期以来，广大学者在社会安全治理领域开展了深入的研究工作，积累了大量研究成果，为社会安全治理工作提供了重要的支撑。同时，应该看到在该领域还有许多难以攻克的热点、难点问题。广大学者通过各种研究思路，利用各种技术手段在做不懈的努力和研究工作。数字孪生技术的产生，为广大学者提供了新的思路和研究方法，也成为众多学者关注的对象。但我们应该从两个方面认识到，数字孪生技术在社会安全治理领域的应用还有很长的路要走，还有许多问题和挑战需要我们研究和攻关。一方面，数字孪生从诞生到发展的时间还很短，还有许多亟待解决的关键问题需要更进一步深入研究和攻克，与真正做到“孪生”还有非常大的差距，整个数字孪生系统尚未完全形成较为完善的科学体系。另一方面，社会安全治理领域也是初步尝试利用数字孪生技术来解决以往难以突破的问题，但就社会安全治理领域而言，本身仍然存在许多以往难以解决的数据感知、事件演化规律模型构建、仿真算法构建等多方面的技术壁垒，造成数字孪生的深度应用还面临诸多挑战。

从数字孪生技术体系出发，结合社会安全治理领域关键技术，目前我们面临的相关挑战主要包括以下几个方面：

（1）数据感知与获取。社会安全治理系统多维度、多种类数据的感知、传输、融合、存储与管理等相关问题，是影响数字孪生技术在该领域深度应用的基础。

（2）多模态模型相互融合。社会安全治理系统往往属于复杂巨系统，其中包含了各个特定领域的模型，如离散系统模型与连续系统模型、多粒度模型、不同领域物理系统模型等。如何将这种多模态模型融合共生，形成复杂孪生系统成为数字孪生技术在社会安全治理领域的又一挑战。

（3）数据驱动与模型驱动。社会安全事件的演化与干预措施效果形成的机理结构复杂，仅仅以解析物理模型无法实现准确状态评估，但以数据驱动的方法又缺乏对系统特性的深层次理解和准确刻画。如何实现二者的有效融合，是数字孪生技术在社会安全治理领域实现深度应用必须突破的瓶颈。

（4）高性能计算与精准映射。时效性是社会安全治理与数字孪生系统的重要指标，如何实现海量数据与模型的处理计算，同时保证数字孪生体的精准映射，开展快速建模、仿真、预测与响应是数字孪生技术在社会安全治理领域应用不可逾越的技术鸿沟。

（5）决策支持与应用。数字孪生技术可以提供决策支持和预测分析，但如何将这些技术应用到实际的社会安全治理中，并能够得到决策者的认可和采纳，是一个巨大的挑战。

6.1.1 数据感知与获取

对于社会安全治理场景要素的高精度快速数据感知与获取是有效构建其数字孪生系统的基础工作。

6.1.1.1 数据来源的多样性

社会安全治理涉及多个领域和多个数据源，如视频监控、传感器数据、社交媒体数据等。不同数据源的格式、结构和质量可能存在差异，如何有效地感知和获取这些多样化的数据是一个挑战。

视频监控是社会安全治理中常用的数据来源之一。通过安装在公共场所、交通路口、企事业单位等地的监控摄像头，可以实时获取视频数据。视频监控数据可以提供实时的场景信息，如人流量、车流量、异常行为等，对于预警和事件响应具有重要作用。

传感器网络在社会安全治理中发挥着重要作用。例如，环境传感器可以感知空气质量、水质情况；智能交通系统中的车辆传感器可以获取交通流量、车速等信息；智能家居中的传感器可以感知家庭成员的活动情况等。传感器数据的多样性使得数字孪生技术可以更好地模拟和分析真实世界的情况。

社交媒体已成为人们交流和分享信息的重要平台。通过分析社交媒体上的文本、图片、视频等数据，可以了解公众舆情、社会热点、事件发展等信息。社交媒体数据的多样性和即时性使得数字孪生技术可以更好地了解社情民意，对于社会安全治理具有重要的参考价值。

政府和公共机构提供的各种公共服务数据也是数字孪生技术的重要数据来源之一。例如，交通部门提供的交通流量、道路状况数据；气象部门提供的天气预报数据；公安部门提供的犯罪数据等。这些数据可以帮助数字孪生技术进行精准的模拟和分析，为社会安全治理提供决策支持。

除了自动化获取的数据源外，人工采集的数据也是数字孪生技术的重要数据来源之一。例如，通过问卷调查、实地勘察、专家访谈等方式获取的数据可以提供丰富的背景信息和专业知识，为数字孪生模型的建立和验证提供重要支持。

以上所述的数据来源多样性，使得数字孪生技术在社会安全治理领域的应用更加全面和准确。不同数据来源的结合可以提供更丰富的信息，帮助决策者更好地了解社会情况、预测未来发展趋势，并制定相应的安全治理策略。然而，数据来源多样性也带来了一些挑战，如数据质量和准确性的保障、数据集成和共享的问题等，需要在应用过程中加以解决。

为了充分利用数据来源的多样性，数字孪生技术需要具备对不同数据源进行融合和整合的能力。这包括数据格式转换、数据标准化、数据清洗等技术手段，以确保数据的一致性和可比性。同时，还需要建立适当的数据共享机制和隐私保护措施，以促进跨部门、跨机构之间的数据协同和信息共享。

总之，将数字孪生技术应用于社会安全治理领域时，数据来源的多样性为其提供了丰富的信息基础。通过综合利用视频监控数据、传感器数据、社交媒体数据、公共服务数据和人工采集数据等多种数据来源，数字孪生技术可以更全面地模拟和分析社会现象，为社会安全治理提供科学依据和决策支持。然而，数据来源的多样性也带来了数据质量、数据集成和数据共享等方面的挑战，需要进一步研究和解决。

6.1.1.2　数据的质量和准确性

数字孪生技术应用于社会安全治理领域时，采集的数据质量和准确性问题是非常重要的因素。数据质量和准确性直接影响着数字孪生模型的建立和应用效果，对于决策制定和预测分析具有重要的影响。

数据采集是数字孪生技术应用于社会安全治理领域的第一步，也是数据质量和准确性的基础。数据采集过程中可能存在以下几个方面的问题：第一，数据源的选择。不同的数据源可能存在差异，包括数据的覆盖范围、数据的精度和数据的时效性等。在选择数据源时，需要综合考虑数据的全面性和可靠性，以及数据与实际情况的匹配程度。第二，数据采集方式。数据采集方式的选择也会对数据质量和准确性产生影响。例如，传感器采集的数据可能会受到环境干扰和设备故障的影响，而人工采集的数据可能会受到主观因素的影响。因此，在选择数据采集方式时，需要考虑到数据的可信度和可靠性。第三，数据采集过程中的错误和偏差。在数据采集过程中，可能会出现人为错误、设备故障、数据丢失等问题，导致采集的数据存在错误和偏差。例如，传感器数据可能会受到噪声干扰，视频监控数据可能会存在遮挡或图像质量不佳等问题。因此，在数据采集过程中需要加强监控和管理，及时发现和纠正数据错误和偏差。

对于采集到的数据，需要进行数据质量评估和提升，以确保数据的可信度和准确性。要对数据的完整性进行评估。完整性评估是指数据中是否存在缺失值或不完整的情况。缺失值可能会导致模型建立和分析结果的偏差，因此需要采取相应的方法来填补缺失值或处理不完整的数据。要对数据的一致性进行评估。一致性评估是指数据是否符合预定的规则和约束条件。例如，某些数据字段应该具有特定的取值范围或关系，如果数据不符合这些规则，可能会影响后续的分析和决策。要对数据的准确性进行评估。准确性评估是指数据与实际情况的一致程度。通过与实际情况进行对比或与其他可信数据进行比较，可以评估数据的准确性。如果发现数据存在较大的偏差或错误，需要及时进行纠正或修复。要对数据的可靠性进行评估。可靠性评估是指数据采集过程中的可信度和可靠性。例如，传感器的精度、测量误差等都会影响数据的可靠性。因此，在评估数据质量时，需要考虑数据采集设备的性能和校准情况。

在数据质量评估的基础上，还需要采取一系列措施来提升数据的质量和准确性：

（1）数据清洗。通过数据清洗技术，可以去除数据中的噪声、异常值和重复值等，提高数据的质量和准确性。

（2）数据校验。通过数据校验算法和方法，对数据进行验证，识别和纠正可能存在的错误和偏差。

（3）数据集成。将来自不同数据源的数据进行整合和融合，可以提高数据的全面性和准确性。

（4）数据标准化。对数据进行标准化处理，包括统一数据格式、单位转换、数据编码等，以确保数据的一致性和可比性。

为了保证数字孪生模型的准确性和可靠性，还需要对数据进行验证、校准和纠错。数据验证是通过与实际情况的对比或与其他可信数据的比较，验证数据的准确性。例如，可以与现场调查结果进行对比，或者与公共数据进行比较，以验证数据的准确性。数据校准是对传感器等数据采集设备进行校准，以提高数据的准确性和可靠性。校准过程中可以使用标准样本或参考数据进行比对，修正数据的偏差和误差。数据验证和纠错是指要建立数据验证和纠错机制，及时发现和纠正数据错误和偏差。例如，可以设置数据异常检测算法，对数据进行实时监测和分析，发现异常情况并及时处理。

当然，在保证数据准确性的同时，还需要关注数据的隐私和安全性。在数据采集、存储和传输过程中，需要采取相应的措施保护数据的隐私和安全，防止数据泄露和被滥用。

总结起来，数据质量和准确性是数字孪生技术应用于社会安全治理领域时需要重点关注的问题。通过合理选择数据源、优化数据采集过程、进行数据质量评估和提升、保证数据准确性等措施，可以提高数据的质量和准确性，为数字孪生模型的建立和应用提供可靠的基础。同时，还需要注重数据隐私和安全保护，确保数据的合法性和安全性。只有在数据质量和准确性得到有效保证的情况下，数字孪生技术才能更好地应用于社会安全治理，为决策制定和预测分析提供可靠的支持。

6.1.1.3 数据的实时性

社会安全治理需要及时获取数据以进行实时监测和决策。然而，在将数字孪生技术应用于社会安全治理时，数据采集实时性问题是一个重要的挑战。实时性是指数据采集和传输的速度要求能够满足实时监测和分析的需求。在社会安全治理领域，数据的实时性非常重要，因为很多安全事件需要及时响应和处置。下面将从数据采集、传输和处理三个方面来详细探讨数据采集实时性问题的主要体现。

（1）数据采集的实时性问题主要体现在数据源的选择和部署上。社会安全治理需要大量的数据来源，如视频监控、传感器设备、社交媒体等。这些数据源的选择和部署需要考虑到数据的实时性，以确保数据能够及时采集到，并且能够满足对实时监测和分析的需求。例如，在视频监控领域，需要选择高清晰度、高帧率的摄像头，并且合理布置在关键区域，以确保能够实时获取到准确的监控画面。

（2）数据传输的实时性问题主要体现在数据传输的速度和稳定性上。在社会安全治理中，数据的传输需要保证快速、稳定和可靠。例如，在视频监控领域，监控画面需要通过网络传输到监控中心进行实时监测和分析。如果数据传输速度慢或者不稳定，就会导致监控画面延迟或丢失，从而影响对安全事件的及时响应和处置。因此，需要采用高速、稳定的网络设备和传输协议，以确保数据能够及时传输到指定的地点。

（3）数据处理的实时性问题主要体现在数据处理的速度和效率上。在社会安全治理中，需要对大量的数据进行实时分析和处理，以提取有价值的信息和发现潜在的安全威胁。如果数据处理速度慢或者效率低下，就会导致实时监测和分析的延迟，从而影响对安全事件的及时响应和处置。因此，需要采用高性能的计算设备和优化的算法，以提高数据处理的速度和效率。

总之，数字孪生技术在社会安全治理领域的应用中，数据采集实时性问题主要体现在数据源的选择和部署、数据传输的速度和稳定性以及数据处理的速度和效率上。解决这些问题需要综合考虑硬件设备、网络设施和算法模型等多个方面的因素，以提高数据采集的实时性，从而更好地支持社会安全治理工作的进行。

6.1.1.4 数据的隐私和安全

数字孪生技术在社会安全治理领域的应用，尤其是涉及大规模数据收集和分析时，需要考虑一系列的数据隐私和安全问题。

（1）个人隐私泄露。数字孪生技术需要收集大量的个人数据，如人脸识别、位置数据等，以进行安全事件的感知和响应。然而，如果这些个人数据被滥用或未经授权使用，就会导致个人隐私泄露的风险。例如，人脸识别技术可能被用于追踪个人的行踪和活动，从而侵犯个人的隐私权。

（2）数据安全风险。数字孪生技术需要在数据采集、传输、存储和处理的各个环节中确保数据的安全性。然而，这些环节都存在着数据被黑客攻击、数据被篡改、数据泄露等安全风险。如果数据被非法获取或篡改，就会给社会安全治理带来严重的影响，甚至可能导致安全事件的发生。

（3）数据滥用和误用。数字孪生技术所产生的数据具有巨大的价值，但同时也存在被滥用和误用的风险。例如，企业或个人可能会利用这些数据进行商业竞争、舆情操控或个人追踪等不当行为。此外，数据的分析和推断可能会产生错误的结论，从而导致错误的决策和行动。

（4）共享与访问控制问题。在社会安全治理中，多个部门和机构可能需要共享和访问数字孪生技术所涉及的数据。然而，如何确保数据的合法、安全和隐私保护的共享与访问控制，是一个复杂的问题，需要建立相应的法律法规和技术机制，以平衡数据共享和隐私保护之间的关系。

为了解决这些数据隐私和安全问题，需要制定相关的法律法规和政策，明确数据的收集、使用和保护规范，加强对个人隐私和数据安全的保护。对个人敏感数据进行匿名化处理，以降低个人隐私泄露的风险；同时，采用加密技术保护数据在传输和存储过程中的安全性。需要建立严格的数据访问控制机制，确保只有经过授权的人员才能访问和使用相关数据，并对数据使用进行监管和审计。在数字孪生技术的应用过程中，需要进行隐私影响评估和风险管理，及时发现和解决潜在的隐私和安全问题。同时要加强公众对数字孪生技术应用的参与和监督，提高透明度，增强公众对数据隐私和安全的信任。

综上所述，数字孪生技术在社会安全治理领域的应用，面临着数据隐私和安全问题。有必要通过制定法律法规、采用匿名化和加密技术、建立数据访问控制机制、进行隐私影响评估和风险管理，以及加强公众参与和透明度等措施，应对这些问题，实现数字孪生技术在社会安全治理中的可持续发展。

6.1.1.5 数据的集成和共享

社会安全治理涉及多个部门和机构，不同部门和机构之间的数据可能存在壁垒和隔离。如何实现数据的集成和共享，促进跨部门、跨机构的数据协同，又是一个挑战。

社会安全治理领域的数据集成问题主要是如何将来自不同部门、不同系统的数据进行整合和融合，形成全面、一致的数据视图。在社会安全治理领域，涉及的数据来源非常广泛，包括公安、交通、卫生、环保等各个领域的数据。这些数据往往存储在不同的数据库中，格式和结构也可能存在差异，使得数据集成变得困难。此外，数据的更新频率和实时性也是数据集成的挑战之一。只有解决了数据集成问题，才能够建立起准确、完整的数字孪生模型，为社会安全治理提供有效的支持。

除了集成问题外，数据共享问题也是另外一方面的挑战，即如何实现不同部门、不同系统之间的数据共享和交流。在社会安全治理领域，各个部门和系统之间常常存在信息孤岛的现象，数据共享不畅造成了信息的不对称和决策的滞后。数据共享问题涉及数据的安全性、隐私保护以及权限管理等方面的考虑。如何确保数据在共享过程中不被篡改、泄露或滥用，是一个亟待解决的问题。同时，不同部门和系统之间的数据共享需要建立一套统一的标准和规范，以便实现数据的互操作性和共享效益的最大化。

解决数据集成和共享问题的关键在于建立起一个统一的数据架构和平台。这个平台应该能够实现数据的集成、融合、共享和分析，同时具备良好的安全性和隐私保护机制。在建设这样的平台时，需要充分考虑数据的安全性、隐私保护和合规性，采取多层次的数据权限控制和加密技术，确保数据在共享过程中不被非法获取和滥用。此外，还需要建立起一个统一的数据标准和规范，以便不同部门和系统之间的数据能够无缝对接和共享。

另外，政府在数字孪生技术应用中扮演着重要的角色。政府需要加大对数字孪生技术的支持力度，提供必要的资金和技术支持，推动相关部门和系统之间的数据集成和共享。政府还需要制定相关的政策和法规，明确数据共享的原则和机制，为数据共享提供法律保障和规范。

总之，数字孪生技术在社会安全治理领域的应用离不开数据集成和共享。解决数据集成和共享问题是数字孪生技术发展的关键所在。只有建立起一个统一的数据架构和平台，加强数据的安全性和隐私保护，制定相关的政策和法规，才能够实现数字孪生技术在社会安全治理中的最大价值。

6.1.2 多模态模型相互融合

数字孪生技术在社会安全治理领域的应用面临着一个重要挑战，即如何将多模态模型融合共生，形成复杂孪生系统。社会安全治理系统往往是由多个特定领域的模型组成的复杂巨系统，其中包含了离散系统模型与连续系统模型、多粒度模型、不同领域物理系统模型等。这些模型之间存在着复杂的相互关系和相互作用，如何有效地融合这些模型，形成一个整体的复杂孪生系统，是数字孪生技术在社会安全治理领域面临的主要挑战。

6.1.2.1 多模态模型之间的异构性

多模态模型融合中模型之间的异构性问题是数字孪生技术在社会安全治理领域应用面临的一个重要挑战。不同领域的模型往往具有不同的表达方式、数据结构和计算方法，这导致了模型之间存在着异构性。解决这一问题需要考虑到模型的统一表示、数据的转换和模型的协同计算等方面。

模型之间的异构性主要源于不同领域的模型采用了不同的表达方式、数据结构和计算方法。例如，离散系统模型和连续系统模型在描述对象的状态和行为时采用了不同的数学模型和计算方法。离散系统模型通常使用状态转移图或状态转移矩阵来描述系统的演化过程，而连续系统模型则通常使用微分方程或偏微分方程来描述系统的动态行为。社会网络模型通常使用图论和网络分析方法，而交通流模型则采用微观仿真和宏观流体力学模型。模型之间的差异使得它们在模型的表示、数据的处理和计算的方法上存在着异构性。

模型之间的异构性还体现在不同领域的物理系统模型涉及不同的物理量、参数和约束条件。不同领域的物理系统模型可能涉及不同的物理量，如温度、压力、速度等，这些物理量的单位和范围可能不同。此外，不同领域的物理系统模型可能涉及不同的参数和约束条件，如摩擦系数、质量、形状等，这些参数和约束条件的取值范围和限制条件可能不同。这些差异使得不同领域的物理系统模型之间存在着异构性。

为了解决模型之间的异构性问题，一种重要的方法是建立统一的模型表示。模型的统一表示可以将不同领域的模型转化为相同的形式，使得它们可以进行有效的对比和融合。在模型的统一表示中，需要考虑到模型的结构、参数和约束条件等方面的差异。一种常用的方法是使用元模型来描述不同领域的模型，元模型是一种通用的模型表示形式，可以用来描述不同领域的模型的共性和差异。通过使用元模型，可以将不同领域的模型转化为相同的形式，从而实现模型之间的统一表示。另一种解决模型之间异构性的方法是进行数据的转换。数据的转换可以将不同领域的数据转化为相同的格式和单位，使得它们可以进行有效的对比和融合。在数据的转换过程中，需要考虑到数据的类型、单位和精度等方面的差异。一种常用的方法是使用标准化的数据格式和单位，如 XML、JSON 和 SI 单位制等，通过将不同领域的数据转换为标准化的格式和单位，可以实现数据的统一表示和互操作。除了模型的统一表示和数据的转换外，模型之间的协同计算也是解决模型异构性问题的重要方法。模型之间的协同计算可以将不同领域的模型进行耦合，形成一个整体的复杂孪生系统。在模型的协同计算中，需要考虑到模型之间的数据交换和信息传递，以及模型之间的相互反馈和协同调控。一种常用的方法是使用分布式计算和并行计算技术，将模型分布在不同的计算节点上进行并行计算，通过数据的交换和信息的传递，实现模型之间的协同计算。

6.1.2.2　多模态模型之间的耦合性

社会安全治理系统往往是由多个子系统组成的，这些子系统之间存在着复杂的相互关系和相互作用。例如，交通系统、环境系统和人口系统之间存在着紧密的耦合关系，它们的状态和行为相互影响。多模态模型融合是数字孪生技术的重要组成部分，它可以将不同领域、不同模态的模型进行集成和协同计算，以实现对复杂系统的多方面、多层次的描述和分析。然而，在将数字孪生技术应用于社会安全治理领域时，多模态模型融合中模型之间的耦合性问题成为一个重要的挑战。多模态模型融合中的耦合性问题主要体现在模型之间的相互影响和相互依赖上。不同领域、不同模态的模型往往具有不同的特点和关注点，它们对系统的描述和分析角度有所差异。在社会安全治理领域，涉及的模型可能包括社会网络模型、行为模型、环境模型等，它们分别从不同的角度对社会安全问题进行建模和分析。这些模型之间存在着相互影响和相互依赖的关系，彼此之间的变化和演化会相互影响，从而导致模型之间的耦合性问题。

模型之间数据的共享和交互是其耦合性问题的难点之一。不同领域、不同模态的模型往往需要共享和交互数据，以实现对系统的全面描述和分析。例如，在社会安全治理中，社会网络模型需要获取行为模型和环境模型的数据，以了解人群的行为特征和环境的变化情况。而行为模型和环境模型也需要获取社会网络模型的数据，以了解人群之间的联系和影响关系。这些模型之间的数据共享和交互需要考虑到数据的一致性、准确性和实时性等方面的要求，从而实现模型之间的有效耦合。

模型之间参数的传递和调整是其耦合性问题的又一难点。不同领域、不同模态的模型往往具有不同的参数和约束条件，这些参数和约束条件会影响模型的行为和结果。在多模态模型融合中，模型之间需要传递和调整参数，以实现模型之间的协同计算和优化。例如，在社会安全治理中，社会网络模型可能需要获取行为模型和环境模型的参数，以调整自身的行为规则和连接方式。而行为模型和环境模型也可能需要获取社会网络模型的参数，以调整人群之间的联系和影响关系。这些模型之间的参数传递和调整需要考虑到参数的一致性、合理性和可调性等方面的要求，从而实现模型之间的有效耦合。

解决多模态模型融合中的耦合性问题需要采取一系列的方法和技术。需要建立模型之间的协同计算框架。模型之间的协同计算框架可以将不同领域、不同模态的模型进行集成和协同计算，实现模型之间的相互影响和相互依赖。在模型的协同计算框架中，需要考虑到数据的共享和交互，参数的传递和调整，以及模型之间的相互反馈和协同调控。同时，需要进行模型的一体化设计和优化，可以将不同领域、不同模态的模型进行统一的描述和优化，从而实现模型之间的有效耦合。在模型的一体化设计和优化中，也需要考虑到模型的结构、参数和约束条件等方面的差异。

6.1.2.3 多模态模型的可扩展性和可维护性

社会安全治理系统是一个动态变化的系统，随着社会、经济和技术的发展，社会安全问题日益复杂化和多样化，需要更加精准、高效的治理手段来应对。数字孪生技术提供了一种全新的思路和方法，可以通过建立模拟和仿真的方式来分析和预测社会安全问题，从而提供决策支持和治理方案。而多模态模型作为数字孪生技术的核心组成部分，对于社会安全治理的有效性和可操作性起着至关重要的作用。

多模态模型的可扩展性问题是将数字孪生技术应用于社会安全治理领域时需

要解决的一个重要问题。社会安全治理涉及多个领域和多个层面的数据和信息，如社交媒体数据、视频监控数据、传感器数据等。这些数据往往具有不同的模态和格式，包括文本、图像、声音、视频等。而多模态模型需要能够处理和分析这些多样化的数据，从而提供全面、准确的社会安全治理方案。然而，随着社会安全治理的发展和应用范围的扩大，数据量和数据种类也在不断增加，这给多模态模型的可扩展性带来了挑战。

在解决多模态模型的可扩展性问题时，可以采取以下几个方面的策略：首先，可以使用分布式计算和存储技术，将模型和数据分布在不同的计算节点上进行并行计算和存储，以提高模型的计算速度和数据处理能力。其次，可以采用模型压缩和优化技术，减少模型的参数数量和计算复杂度，提高模型的运行效率和可扩展性。此外，还可以利用硬件加速技术，如 GPU 加速和 FPGA 加速，来提高模型的计算性能。通过这些策略的综合应用，可以有效地提升多模态模型在社会安全治理中的可扩展性。

多模态模型的可维护性问题也是将数字孪生技术应用于社会安全治理领域时需要解决的一个重要问题。社会安全问题的特点是多变且复杂的，需要不断更新和调整模型以适应新的情况和需求。因此，多模态模型需要具备良好的可维护性，能够灵活地进行模型参数的调整、模型结构的优化以及模型算法的更新。

为了提高多模态模型的可维护性，可以采取以下几个方面的策略：首先，可以建立模型的自适应机制，通过监控和分析数据的变化和趋势，自动调整模型的参数和结构，以适应新的情况和需求。其次，可以建立模型的迭代优化机制，通过不断迭代和优化，提高模型的性能和效果。此外，还可以建立模型的升级和替换机制，及时替换过时的模型，引入新的模型来应对新的需求。还需要建立完善的模型监控和评估体系，包括实时监控、性能评估和反馈机制等，以发现和解决模型中存在的问题，并对模型的性能和效果进行评估和改进。通过这些策略的综合应用，可以提高多模态模型在社会安全治理中的可维护性。

总之，多模态模型的融合共生是数字孪生技术在社会安全治理领域面临的重要挑战。解决这一挑战需要克服模型之间的异构性和耦合性问题，同时考虑到模型的可扩展性和可维护性。通过建立统一的模型描述语言和模型交换格式，开发适用于多模态模型融合的算法和工具，建立统一的数据标准和规范，加强跨学科的合作和交流，可以有效地推动多模态模型的融合共生，形成复杂数字孪生系统，为社会安全治理提供更加准确、全面和实时的支持。

6.1.3 数据驱动与模型驱动

目前数字孪生技术在社会安全治理领域的应用存在数据驱动与模型驱动的问

题，以及对系统特性的深层次理解和准确刻画的挑战。在数字孪生技术的应用中，数据驱动和模型驱动是两种常见的方法。数据驱动依赖于大量的实际数据来推断系统的状态和行为，而模型驱动则基于建立的物理或数学模型进行预测和仿真。然而，在社会安全治理领域，由于社会系统的复杂性和不确定性，单一的数据驱动或模型驱动方法都存在一定的局限性。

数据驱动方法通过分析历史数据来推断系统的状态和行为，具有一定的灵活性和适应性。然而，在社会安全治理领域，由于事件的复杂性和多样性，仅仅依靠数据驱动方法往往难以准确地评估系统的状态。此外，数据的收集和处理也面临着隐私保护和数据安全等问题。

模型驱动方法通过建立物理或数学模型来预测系统的行为，可以提供对系统特性的深层次理解。然而，在社会安全治理领域，由于社会系统的复杂性和不确定性，单一的模型往往无法准确地刻画系统的特性。此外，模型的建立和验证也需要大量的时间和资源。

在社会安全治理领域中，数据驱动和模型驱动方法各自均具有一定的局限性，同时数据驱动和模型驱动是相互依存的，需要协同工作才能发挥最大的效果。数据驱动提供了模型建立和优化的基础，而模型驱动则可以通过分析和预测来指导数据采集和处理。因此，实现二者的有效融合是数字孪生技术在社会安全治理领域实现深度应用的必要条件。

6.1.3.1 数据驱动方法辅助模型驱动方法

数据驱动方法可以为模型驱动方法提供实际数据支持，用于模型的参数估计和校准。通过与实际数据的比对，可以验证和改进建立的模型，提高模型的预测能力和准确性。此外，数据驱动方法还可以用于模型的输入敏感性分析和不确定性评估，帮助理解模型的局限性和可靠性。

6.1.3.2 模型驱动方法指导数据驱动方法

模型驱动方法可以为数据驱动方法提供系统特性的深层次理解和准确刻画。通过建立物理或数学模型，可以揭示系统的内在机理和关联性，为数据驱动方法提供指导和约束。模型驱动方法可以帮助选择合适的数据采集方法和数据处理算法，提高数据驱动方法的效率和准确性。

6.1.3.3 引入专家知识

在数字孪生技术的应用中，社会安全治理领域专家的知识和经验是非常宝贵的资源。通过与专家的合作，可以融合数据驱动和模型驱动方法，并结合专家的经验和判断力，提高系统状态评估和干预措施的准确性和有效性。专家可以提供对系统特性的深入理解，指导模型的建立和数据的分析。

6.1.3.4 结合人工智能技术

人工智能技术如机器学习和深度学习等在数据驱动和模型驱动方面具有广泛的应用。通过结合人工智能技术，可以实现数据驱动和模型驱动的自动化和智能化。例如，可以利用机器学习算法从大量的数据中学习系统的特性和规律，为模型的建立和数据的分析提供支持。

随着数字孪生技术的不断发展，数据驱动和模型驱动问题也将得到进一步的改善和完善。在数据驱动方面，随着数据采集和存储技术的进步，将更加便捷地获取大规模、高质量的数据，并通过数据挖掘和分析技术发现更多有价值的信息。在模型驱动方面，将进一步研究和发展适用于社会安全治理的模型，提高模型的准确性和可解释性。模型的实时性和适应性将通过引入更加灵活和自适应的算法和技术来实现，以更好地应对社会安全问题的变化和复杂性。同时，模型的可视化技术也将得到进一步发展，以便决策者和相关人员能够更直观地理解和应用模型的结果。未来的研究可以进一步探索更加有效的融合方法，提高数字孪生技术在社会安全治理领域的应用水平。

6.1.4 高性能计算与精准映射

高性能计算与精准映射对数字孪生技术在社会安全治理领域应用的重要性在于提供强大的计算能力、实现精准的模型映射、支持复杂事件模拟与分析以及提供数据驱动的决策支持等方面，是数字孪生技术在社会安全治理领域应用的关键技术和方法。而这些方面正是数字孪生技术在社会安全领域实现深度应用的重要保证。

6.1.4.1 高性能计算

高性能计算在数字孪生技术在社会安全治理领域的应用中扮演着重要的角色。它主要提供了强大的计算能力，用于处理和分析庞大的数据集。在社会安全治理中，涉及大量的数据收集、监测、预警、模拟和决策等任务，这些任务需要进行复杂的计算操作。高性能计算可以通过并行计算、分布式计算等技术手段，加快数据处理速度，提供实时的数据分析和决策支持。同时，高性能计算还可以支持复杂事件的模拟和分析，帮助决策者制定应急响应策略。其主要体现在以下几个方面：

（1）大规模数据处理。社会安全治理涉及大量的实时数据采集和处理，例如视频监控、传感器数据等。这些数据需要进行实时的分析和决策支持，而且数据量庞大，对计算资源的要求较高。高性能计算可以提供更快速和高效的数据处理能力，以应对大规模数据处理的需求。

（2）复杂模型构建与优化。数字孪生技术需要构建复杂的模型来描述实体系统，并对模型进行参数优化和验证。这些模型通常包含大量的变量和复杂的计算任务，需要进行大规模的计算和迭代。高性能计算可以提供更强大的计算能力和并行计算能力，以加速模型构建和优化过程。

（3）实时数据分析与预测。社会安全治理需要对实时数据进行分析和预测，以及时发现潜在的安全隐患和风险。实时数据分析和预测需要在短时间内完成大量的计算任务，对计算性能和响应时间有较高的要求。高性能计算可以提供快速的数据处理和分析能力，以实现实时的数据分析和预测。

（4）多源数据融合与集成。社会安全治理涉及多个数据源的融合和集成，如不同部门、不同系统的数据集成。这些数据源可能具有不同的格式和结构，需要进行数据转换和整合。高性能计算可以提供高效的数据处理和集成能力，以实现多源数据的融合和集成。

（5）分布式计算与协同处理。社会安全治理通常涉及多个地点和多个部门的协同处理，需要进行分布式计算和资源调度。分布式计算可以将计算任务分布到多个计算节点上进行处理，以提高计算的并发性和容错性。高性能计算可以支持分布式计算和资源调度，以实现多节点的协同处理。

6.1.4.2　精准映射

精准映射是数字孪生技术在社会安全治理领域应用的关键环节之一。它是将数字孪生模型与实际情况进行准确匹配和映射，以确保数字孪生模型与真实系统的高度一致性。在社会安全治理中，数字孪生技术通过构建虚拟模型来模拟和分析社会安全事件，为决策者提供决策支持。而精准映射则是确保这些虚拟模型与真实系统的准确对应关系。通过精准映射，可以将真实系统的数据、结构、运行状态等信息准确地反映到数字孪生模型中，使得模型能够更真实地模拟和预测社会安全事件的发展趋势和影响。通过精准映射，数字孪生技术可以更准确地模拟和分析社会安全事件，帮助决策者制定更科学、精准的应急响应策略，提高社会安全治理的能力和效果。其主要体现在以下几个方面：

（1）实体系统的建模。精准映射要求将实际的社会安全系统准确地映射到数字孪生系统中。这涉及对实体系统的结构、组成部分、行为规律等进行精确的建模和描述。例如，在城市安全治理中，需要对城市的道路、建筑物、交通流量等进行精准的建模。

（2）数据采集与传感器网络。精准映射需要获取实体系统的实时数据以更新数字孪生系统。这涉及建立数据采集和传感器网络，以收集来自各种传感器和监测设备的数据。例如，在社会安全治理中，可以利用视频监控、环境传感器等设备来获取数据。

（3）数据质量与一致性。精准映射要求数字孪生系统中的数据与实体系统的状态保持一致，并具有高质量的数据。这意味着需要对数据进行验证、清洗和校准，以确保数据的准确性和可靠性。例如，在社会安全治理中，需要确保从视频监控设备获取的图像数据清晰、完整且准确。

（4）模型精度与验证。精准映射要求数字孪生系统中的模型能够准确地反映实体系统的行为和响应。这需要对模型进行精确的参数设置和验证，以确保模型能够准确地预测实体系统的状态和变化。例如，在社会安全治理中，可以利用模型来预测交通拥堵、人群聚集等情况。

（5）实时更新与反馈。精准映射要求数字孪生系统能够及时更新，并能够根据实时数据进行反馈和调整。这需要建立实时的数据传输和处理机制，以确保数字孪生系统能够及时反映实体系统的变化和需求。例如，在社会安全治理中，可以利用实时数据来调整城市交通信号灯的控制策略。

6.1.5 决策支持与应用

将数字孪生技术应用到实际的社会安全治理中，并获得决策者的认可和采纳确实是一个挑战。以下几个关键因素影响着数字孪生技术在社会安全治理中的应用和决策者的接受程度。

6.1.5.1 信息共享与合作

数字孪生技术需要大量的数据支持，包括实时数据、历史数据、结构数据等。在社会安全治理领域，涉及多个部门和机构的数据，因此需要建立信息共享和合作的机制。相关内容在前述章节已有论述，在此不再重复。需要注意的是，决策者需要意识到数据的重要性，并愿意共享数据，以便数字孪生技术能够更准确地模拟和分析社会安全事件。

6.1.5.2 技术成熟度和可信度

决策者对于数字孪生技术的应用和结果的可信度是非常关注的。因此，数字孪生技术需要经过充分的验证和测试，确保其在实际应用中的准确性和可靠性。同时，相关的技术标准和规范也需要得到制定和认可，以提高技术的成熟度和可信度。具体主要体现在以下几个方面：

（1）决策者的信任和接受度。决策者需要对数字孪生技术的应用结果和预测分析结果具有信任和接受度。如果技术成熟度和可信度不高，决策者可能对数字孪生技术持怀疑态度，不愿意依赖其提供的信息和建议。因此，数字孪生技术需要经过充分的验证和测试，确保其在实际应用中的准确性和可靠性，以获得决策者的信任和接受度。

（2）决策的科学性和精准性。数字孪生技术在社会安全治理中的应用旨在提供科学、精准的决策支持。数字孪生技术的模型精度和预测准确性直接影响决策者对于其应用的认可程度。因此，数字孪生技术需要不断优化和改进，提高模型的精度和预测的准确性。如果技术成熟度和可信度不高，数字孪生技术的模型精度和预测准确性可能受到质疑，从而影响决策的科学性和精准性。决策者需要依靠可靠的技术工具来做出决策，因此技术成熟度和可信度对于数字孪生技术的深度应用至关重要。

（3）应用范围和广度。技术成熟度和可信度决定了数字孪生技术在社会安全治理领域的应用范围和广度。如果技术成熟度和可信度高，则数字孪生技术可以涵盖更多的社会安全领域，提供更全面的决策支持。相反，如果技术成熟度和可信度不高，数字孪生技术可能只能应用于特定领域或特定问题，限制了其在社会安全治理中的应用。

（4）社会认可度和合规性。数字孪生技术的应用需要得到社会的认可和合规。如果技术成熟度和可信度不高，数字孪生技术的应用可能受到法律、伦理和隐私等方面的质疑，从而影响其在社会安全治理领域的深度应用。因此，技术成熟度和可信度对于数字孪生技术的社会认可度和合规性具有重要影响。

6.1.5.3 基础设施

基础设施对数字孪生技术在社会安全治理领域深度应用有着重要的影响。主要体现在以下几个方面：

（1）计算能力和存储容量。数字孪生技术需要大量的计算资源和存储容量来处理和分析庞大的数据。基础设施的计算能力和存储容量决定了数字孪生技术在社会安全治理领域的规模和复杂度。如果基础设施的计算能力和存储容量不足，可能会限制数字孪生技术的应用范围和效果。

（2）网络连接和传输速度。数字孪生技术需要实时的数据传输和通信，以便及时更新和反馈模型的状态。基础设施的网络连接和传输速度对于数字孪生技术的实时性和准确性至关重要。如果网络连接不稳定或传输速度较慢，可能会导致数据延迟和模型更新的滞后，从而影响决策的时效性和准确性。

（3）安全保障和防护措施。数字孪生技术涉及敏感的数据和信息，因此基础设施需要具备强大的安全保障和防护措施。这包括网络安全、数据隐私保护、身份认证等方面的技术和制度措施。如果基础设施的安全性无法得到有效保障，可能会导致数据泄露、信息被篡改或模型被攻击，从而对社会安全治理产生负面影响。

（4）数据采集和传感器技术。数字孪生技术需要大量的实时数据来支持模型的建立和更新。基础设施的数据采集和传感器技术对于数字孪生技术的应用至关重要。如果基础设施缺乏有效的数据采集和传感器技术，可能会导致数据的不完整或不准确，从而影响模型的精度和可靠性。

6.1.5.4　人才储备

数字孪生技术的应用需要相关领域的专业知识和技能，如社会安全治理领域的专业知识、数据科学、机器学习、人工智能等。因此，需要具备相关领域的专业人才，并进行持续的培训和学习。专业人才的能力水平直接从以下几个方面影响着数字孪生技术在社会安全治理领域的深度应用：

（1）技术实施和应用能力。数字孪生技术的实施和应用需要具备相关领域的专业知识和技能。拥有丰富的技术实施和应用能力的人才可以更好地理解社会安全治理领域的需求，并将数字孪生技术应用于实际场景中，提供准确的决策支持和分析。

（2）数据分析和模型建立能力。数字孪生技术依赖于大量的数据和模型。人才储备中拥有数据分析和模型建立能力的人员可以有效地处理和分析数据，构建准确可靠的数字孪生模型，并利用这些模型进行决策支持和风险评估。

（3）算法开发和优化能力。数字孪生技术的应用需要先进的算法和模型来支持建模、仿真和分析。人才储备中拥有算法开发和优化能力的人员可以不断改进和优化数字孪生技术的算法和模型，提高其准确性和效率。

（4）跨学科合作和协调能力。数字孪生技术在社会安全治理领域的深度应用需要跨学科的合作和协调能力。拥有跨学科合作和协调能力的人才可以有效地整合不同领域的专业知识和技能，推动数字孪生技术在社会安全治理领域的应用。

（5）创新能力和战略眼光。数字孪生技术在社会安全治理领域的应用需要具备创新能力和战略眼光的人才。他们能够发现问题、提出解决方案，并在实践中不断创新和优化，推动数字孪生技术在社会安全治理领域的深度应用。

6.1.5.5　组织和政策支持

数字孪生技术的应用需要组织和政策层面的支持，包括制定相关的政策法规、建立合作机制、提供资金支持等。同时，还需要组织内部的合作和协调。主要体现在以下几个方面：

（1）资源投入和支持。组织和政策支持可以提供必要的资源投入和支持，包括资金、设备、人才等，以推动数字孪生技术在社会安全治理领域的深度应用。这些资源的投入和支持可以帮助组织建立和完善数字孪生平台、数据采集和处理系统，提高技术实施和应用能力。

（2）法律和政策环境。组织和政策支持可以制定相应的法律和政策环境，为数字孪生技术的应用提供法律依据和规范。这可以解决数据隐私、安全保护、知识产权等方面的问题，确保数字孪生技术的合法、安全和可信应用。

（3）推广和宣传。组织和政策支持可以推广和宣传数字孪生技术在社会安全治理领域的应用案例和效果。通过宣传和推广，可以增加利益相关者对数字孪生技术的认知和理解，激发其应用的兴趣和需求。

（4）合作和协调。组织和政策支持可以促进不同组织、部门和领域之间的合作和协调。数字孪生技术在社会安全治理领域的深度应用涉及多个利益相关者和部门的合作，需要建立跨界合作机制和信息共享平台。组织和政策支持可以推动各方之间的合作与协调，提高数字孪生技术的应用效果。

（5）创新和实践环境。组织和政策支持可以为数字孪生技术的创新和实践提供良好的环境。通过设立创新基地、孵化器等机构，提供技术咨询和支持，鼓励企业、研究机构和创业者在社会安全治理领域开展数字孪生技术的创新实践。

6.2 社会安全治理领域数字孪生技术应用的发展趋势

目前，数字孪生技术在社会安全治理领域的应用深度还相对有限，虽然数字孪生技术在一些特定方向已经取得了一些成果，但在整个社会安全治理领域的广泛应用仍面临一些挑战和限制，仍处于发展初期。尽管如此，数字孪生技术在社会安全治理领域的应用潜力巨大。随着数字孪生技术的不断深入发展和创新，其将为社会安全治理提供更加全面、准确、精确和智能的支持。数字孪生技术的应用将成为社会安全治理的重要工具和手段，为决策者提供科学依据，推动社会安全治理的现代化和智能化进程。笔者认为，接下来数字孪生技术在社会安全治理领域的应用将会在以下几个方面得到进一步加强和深化。

6.2.1 多领域技术深度融合

数字孪生技术将与其他前沿技术深度融合，如人工智能、大数据、物联网等。通过将这些技术结合，可以实现更精细化、智能化的社会安全治理，提高决策的准确性和效果。

6.2.1.1 数据科学与人工智能的融合

数据科学和人工智能是数字孪生技术的基础，数据科学提供了数据采集、整合和处理的方法，而人工智能则通过机器学习、深度学习等算法实现对数据的分析和模型构建。在社会安全治理领域，通过将数据科学和人工智能相结合，可以利用大数据分析和预测技术，实现对安全事件的监测、预警和决策支持。

6.2.1.2 传感器技术与物联网的融合

传感器技术可以实时感知环境中的各种参数和指标，而物联网技术则实现了传感器之间的连接和数据的传输。在社会安全治理领域，通过将传感器技术和物联网相结合，可以实现对公共区域、交通系统、建筑物等的实时监测和数据采集，从而提供更准确的安全信息和预警。

6.2.1.3 虚拟现实与增强现实的融合

虚拟现实和增强现实技术可以将数字信息与真实世界进行融合，提供更直观、沉浸式的体验。在社会安全治理领域，通过将虚拟现实和增强现实技术应用于培训、演练和应急响应等方面，可以提高安全人员的技能和反应能力，减少事故和灾难的发生。

6.2.1.4 云计算与边缘计算的融合

云计算提供了强大的计算和存储能力，而边缘计算则将计算资源移近到数据源头，实现了更低延迟和更高效的数据处理。在社会安全治理领域，通过将云计算和边缘计算相结合，可以实现对大规模数据的实时处理和分析，提供更快速和更准确的安全决策。

6.2.1.5 区块链与密码学的融合

区块链技术可以实现去中心化的数据存储和交易，而密码学则提供了安全的数据加密和身份验证方法。在社会安全治理领域，通过将区块链和密码学相结合，可以实现对安全事件数据的可信存储和溯源，保护数据的安全性和隐私性。

6.2.2 多领域应用

数字孪生技术将在社会安全治理的多个领域得到应用，包括公共安全、交通管理、自然灾害与城市规划等。通过数字孪生技术，可以对不同领域的情况进行模拟和分析，为决策提供科学依据。

6.2.2.1 公共安全领域的应用

数字孪生技术可以在公共安全领域中发挥重要作用。通过构建公共场所的数字孪生模型，可以实时监测人流、车流等信息，提供实时的安全预警和决策支持。例如，在火灾事故中，数字孪生技术可以模拟火势蔓延的过程，帮助消防部门制定最佳的灭火策略；在恐怖袭击事件中，数字孪生技术可以模拟恐怖分子的行为和动态，帮助安保部门制定最佳的反恐策略。

6.2.2.2 交通管理领域的应用

数字孪生技术可以在交通管理领域中发挥重要作用。通过构建交通网络的数字孪生模型，可以实时监测交通流量、道路状况等信息，提供实时的交通预测和路线规划。例如，在交通拥堵事件中，数字孪生技术可以模拟交通流量的变化，帮助交通管理部门制定最佳的交通疏导策略；在交通事故中，数字孪生技术可以模拟事故发生的原因和过程，帮助交警部门制定最佳的事故处理方案。

6.2.2.3　城市规划领域的应用

数字孪生技术可以在城市规划领域中发挥重要作用。通过构建城市的数字孪生模型，可以模拟城市的发展和变化过程，帮助城市规划部门制定科学合理的城市规划方案。例如，在城市扩张过程中，数字孪生技术可以模拟城市人口的增长和土地的利用情况，帮助规划部门制定最佳的土地利用方案；在城市更新过程中，数字孪生技术可以模拟建筑物的老化和破损情况，帮助规划部门制定最佳的城市更新方案。

6.2.2.4　自然灾害预防与应对领域的应用

数字孪生技术可以在自然灾害预防与应对领域中发挥重要作用。通过构建自然环境的数字孪生模型，可以模拟自然灾害的发生和演化过程，提供及时的预警和应对措施。例如，在洪水灾害中，数字孪生技术可以模拟洪水的水位和流速，帮助防汛部门制定最佳的洪水防御策略；在地震灾害中，数字孪生技术可以模拟地震的震级和震源位置，帮助救援部门制定最佳的救援方案。

6.2.3　实时监测和预警

数字孪生技术将实现对社会安全事件的实时监测和预警。通过对现实世界的数字化建模和仿真，可以及时发现和预测潜在的安全风险，采取相应的措施进行干预和预防。

6.2.3.1　公共安全监控

通过数字孪生技术，可以建立虚拟的数字模型来模拟城市、社区或公共场所的实际情况。结合监控设备、传感器等实时数据，可以对人流、车流、环境等进行监测和分析，及时发现异常情况，并提供实时预警。

6.2.3.2　突发事件预警

数字孪生技术可以通过对历史数据、气象数据、人员流动数据等进行分析和模拟，识别出潜在的突发事件风险。当实际情况与数字模型不符时，系统可以发出预警信号，提醒相关部门和人员采取相应的措施，以减少损失和危害。

6.2.3.3　智能交通管理

通过数字孪生技术，可以建立城市交通网络的数字模型，并实时收集交通流量、道路状况、车辆位置等数据。通过对模型的分析和优化，可以提供交通拥堵预警、事故预警等功能，帮助交通管理部门更好地调度交通资源，提高交通效率和安全性。

6.2.3.4　环境监测和污染预警

数字孪生技术可以结合环境传感器、气象数据等实时监测环境污染情况。通过对数字模型的比对和分析，可以提供环境污染预警，提醒相关部门及时采取措施，防止和减少污染的发生。

6.2.3.5　社会治安预警

数字孪生技术可以通过对社会安全数据的收集和分析，识别出潜在的犯罪活动和安全威胁。通过与数字模型的对比，可以提供社会治安预警，帮助相关部门采取加强巡逻、加强安保等措施，维护社会治安稳定。

6.2.4　数据驱动决策

数字孪生技术将通过大数据分析和模型建立，为社会安全治理提供数据驱动的决策支持。通过对大量的数据进行分析和挖掘，可以发现隐藏的规律和趋势，为决策提供科学依据。

6.2.4.1　风险评估和预测

通过数字孪生技术，可以将实时监测数据与历史数据相结合，建立精确的数字模型。通过对模型的分析和比对，可以评估各种安全风险的概率和影响程度，并进行预测。基于这些数据，相关部门可以制定相应的决策和措施，以降低风险并保障社会安全。

6.2.4.2　情报分析和犯罪预防

数字孪生技术可以整合多个数据源，包括社交媒体、视频监控、公共数据库等，进行情报分析和犯罪预防。通过对大量数据的处理和挖掘，可以发现潜在的犯罪线索和模式，并提供决策支持。相关部门可以根据这些分析结果，采取相应的行动，预防犯罪事件的发生。

6.2.4.3　资源调度和应急响应

数字孪生技术可以实时获取和分析各种数据，如交通流量、人员流动、设备状态等，以优化资源调度和应急响应。通过对数字模型的模拟和优化，可以提供最佳的资源调度方案，并在紧急情况下快速响应。相关部门可以根据这些数据，做出决策，以提高治理效率和应对突发事件的能力。

6.2.4.4　政策制定和执行监督

数字孪生技术可以为社会安全治理提供全面的数据支持，包括社会经济数据、人口数据、环境数据等。通过对这些数据的分析和模拟，可以评估不同政策措施的效果，并提供决策参考。同时，数字孪生技术还可以实时监测政策执行情况，提供数据反馈和监督，以确保政策的有效执行。

6.2.5 跨界合作与共享

数字孪生技术将促进不同部门、组织和领域之间的跨界合作与共享。通过建立数字孪生平台和信息共享机制，可以实现多方协同，共同应对社会安全治理面临的挑战。

6.2.5.1 跨部门合作

社会安全治理涉及多个部门和机构，如公安、交通、环保、卫生等。这些部门通常会独立运作，信息孤岛现象较为突出。而数字孪生技术可以整合各部门的数据和资源，建立统一的数字模型，实现跨部门的协同作战。各部门可以共享信息、共同分析问题，并制定协同行动方案，提高治理效率和效果。

6.2.5.2 跨组织合作

数字孪生技术可以促进不同组织之间的合作，包括政府机构、企业、非营利性组织等。通过建立数字孪生平台，各组织可以共享数据和资源，进行联合分析和决策。例如，在应对自然灾害时，政府可以与救援组织、慈善机构等合作，共同利用数字孪生平台进行灾情评估、资源调度等，提高救援效率和减少损失。

6.2.5.3 跨领域合作

数字孪生技术的应用不局限于特定领域，而是可以跨越多个领域。通过建立数字孪生平台和信息共享机制，不同领域的专家和组织可以共同参与社会安全治理。例如，在应对恐怖袭击时，可以将安全领域的专家与数据分析领域的专家结合起来，通过数字孪生技术进行模拟和预测，提供决策支持。

6.2.5.4 信息共享机制

数字孪生技术可以建立信息共享机制，实现数据的安全、高效共享。通过数字孪生平台，各方可以上传、存储和访问相关数据，包括实时监测数据、历史数据、模型分析结果等。同时，数字孪生技术还可以保护敏感信息的隐私和安全，确保信息共享的可控性和可信度。

6.2.6 可视化与交互性

数字孪生技术将提供更加直观、可视化的界面和交互方式。通过虚拟现实、增强现实等技术，可以将数字孪生模型呈现给用户，使其更好地理解和参与社会安全治理的过程。

6.2.6.1 直观可视化界面

传统的数据分析和模型通常以表格、图表等形式呈现，对非专业人士来说可能不够直观和易懂。而数字孪生技术可以利用虚拟现实、增强现实等技术，将数据和模型以三维、动态的方式展示给用户。用户可以通过直观的界面，观察和理解数据之间的关联，模拟不同情景下的变化，更好地把握社会安全治理的核心问题。

6.2.6.2 交互式操作

数字孪生技术不仅提供可视化的界面，还支持用户的交互操作。用户可以通过手势、语音等方式与数字孪生模型进行互动，改变参数、调整场景，观察结果的变化。这种交互式操作使用户能够主动参与到社会安全治理的过程中，提出问题、做出决策，并实时查看其影响和结果。

6.2.6.3 情景模拟和预测

数字孪生技术可以基于历史数据和实时监测数据，建立模型并进行情景模拟和预测。通过虚拟现实、增强现实等技术，用户可以进入模拟的场景中，观察不同决策和措施对社会安全的影响。这种情景模拟和预测的方式，使用户能够更加直观地感受到治理措施的效果，提高决策的准确性和可信度。

6.2.6.4 多方参与和共享

数字孪生技术可以实现多方参与和共享。通过虚拟现实、增强现实等技术，不同部门、组织和个人可以在数字孪生平台上共同参与社会安全治理的过程。他们可以在同一个虚拟空间中进行交流、合作和决策，共享数据和模型，并通过可视化界面和交互操作，共同理解和分析问题，制定共同的行动方案。

参考文献

[1] 中共中央关于坚持和完善中国特色社会主义制度推进国家治理体系和治理能力现代化若干重大问题的决定 [N]. 人民日报，2019-11-06 (1).

[2] 彭向刚，刘振军. 论我国社会安全治理现代化的推进路径 [J]. 理论探讨，2022 (04).

[3] 寇丽平. 社会安全治理新格局 [M]. 国家行政学院出版社，2018: 9.

[4] 孙秋红. 新时期社会治理安全工作推进策略 [J]. 中国安全科学学报，2023，33 (04).

[5] 郭沙，赵勇，谷瑞翔，李斌，郝放. 数字经济的基础支撑 数字孪生 [M]. 中国财富出版社有限公司，2021: 7.